W0066301

Zu diesem Buch

Wenn man sich für Astrologie interessiert, steht man als Anfänger vor einer schier unüberwindlichen Fülle an Material. Auch der Gutwillige gibt da leicht auf, weil er sich im Dschungel der vielen Informationen ganz leicht verliert. Hier leistet das Buch eine unschätzbare Hilfe.

George Brown liefert einen vollkommen logischen Schlüssel zur Astrologie, der die Menge des Materials in eine übersichtliche Struktur bringt. Der Leser wird in die Lage versetzt, astrologisch zu denken. Er begreift, warum Mars etwas mit Widder zu tun haben muß, das siebte Haus für Begegnungen zuständig ist und Zwillinge die Journalisten des Tierkreises sind. Alles wird einsichtig und nachvollziehbar. Brown zeigt, wie man die vielen Daten zu einer stimmigen Deutung zusammenfügt, und dabei ist sein Fragenkatalog zur Interpretation der Häuser überaus praktisch. Eine so klare Einführung in die Astrologie hat es bisher kaum gegeben.

GEORGE BROWN, Jahrgang 1944, ist US-Staatsbürger, der seit seinem 23. Lebensjahr in Deutschland lebt. Zwei Jahre nach Abschluß seines Studiums der Slawistik und Arabistik an der Harvard University, Cambridge/USA, siedelte er von New York nach Deutschland über, wo er das Werk des Astrologen Wolfgang Döbereiner entdeckte. Das vorliegende Buch stellt seine Weiterentwicklung dieser für ihn überzeugenden astrologischen Richtung dar. Es ist auch gleichzeitig das Ergebnis von Erkenntnissen, die der Autor in seiner Tätigkeit als Leiter von zahlreichen Intensiv-Seminaren über Astrologie sowie in seiner Beratungspraxis gewonnen und erprobt hat.

Ein zweites Buch zur systematischen Aspektdeutung ist in Arbeit.

George Brown

Dicke Bären
und kalte Winter

Eine Einführung in das
astrologische Denken

Rowohlt

rororo transformation
Herausgegeben von Bernd Jost
und Jutta Schwarz

Umschlaggestaltung Walter Hellmann
Foto: Horizon/Fotoagentur Imagine

Veröffentlicht im Rowohlt Taschenbuch Verlag GmbH
Reinbek bei Hamburg, Januar 1995
Copyright © 1995 by Rowohlt Taschenbuch Verlag GmbH,
Reinbek bei Hamburg
Alle Rechte vorbehalten
Satz Times PostScript Linotype Library, QuarkXPress 3.2
Langosch Grafik + DTP, Hamburg
Gesamtherstellung Clausen & Bosse, Leck
Printed in Germany
1690-ISBN 3 499 19719 7

Inhalt

TEIL II

Kapitel VI

Kapitel VIII

Kapitel IX

Kapitel X

Das Kombinieren von Zeichen, Planet und Haus 262

Eine Titelgeschichte

Irgendwo, wo es Bären gab, fiel dort irgendwann irgend jemandem auf, daß im Spätherbst manchen Jahres die Bären viel dicker waren als in manch anderem Jahr. Man bemerkte auch, daß immer dann, wenn die Bären besonders dick waren, der bevorstehende Winter besonders kalt wurde. So lernte man, die Härte der Winter an der Fettleibigkeit der Bären abzulesen. Bei besonders kalten Wintern brauchen die Bären nämlich viel mehr Fettgewebe als «Brennstoff» während der Zeit ihres Winterschlafes. Der Vorrat an Brennstoff muß sozusagen erhöht werden. Man brauchte also lediglich die Bären anzuschauen, um eine meteorologische Aussage über den Winter zu machen. Doch es kam dabei niemand auf die Idee zu behaupten, die Fettleibigkeit der Bären würde den Winter beeinflussen. Man hat dieses analoge Zusammenfallen zweier Phänomene gleich richtig verstanden: Das eine weist auf das andere zwar hin, bedingt oder erzwingt es aber keineswegs.

Und so verhält es sich bei der Astrologie, die lediglich die Grundlage für ein analoges Sehen bildet, ein Sehen, das weder bestimmt noch beeinflußt. Wie wir vom Gewicht der Bären auf die Kälte des kommenden Winters rückschließen können, so können wir über die Astrologie Aussagen über den Menschen und sein Leben machen.

Vorwort

Jedem Menschen, der die Dinge gern klar, sachlich und in sich stimmig hat (sich aber trotzdem für die Astrologie interessiert!), dürfte es ähnlich ergangen sein wie mir:

Kurz nach meiner ersten ernsthaften Begegnung mit der Astrologie war ich davon überzeugt, daß es sich dabei um ein präzises Instrument zur Einsicht in Inhalt und Form des Menschen – und in den Lauf der Dinge schlechthin – handelt. Und das trotz des Umstandes, daß der übliche Umgang mit astrologischen Inhalten von Willkür und subjektivem Gutdünken gekennzeichnet zu sein schien. Auch das helle Eigenlicht der Astrologie, das ich anfangs nur erahnen konnte, schienen die Sachkundigen meistens unter fremden Scheffel zu stellen. So konnte ich fast nie nachvollziehen, wie die für meine damaligen Begriffe Astrologiekundigen zu ihren Aussagen gelangen konnten oder warum sie zur Vermittlung der Inhalte dieses vermutlich eigenständigen Wissensgebietes so oft astrologie-*fremde* Disziplinen herangezogen haben. Das sind vor allem die Gebiete Mythologie, Psychologie, Religion und «Esoterik». All diese Gebiete haben natürlich gemeinsam, daß sie sich mit «Irrationalem» auseinandersetzen, also mit Dingen, zu deren Inhalten wir keinen unmittelbaren und steuerbaren Zugang haben und die sich der *logischen* Nachvollziehbarkeit entziehen. Das bedeutet allerdings keineswegs, daß mit solchen Inhalten nicht logisch, rational und nachvollziehbar *umgegangen* werden kann oder wird – was ganz meiner persönlichen Überzeugung entspricht: Es gibt keinen auch noch so abstrusen oder abstrakten Wissensbereich, mit dessen Inhalten nicht klar und sachlich *umgegangen* werden kann. Ich mußte aber bald nach der Entdeckung meines Interesses an der Astrologie feststellen, daß gerade mit *ihren* Inhalten in der Regel auf eine Art und Weise verfahren wird, mit der für

13

mich die Sachlichkeit und Nüchternheit ständig auf der Strecke blieben. Das liegt vielleicht daran, daß die Astrologie nicht allgemein als «Wissenschaft» anerkannt wird und Interessierte daher meinen, sich manche Freiheit mit Stimmigkeit und Logik herausnehmen zu können. Und obwohl es mir in diesem Buch absolut fernliegt, die Astrologie als «Wissenschaft» etablieren zu wollen, will ich doch mit ihren *Inhalten*, ihrer inneren Logik und ihrer Nachvollziehbarkeit sauber und ordentlich *umgehen*. Dabei wird sich auch die völlige Unabhängigkeit der Astrologie von allen anderen Disziplinen deutlich herausstellen.

Wegen des anscheinend geringen Wertes, der für mein Empfinden bei der Vermittlung astrologischer Kenntnisse und astrologischer Deutung auf Folgerichtigkeit und Nachvollziehbarkeit gelegt wird, habe ich Analogien wie die folgenden zunächst einmal zähneknirschend hingenommen:

Das Zeichen *Waage*: «Ästhetik, legale Verträge, Ehe, Eitelkeit, Zeremoniell, offene Feinde»
Der Planet *Pluto*: «das Göttliche, Tabu, Macht, Tod, Wahrheit, Verwandlung, Wissen, Chirurgie, Reinheit»
Das 11. *Haus*: «Wünsche, Hoffnungen, Vereine, Gönner, Kongresse»

Ich habe solche Aussagen nicht gleich für falsch gehalten, doch mußte ich mich ständig fragen, warum sich prinzipielle Erklärungen in der astrologischen Literatur allzuoft in solch scheinbar zusammenhanglos aufgelisteten Entsprechungen erschöpfen. Die Erklärungen und Behauptungen wirkten auf mich wie Glaubenssätze, die ich einfach zu akzeptieren hatte. Meine Suche nach dem roten Faden der Logik war meistens vergebens. Zudem mußte ich auch oft die suggerierte Unterstellung hinnehmen, die Zusammenhänge lägen auf der Hand bzw. gründeten in tiefen mythologischen, psychologischen oder «esoterischen» Erkenntnissen, zu denen man entweder Zugang habe – oder auch nicht. Ich hatte diesen Zugang nicht und war somit als Astrologie-Freund auf Glaube im Sinne des Fürwahrhaltens angewiesen – im besten Falle ein recht unbefriedigender Ersatz für fundiertes, einleuchtendes Wissen.

Ich will deshalb in diesem Buch etwas Neues versuchen: Ich will den Tierkreis sich selbst erklären lassen. Er soll seine eigenen Inhalte erhellen und zu Worte kommen, um die eigene innere Struktur, Tiefe und Eigenständigkeit für jeden zwingend unter Beweis zu stellen. Daraus wird eine neue, fundierte Art der Vermittlung astrologischer Kenntnisse hervorgehen, die auch all den Menschen gerecht werden kann, die es immer «genau» wissen wollen und müssen. Mein besonderes Anliegen dabei ist, die Astrologie als in sich schlüssiges, in sich geschlossenes Erkenntnisinstrument darzustellen, das eine aus sich selbst ableitbare, lückenlose Logik besitzt. Auf der Basis der eigenen inneren Struktur können astrologische Inhalte folgerichtig und nachvollziehbar dargelegt werden – von der Zeichenfolge bis hin zu den daraus logisch ableitbaren Aspektbeziehungen.

Die Themen und Zusammenhänge, die ich hierbei aufgreifen werde, bewegen sich auf bekanntem Boden, erheben also keinen Anspruch auf Neuheit oder Erstmaligkeit. Es haben sich schon unzählige Astrologiekundige den einzelnen Themenkomplexen gewidmet, mit unterschiedlichen Ergebnissen. Was neu sein dürfte, ist die Art, mit der ich mit ihnen umgehe: ausschließlich auf der Basis der astrologieeigenen Klarheit und Stimmigkeit, ohne Zuhilfenahme von irgend etwas, was außerhalb der Astrologie liegt.

Bei der Ableitung astrologischer Inhalte und Analogien vom Tierkreis selbst muß man keinen Augenblick lang den Boden des unmittelbar Beobachtbaren verlassen. Beherrscht man die prinzipiellen Inhalte der Zeichen in ihrem zyklischen Zusammenhang, so besitzt man damit den Hauptschlüssel zur Welt der astrologischen Analogie. Nach kurzer Zeit schon wird es dem Leser dieses Buches gelingen, den eigenen Blick für universell gültige, analoge Zusammenhänge zu schärfen und zu eigenen originären Kenntnissen und Einsichten zu kommen.

Wenn man sich also mit diesem Ansatz anfreunden kann, wird man eine erfreuliche Entdeckung machen, die mit allen in Glaubenssätze verhüllten astrologischen Ungereimtheiten und Verschwommenheiten aufräumt: Man entdeckt die dem Tierkreis innewohnende Klarheit und die Weisheit, die die ganze Zeit schon vor einem gelegen hat. Gesehen hatte man sie unter anderem auch deshalb nicht, weil man die Tierkreiszeichen selbst nicht für sich hatte sprechen lassen.

In diesem Buch will ich dem Astrologie-Freund, -Neuling, -Interessierten und -Neugierigen helfen, sich auf sichere Weise zur schier unendlichen Reichhaltigkeit der Astrologie Zugang zu verschaffen. Besonderen Wert lege ich dabei auf die zyklische Verwobenheit der 12 astrologischen Prinzipien sowie auf die einleuchtende Ableitbarkeit aller Aussagen, die sich aus dieser Verwobenheit ergibt. Mit Übung und Geduld wird sich der Leser sehr bald in der Lage sehen, spontan Analogien zu erkennen, aus jeder Situation heraus eigene zu entwickeln und Analogien aus anderen Quellen auf ihre Richtigkeit und Nachvollziehbarkeit hin zu prüfen. Dies bringt naturgemäß auch mit sich, daß man zunehmend unabhängiger wird von den astrologischen Aussprüchen anderer. Wohl aber der größte Vorteil dieser Betrachtungsweise der Astrologie ist die ständige Erweiterung des eigenen Gesichtskreises um den Blick für Zusammenhänge, die man bislang nie vermutet hätte.

Der Tierkreis soll jetzt in eigener Sache sprechen. Allen, die gern wissen, «warum» und «wieso», wird dieses Buch helfen, eigene befriedigende Antworten auf diese Fragen zu finden.

Einleitung

Der universelle Entwicklungsablauf

Der Tierkreis spiegelt in unendlichfältigen Varianten und Kombinationen den universellen, allem Geschehen und allen Phänomenen zugrunde liegenden Entwicklungsablauf wider, sowohl in der unmittelbar als auch in der nur mittelbar zu beobachtenden Schöpfung:

1. Phase: Es tritt ein noch nie dagewesenes konkretes, jedoch noch ungeordnetes «Etwas» in die Erscheinung.

2. Phase: Das neu Erschienene ordnet sich, d. h. setzt sich zusammen, nimmt Form an, festigt sich, grenzt sich ein und ab gegenüber allem anderen.

3. Phase: Das Zusammengesetzte, Geordnete kommt zur ihm innewohnenden Funktion, d. h., es fängt an, sich zu bewegen bzw. die Funktion zu erfüllen, wozu es überhaupt da ist, und sich gemäß der Erscheinungsebene zur Umwelt in Beziehung zu setzen.

Das «Bausatz»-Prinzip

Der universelle Entwicklungsablauf ist im Bausatz-Prinzip deutlich wiederzuerkennen und ist beispielsweise am Bausatz für ein Modell-Flugzeug zu veranschaulichen:

1. Phase: Die Einzelteile für ein Modell-Flugzeug werden durch Energieaufwand hergestellt und liegen zunächst einmal als kompletter Satz, jedoch noch ungeordnet und formlos vor. Alles, was später zum fertigen und funktionierenden Modell gehören wird, ist allerdings bereits

17

vollständig vorhanden. (Vgl. unten *Das kardinale Stadium*.)

2. Phase: Die Einzelteile des Flugzeugs werden geordnet, zusammengesetzt und bilden dann ein in sich Geschlossenes, Geformtes. Das nunmehr als solches zu erkennende Modell-Flugzeug ist entstanden, es «steht», hat Bestand, weil es durch die physische Zusammenfügung «*Stabil*»-ität und Halt bekommen hat. (Vgl. unten *Das fixe Stadium*.)

3. Phase: In diesem letzten Stadium des «Da-Seins» des Modell-Bausatzes kommt das nun rein physisch fertige Flugzeug zur Funktion, tut also das, wozu es da ist. Es setzt sich seiner Physis gemäß zur Umwelt in Beziehung. Handelt es sich um ein benzinbetriebenes, ferngesteuertes Modell, so besteht die Funktion im tatsächlichen Fliegen, zum Beispiel im Freien über einer Wiese. Hat man aber ein Modell zum Hinstellen gebaut, so besteht die Funktion darin, irgendwo herumzustehen, gelegentlich angeschaut zu werden und einzustauben. (Vgl. unten *Das veränderliche Stadium*.)

Zur ersten Entwicklungsphase:

Ein vollkommen neues, individuelles Etwas, das noch nie dagewesen ist, tritt unter Energieaufwand in die Erscheinung, entsteht, beginnt, setzt ein/an. Es kann sich dabei um einen Menschen, ein Lebewesen, ein Ereignis, eine Handlung, einen Gedanken oder aber auch um eine Empfindung handeln. In jedem Falle ist etwas Neues da, was keine Vorgeschichte hat. Gemäß seiner Art ist das neu Erschienene noch form- und richtungslos, ungeordnet, unkoordiniert, orientierungslos. Es ist jedoch alles in ihm angelegt und vorhanden, was für seine Art, Form und Funktion notwendig ist. Da noch keine Festigung des Neuen stattgefunden hat, also noch keine «Masse» vorhanden ist, sichert sich das Neue sein «Da-Sein» zunächst einmal durch «Menge» in Form der scheinbar verschwenderischen und unbedachten Verausgabung von Energie. Man denke beispielsweise an die Natur, die ihre Geschöpfe Blüten, Samen und Eier in immensen Mengen hervorbringen läßt, um die Entstehung und die Selbstbehauptung von relativ wenigen Vertretern der Art zu gewährleisten. So entstehen *ausnahmslos alle* Erscheinungsformen.

Zur zweiten Entwicklungsphase:
Um bestehen zu können, d. h. um nicht gleich wieder zu vergehen, muß in der zweiten Entwicklungsphase dieses Neue eine eigene Form annehmen und sich gegenüber allem anderen, was es gibt, abgrenzen, um die eigene räumliche Integrität zu gewährleisten und gleichzeitig die restlose Verpuffung der anfänglich «losen» Energie zu verhindern. Dazu gehört auch, daß sich das Etwas «erdet», ordnet, sein «Territorium» absteckt und Vorsorge trifft dafür, daß es sich nicht verausgabt. Kräfte dürfen nicht mehr wie in der ersten Phase (scheinbar) wahllos verschwendet, sondern müssen gesammelt und gespeichert werden. Und es müssen zur Eigenversorgung «Vorräte» angelegt werden.

Zur dritten Entwicklungsphase:
Nachdem sich das Etwas in der zweiten Entwicklungsphase stabilisiert und feste Form angenommen hat, geht es dazu über, gemäß der herausgebildeten Form in der physischen Umwelt zu funktionieren. Hat sich also ein Fisch gebildet, wird jetzt geschwommen. Kam ein Fernsehapparat in den ersten beiden Phasen zustande, so werden jetzt Bild- und Tonsignale empfangen und wiedergegeben. Jedem wie auch immer gearteten Phänomen liegt dieser universelle dreiphasige Entwicklungsablauf zugrunde. Es gibt keine Ausnahmen, wie folgende Beispiele aus den verschiedensten Bereichen des Lebens stellvertretend veranschaulichen sollen:

Haus bauen:
1. Phase: Verausgabung von Energie, um, beispielsweise, (1) den Keller auszuheben und/oder (2) das noch formlose Baumaterial heranzuholen.
2. Phase: Es wird unterkellert, also ein Fundament gelegt und das Baumaterial «verdichtet», d. h. zum Haus zusammengestellt.
3. Phase: Das Haus fängt nun an zu «funktionieren», d. h. als Wohnstätte zu dienen. Es wird bezogen und bewohnt.

19

oder:
1. Phase: Es entsteht ein noch ungeordnetes gedankliches Vorhaben, ein Haus zu bauen.
2. Phase: Das Gedankliche verdichtet sich zu konkreten Plänen, die vom Architekten erstellt werden.
3. Phase: Die Pläne kommen zur Funktion, d. h., sie dienen als Bauvorlage.

Gitarre spielen:
1. Phase: Unbeherrschtes Greifen (hauptsächlich Danebengreifen) mit energetisch unökonomischen Bewegungen und Verrenkungen bei nur gelegentlicher Erzeugung eines richtigen Tons.
2. Phase: Durch Übung, zum Beispiel spielformgebender Tonleitern, bekommt das Spiel Gestalt und Form. Es wird jetzt nur noch im richtigen «Territorium» auf Saite und Bund gegriffen.
3. Phase: Das beherrschte Spiel kommt zur Funktion: dem in der Umwelt hörbaren Musizieren.

Sich verlieben:
1. Phase: Es entsteht ein unkontrolliertes, empfindungsmäßiges Entbrennen mit undifferenzierter Zuneigung.
2. Phase: Darauf folgt die Gewöhnung mit entsprechender «Abkühlung» (Stabilisierung) der Gefühle.
3. Phase: Die stabilisierten Gefühle kommen zur Funktion, d. h., sie bilden die Grundlage für ein haltbares Zusammensein bzw. Zusammenleben. Die Beziehung oder Ehe fängt an, als Lebensgemeinschaft auf der entsprechenden Ebene zu funktionieren.

Entstehung bzw. Entwicklung des Menschen:
1. Phase: Aus einem Augenblick und Akt der selbstvergessenen Inbrunst ziehen zahllose Samen mit blindem Instinkt los, um auf gut Glück das Ei zu befruchten.
2. Phase: Samen und Ei «verdichten» sich zum Embryo, der sich als neues, konkretes Wesen gegenüber den Eltern «abgrenzt» und herausbildet.

20

3. Phase: Der Embryo kommt zur Funktion, d. h., er wird als neues menschliches Wesen geboren.

oder:

1. Phase: Der neugeborene Mensch ist ein noch unkoordiniertes, tolpatschiges Energiebündel, das (nach dem derzeitigen Stand der Kenntnis) noch nicht zwischen sich und der Umwelt unterscheiden kann.

2. Phase: Das neue menschliche Wesen entdeckt sich selbst als seinen ersten «Besitz» in Form des eigenen Körpers, der ihm als abgegrenztes «Territorium» dient. Es stellt die eigene physische Abgrenzung und Eigenständigkeit gegenüber der Umwelt fest. Der neue Mensch findet seinen ersten physischen Halt in sich.

3. Phase: Der Mensch kommt zur (zunächst einmal physischen) «Funktion», d. h. er tritt mittels Neugierde, Bewegung, Kontaktaufnahme und Kommunikation in Wechselbeziehung zur Umwelt.

Entstehung des Universums:

1. Phase: Nach der (inzwischen als bestätigt geltenden) Theorie des energieentladenden «Urknalls» entsteht eine heiße, formlose Energie(Gas)wolke.

2. Phase: Der Energienebel verdichtet sich zu Sonnen und den sie umkreisenden Trabanten, «kühlt ab», erkaltet und nimmt die Form beispielsweise unseres Sonnensystems an.

3. Phase: (Bezogen auf unseren Planeten und unser Sonnensystem:) Die Erde fängt an, zu «funktionieren», d. h. das irdische Leben und die Natur hervorzubringen und ihnen dann als «Mutter» und Heimat zu dienen.

Diese Reihe veranschaulichender Beispiele könnte aus beliebigen Da-Seins-Bereichen fortgesetzt werden. Um sich selbst von diesem im wörtlichen Sinne «universellen» Entwicklungsablauf überzeugen zu können, wird dem Leser empfohlen, zwecks eigenen Nachvollzugs die Reihe mit eigenen Beispielen fortzusetzen.

Der universelle Entwicklungsablauf und die Astrologie

Auf die vier einzelnen Quadranten des Tierkreises angewandt bildet der oben beschriebene dreiphasige Entwicklungsablauf auch die Grundlage aller astrologischen Analogien. Hier ist besonders hervorzuheben, daß die Astrologie immer nur von *Analogien** universell gültiger und anwendbarer Prinzipien, niemals von *Konkretem* spricht. Die Anwendung des universellen Entwicklungsablaufs auf sämtliche Elemente der Astrologie ermöglicht den sachlichen und nachvollziehbaren Umgang mit der Astrologie, ohne Zuhilfenahme irgendeines anderen Wissensgebietes. Berücksichtigt man auch die klare Aussagekraft der mathematisch exakt anmutenden Verhältnisse der einzelnen Tierkreiszeichen zueinander, so hat man einen geschlossenen Rahmen, innerhalb dessen das (Selbst)Erkenntnisinstrument Astrologie uns mittels der Analogie immer tieferen Einblick in die primär bewegende oder verursachende Wirklichkeit gewährt, die den Erscheinungsformen Mensch und Geschehen zugrunde liegt. Die in diesem Buch angestellten Betrachtungen zu Inhalt und Anordnung der Tierkreiszeichen werden für jeden den inneren Reichtum der Astrologie unter Beweis stellen, der die Bereitschaft aufbringt, das Dasein aus einem neuen, analogen und unendlich variablen Blickwinkel zu betrachten.

---

* «Analogie» wird wie folgt definiert und verstanden: Eine tatsächliche oder empfundene Wesensähnlichkeit zwischen Dingen, die grundverschiedenen Wesens sind.

TEIL I

Der Tierkreis –
Zeichen und Inhalt

Kapitel I

Der Tierkreis
als universeller Entwicklungszyklus

Der Tierkreis ist eine analoge Darstellung als Zyklus des oben beschriebenen Entwicklungsablaufs, nach dem sich alle Erscheinungen im unmittelbar wie mittelbar beobachtbaren Universum im Da–Sein etablieren. Jedes der zwölf Tierkreiszeichen stellt jeweils eine Stufe im Zyklus dar. Die 360 Grad des Tierkreises werden gleichmäßig auf die 12 Zeichen verteilt, so daß jedes Zeichen 30 Grad umfaßt. Die Reihenfolge der Tierkreiszeichen verläuft gegen den Uhrzeigersinn, also vom Null-Grad-Punkt am linken Achsschenkel nach unten (siehe Abb. 1).

In der Grundstellung des Tierkreises fällt 0 Grad des ersten Zeichens Widder auf den linken Schenkel der Horizontalachse. Der Gesamtzyklus mit 12 Phasen wird in 4 Abschnitte von je drei Phasen bzw. Tierkreiszeichen unterteilt. Diese Abschnitte werden *Quadranten* genannt. Die Quadranten ergeben sich aus den den Tierkreis genau halbierenden rechtwinkligen Achsen zwischen dem ersten und dem siebten Zeichen (Widder/Waage, 0 Grad/180 Grad) und zwischen dem vierten und dem zehnten Zeichen (Krebs/Steinbock, 90 Grad/270 Grad) (Abb. 1). Auf der Ebene der Quadranten spiegelt sich am deutlichsten die grundsätzliche Dreiteiligkeit des universellen Entwicklungsablaufs wider, die in der Einleitung beschrieben wurde: Entstehung, Stabilisierung und Funktion in bzw. Beziehung zur Umwelt. Die Universalität dieses Entwicklungsablaufs besteht darin, daß er nicht nur auf alle konkreten Erscheinungen (Mensch, Lebewesen, Ereignisse, Gegenstände, Abläufe), sondern auch gleichermaßen auf alle *nichtkonkreten* Erscheinungen (Denken, Empfinden, Wahrnehmen)

24

anwendbar ist. Durch diese uneingeschränkte Anwendbarkeit eignet sich die Astrologie, wie später zu demonstrieren sein wird, für ein tiefes Verständnis des Grundsätzlichen nicht nur am Menschen, sondern an den Dingen schlechthin, wobei ausschließlich auf die astrologische Analogiebildung zurückgegriffen wird.

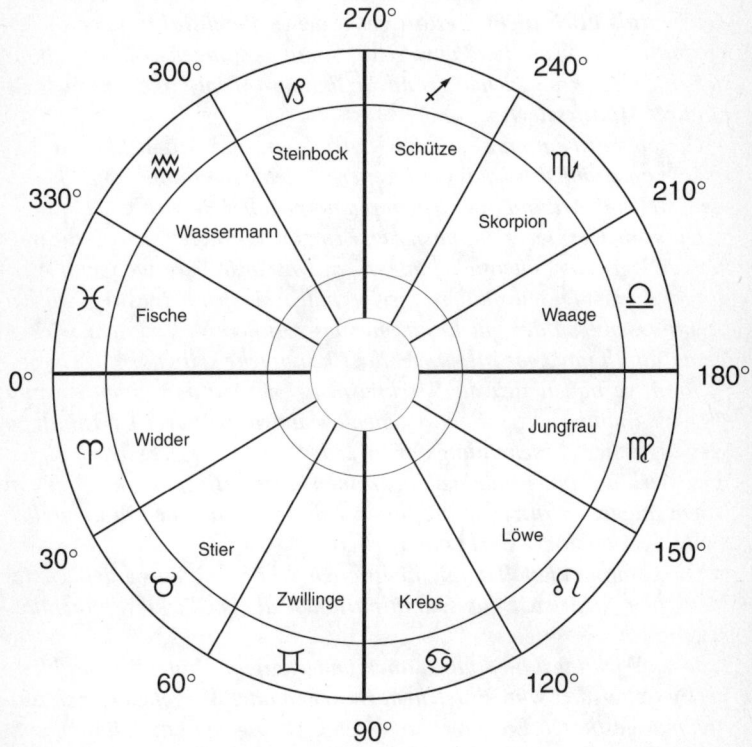

Die Tierkreiszeichen: Definition

*Jedes der 12 Tierkreiszeichen kann als symbolisches **Depot** betrachtet werden, in dem **ein einziges, reines Prinzip** als universelles **Wirkungspotential** gespeichert ist.*

*Jedes dieser 12 «**Prinzipien an sich**» ist in dem ihm zugeordneten Zeichen **als noch nicht Gestalt gewordenes Potential** in unendlicher Vielfalt und Abwandlung anwesend. Somit «enthalten» oder symbolisieren die Tierkreiszeichen **grundsätzlich nur Möglichkeiten, niemals konkret Manifestiertes.***

*Diesen noch unmanifestierten Potentialen und Möglichkeiten entspringt **ausnahmslos** jedes manifestierte belebte oder unbelebte Phänomen, welcher Art und in welchem phänomenalen Bereich auch immer.*

*Die vom Tierkreis symbolisierten Prinzipien bringen sich als die treibenden Wirkungspotentiale hinter allen Daseinsäußerungen zum Ausdruck. Zu den Daseinsäußerungen verhalten sie sich **keineswegs** wie ein beeinflussendes oder gar bestimmendes «Äußeres». Vielmehr wirken sie **in, durch und, vor allem, als die Phänomene selbst.***

*Somit verhalten sich die Tierkreisprinzipien zu den ihnen entsprechenden manifestierten Phänomenen wie **unwandelbarer Ur-Inhalt zu vergänglicher Erscheinungsform:** Jedes der 12 Tierkreisprinzipien bzw. Wirkungspotentiale stellt also einen einzigartigen, reinen und von jedem anderen Prinzip unberührten **Inhalt** dar, der sich in unendlich vielfältiger analoger **Form** manifestiert.*

*Die gesamte Vielfalt der manifestierten Schöpfung, einschließlich des Menschen, stellt sich aus **Kombinationen** dieser Wirkungspotentiale zusammen.*

*Jedes Wirkungspotential ist unveränderbar, unwandelbar und bleibt **völlig unberührt vom Entstehen, Bestehen oder Vergehen** seiner konkret manifestierten Entsprechungen und Analogien in der phänomenalen «realen» * Welt.*

Es gibt kein Tierkreiszeichen, kein Wirkungspotential, das «höher» oder «niedriger» wäre als irgend ein anderes; das vor irgendeinem an-

---

* In diesem Buch wird nach Wolfgang Döbereiner zwischen «real» und «wirklich» unterschieden. «Real» und «Realität» beziehen sich ausschließlich auf die Dinge der konkret wahrnehmbaren und beschreibbaren phänomenalen Welt. Dazu gehören auch Empfindungen und Gedanken.

deren Vorrang hätte. Würde ein einziges Zeichen/Wirkungspotential fehlen, so würde die gesamte Schöpfung in allen Bereichen und auf allen Ebenen in sich zusammenfallen und verschwinden.

Ein praktisches analoges Beispiel aus dem Bereich der Zahlen kann das Wesen der Zeichen veranschaulichen:

Betrachten wir den Begriff «Siebzehn»** als das Äquivalent eines beliebigen Tierkreiszeichens. In diesem «Zeichen» namens «Siebzehn» ist das reine Prinzip, d. h. die reine, unmanifestierte Zahl «17» enthalten. Diese reine Zahl liegt ausnahmslos jedem manifestierten Vorkommen von «17» zugrunde: 17 Tagen, 17 Menschen, 17 Bakterien, 17 Galaxien, 17 bunt gemischten Gegenständen, 17 Gedanken, der Schriftkonvention «17» usw. (Versucht man, sich «17» in «Reinkultur», also *ohne* den Umweg über eine Erscheinungsform, vorzustellen, stellt man fest, daß eine solche Vorstellung unmöglich ist. Und doch *weiß* man, daß es die «17» gibt!) Die Liste der möglichen Erscheinungs**formen** von «17» könnte bis ins Unendliche fortgesetzt werden. Jedoch der reine **Inhalt** «17», der jede nur erdenkliche Form von «17» hervorbringt, also die «17 an sich», ist niemals unmittelbar faßbar, sondern ist nur über die unendliche Vielfalt seiner Erscheinungsformen, also nur *mittelbar erkenn- und erlebbar*. Damit ist das Prinzip «17» eine unberührte Essenz, ein makelloser Inhalt, dessen Existenz nur über seine unzähligen Ausdrucksweisen feststellbar ist. Das Entstehen, Bestehen oder Zerstörung eines jeden Vorkommens von «17» läßt diesen Urgrund unberührt und uneingeschränkt weiterhin schöpferisch.

Daß jedem konkreten Vorkommen einer Zahl eine entsprechende «Urzahl» zugrunde liegen muß, dürfte leicht nachzuvollziehen sein. Auch außerhalb des Reiches der Zahlen liegt jeder Erscheinungsform ein nicht materielles reines Prinzip zugrunde. Es ist allerdings meistens sehr schwierig, von Form auf Ausgangsprinzip zu schließen, wie ein weiteres Beispiel aus dem Bereich der Sprachwissenschaft zeigt:

Die Begriffe «wirklich» und «Wirklichkeit» beziehen sich auf das nicht greifbare, unbeschreibbare und subjektiv nicht zugängliche Erwirkende, das dem Realen zugrunde liegt und es hervorbringt.

** Die «Siebzehn» (bzw. «17») soll lediglich dem Zwecke der Veranschaulichung des Wesens der Tierkreiszeichen dienen. Sie weist in diesem Zusammenhang keine Besonderheiten auf und könnte durch jede beliebige Zahl ersetzt werden.

Mit wenigen Ausnahmen entstammen die Sprachen Europas und Indiens einer einzigen, nur theoretisch zu rekonstruierenden Ursprache, von der man nicht weiß, wo, wann oder von wem sie gesprochen wurde. Ihre Spuren sind aber in allen Tochtersprachen deutlich zu erkennen. So haben Forschungen ergeben, daß es ein «Urwort» wie etwa «sneigwh» geben bzw. gegeben haben muß, von dem folgende, zum Teil recht verschieden aussehende Wörter abstammen:

deutsch	französisch	russisch	englisch	portugiesisch
Schnee	(s)neige	snjeg	snow	(s)neve

Diese und andere Wörter in den indo-europäischen Sprachen lassen auf ein Urwort «sneigwh» schließen, zu dem man nur über dessen Erscheinungsformen Zugang hat. Lediglich das in der lateinischen Sprachfamilie verlorengegangene «s» läßt Geschwister wie Fremde aussehen.

Die Tierkreisprinzipien als Wirkungspotentiale im Menschen

Bei den 12 Tierkreisprinzipien verhält es sich ebenso wie in den beiden obigen Beispielen aus dem Bereich der Mathematik und der Sprachwissenschaft. Im Zeichen Widder, beispielsweise, ist das reine Prinzip «Anfang» gespeichert. So ist jeder wie auch immer geartete Anfang sowie alles, was sich davon logisch zwingend ableiten läßt, Erscheinungsform des nur mittelbar zugänglichen Prinzips «Anfang». Je nach Lebensbereich nimmt das Prinzip «Anfang» Formen an, die nur scheinbar nicht miteinander wesensverwandt sind. Schaut man sich allerdings diese Formen näher an, stellt man fest, daß es sich bei aller scheinbaren Verschiedenheit um Ausdrucksformen des einen Prinzips «Anfang» handelt. Dies wird unten bei der Besprechung der einzelnen Tierkreiszeichen deutlich.

Für die unendliche Vielfalt, die sich aus der Kombination einer endlichen Anzahl von Elementen (beispielsweise die 12 astrologischen Wirkungspotentiale) ergibt, liefert die Technik ein hervorragendes analoges Beispiel: den Computer. Die Leistungsfähigkeit auch des größten Computers ergibt sich aus den unendlichen Kombinationsmöglichkeiten nur zweier Zahlen: «0» und «1».

Die Tierkreisprinzipien wirken auch in und durch den Menschen als 12 innere Wesenskräfte bzw. Grundbedürfnisse, die durch die Anziehung von Analogien ihrer Prinzipien in der Außenwelt das äußere Dasein des Individuums gestalten.

Auch im Menschen können durch Analogie sämtliche Zeichenentsprechungen abgeleitet werden – unter der unerläßlichen Voraussetzung, daß der betreffende Zeicheninhalt zunächst einmal aus dem primär-*unmittelbaren* und dann erst aus dem sekundär-*mittelbaren* Blickwinkel betrachtet wird. Man darf also nicht schon bei den konkreten und offensichtlichen, jedoch paradoxerweise nur abgeleiteten und daher nur mittelbar sich ergebenden Analogien anfangen und stehenbleiben. Es muß nämlich von den primären, d. h. unmittelbaren Analogien ausgegangen werden.

Die Zeichen
und ihre drei Merkmale

Jedes der 12 Zeichen hat drei verschiedene Merkmale, durch die es sich aus drei verschiedenen Aspekten betrachten läßt:

1. Welchem der vier Elemente (Feuer/Erde/Luft/Wasser) wird das Zeichen zugeordnet?
2. Welchem Stadium des dreiphasigen Entwicklungszyklus (kardinal/fix/veränderlich) wird das Zeichen zugeordnet?
3. Welche Polarität (Plus/Minus) weist das Zeichen auf?

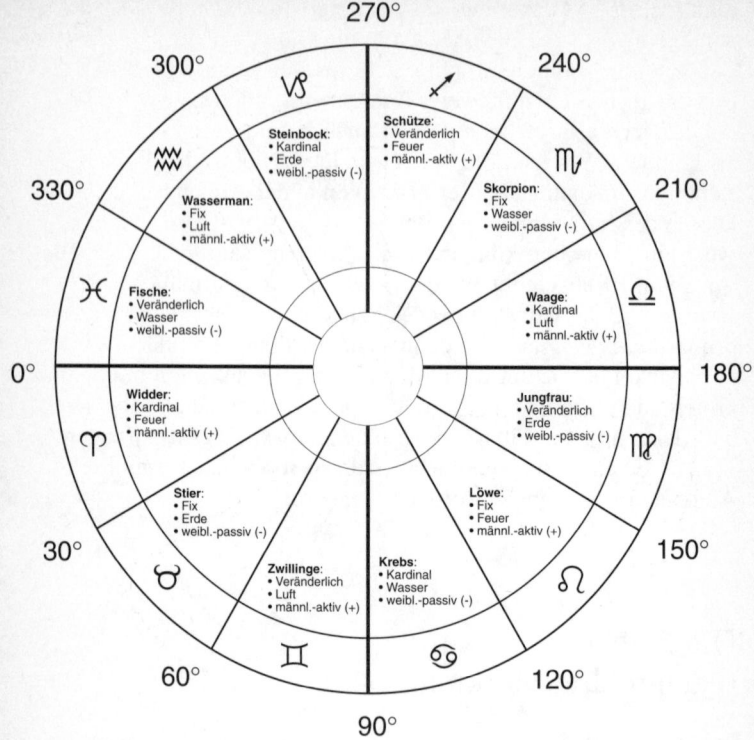

Die vier Elemente

Jedes Zeichen, angefangen beim Zeichen Widder, wird der Reihe nach einer der vier *Vorgehensweisen* Feuer/Erde/Luft/Wasser, genannt **Elemente**, zugeordnet. Die Grundreihenfolge der Elemente ergibt sich aus der Elementenzuordnung der ersten vier Zeichen:

Widder	=	Feuer
Stier	=	Erde
Zwillinge	=	Luft
Krebs	=	Wasser

Das Element Feuer

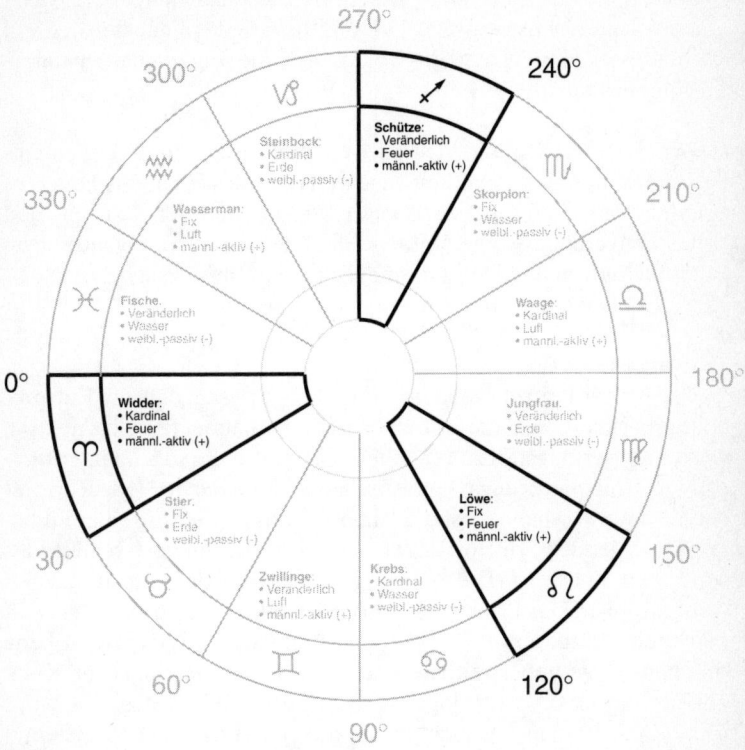

Die Vorgehensweise des Elements Feuer weist beispielsweise folgende Eigenschaften auf:

direkt	unbedacht
energisch	spontan
naiv	«egoistisch»
dynamisch	impulsiv
ursprünglich	unerschrocken
unvorbereitet	zuversichtlich
beweglich	unerbittlich

1. Die Feuerzeichen Widder/Löwe/Schütze (♈/♌/♐)

Die Feuerzeichen ♈/♌/♐ haben diese und alle anderen feurigen Eigenschaften gemeinsam. Da allerdings jedes Feuerzeichen ein anderes Stadium darstellt, wirken sich die Eigenschaften unterschiedlich aus.

(Diese Analogie-Liste soll lediglich exemplarisch sein für die unendlich vielen wesensverwandten Eigenschaften des Elements Feuer. In Kapitel 7 im II. Teil dieses Buches wird anhand der Zeichen- und Prinzipienverhältnisse gezeigt, wie der Leser spontan eigene solche Entsprechungen und Deutungsmöglichkeiten für sämtliche astrologischen Ebenen erarbeiten kann.)

Wichtiger Hinweis:
Der Leser wird ganz besonders darauf hingewiesen, daß alle Entsprechungsbeispiele, wie die in obiger Liste enthaltenen, völlig neutral, wert- und wertungsfrei zu verstehen sind – auch die sogenannten «negativen» Entsprechungen (egoistisch, naiv, unbedacht). Jede Entsprechung, ohne Ausnahme, ist die analoge Konkretisierung eines ihr zugrunde liegenden Prinzips, das als solches weder gut noch schlecht ist, sondern lediglich *ist*. Die Astrologie kennt nur das Prinzip des Sowohl-als-auch. Das Prinzip des Entweder-oder ist der Astrologie völlig wesensfremd, obwohl es auf einer praktischen, konkreten Ebene durchaus seine unbestreitbare Gültigkeit haben mag. Jegliche Kategorisierung in der Astrologie nach «positiv» oder «negativ» wirkt grundsätzlich sicht-, verständnis- und einsichtshemmend. Hierauf wird in dem Kapitel IX ausführlich eingegangen.

Das Element Erde

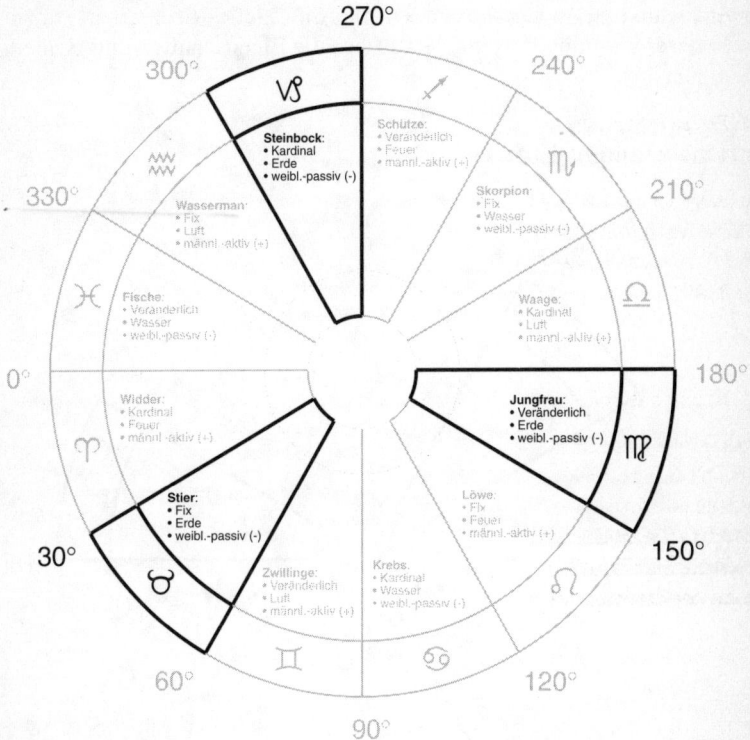

Die Vorgehensweise des Elements Erde weist folgende Eigenschaften auf:

abwartend	vorsichtig
langsam	zögernd
überlegt	widerstandsorientiert
träge	bewahrend
umsichtig	schwerfällig
berechnend	zuverlässig

33

2. Die Erdzeichen Stier/Jungfrau/Steinbock (♉/♍/♑):

Die Erdzeichen ♉/♍/♑ haben diese und alle anderen «erdigen» Eigenschaften gemeinsam. Da allerdings jedes Erdzeichen ein anderes Stadium darstellt, wirken sich die Eigenschaften unterschiedlich aus.

Das Element Luft

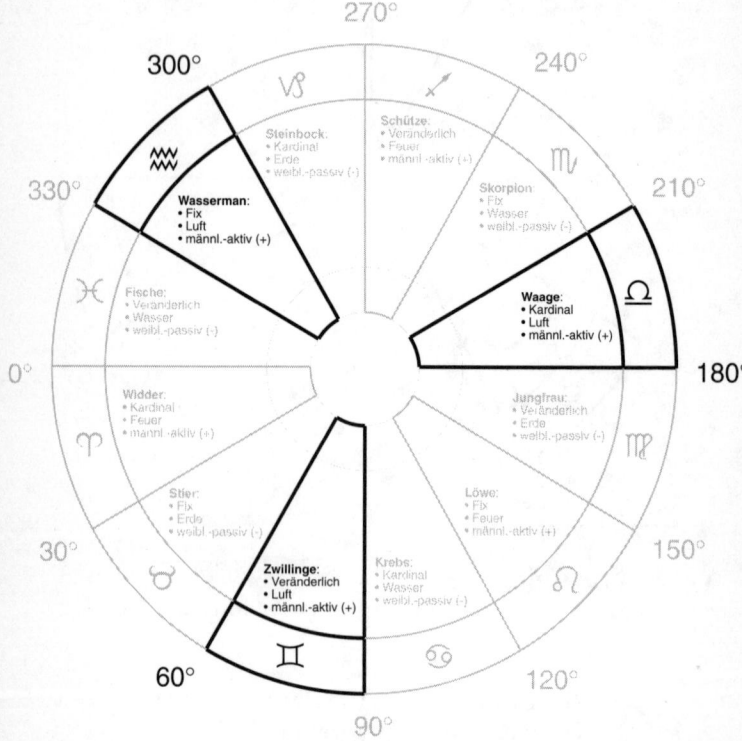

Die Vorgehensweise des Elements Luft weist folgende Eigenschaften auf:

flexibel	neutral
emotionslos	sachlich

unverbindlich	unstet
ablenkbar	unbeteiligt
«gefühlskalt»	klar
neugierig	aufgeschlossen

3. Die Luftzeichen Zwillinge/Waage/Wassermann(♊/♎/♒):

Die Luftzeichen ♊/♎/♒ haben diese und alle anderen luftigen Eigenschaften gemeinsam. Da allerdings jedes Luftzeichen ein anderes Stadium darstellt, wirken sich die Eigenschaften unterschiedlich aus.

Das Element Wasser

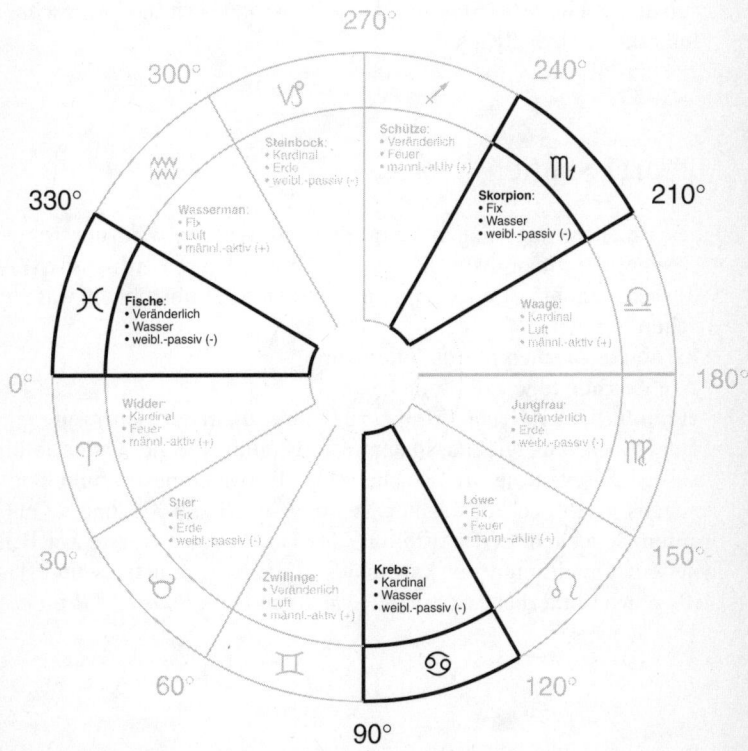

Die Vorgehensweise des Elements Wasser weist folgende Eigenschaften auf:

passiv	emotional
verbindlich	subjektiv
fürsorglich	wesenhaft
indirekt	mitfühlend
verschwommen	wechselhaft
pessimistisch	einfühlsam
nicht greifbar	verborgen

4. Die Wasserzeichen Krebs/Skorpion/Fische (♋/♏/♓)
Die Wasserzeichen ♋/♏/♓ haben diese und alle anderen «wäßrigen» Eigenschaften gemeinsam. Auch hier gilt: Da jedes Wasserzeichen ein anderes Stadium darstellt, wirken sich die Eigenschaften unterschiedlich aus.

Die drei Stadien

Jedes Zeichen, angefangen beim Zeichen Widder, wird der Reihe nach einer der drei universellen Entwicklungsphasen kardinal/fix/veränderlich, genannt Stadien, zugeordnet. Das Stadium gibt an, was ein Zeichen *tut*:

kardinale Zeichen führen/leiten ein

fixe Zeichen fügen zusammen,

veränderliche Zeichen bringen zur Funktion in der (Um)welt.

Bei 12 Zeichen ergibt das in der Grundstellung die vier Quadranten des Tierkreises mit je drei Zeichen. Das Entwicklungsstadium eines Zeichens ergibt sich aus seiner Stellung in seinem «Heimat»-Quadranten. So ist in der Grundstellung des Tierkreises das erste Zeichen in jedem Quadranten ein kardinales, das zweite ein fixes und das dritte ein veränderliches Zeichen. (Vgl. oben *Das «Bausatz»-Prinzip.*)

Das kardinale Stadium

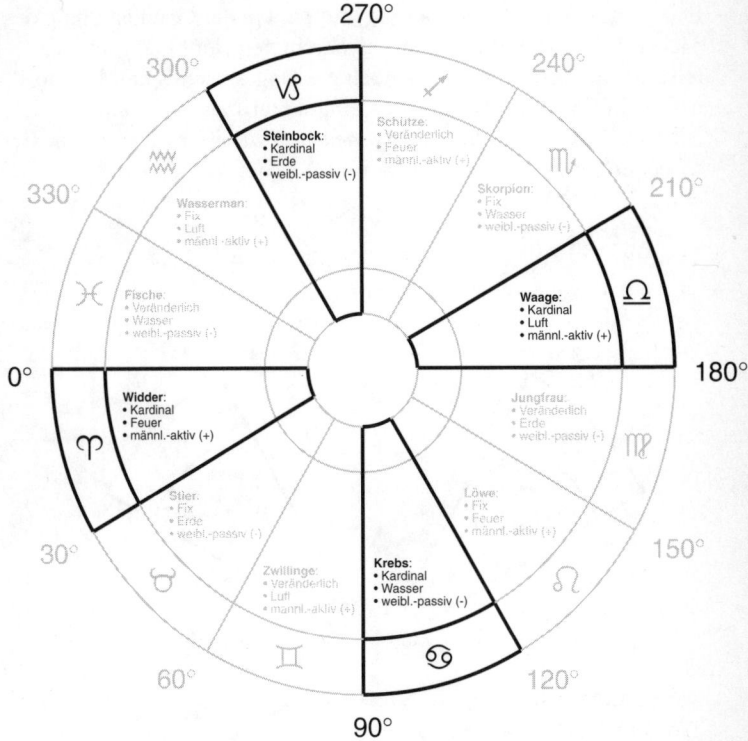

Funktion des kardinalen Stadiums ist das Einleiten von etwas, was bislang nur als nicht greifbares immaterielles Potential vorhanden war. Das, was im kardinalen Stadium eingeleitet wird, befindet sich erst im «Rohzustand», d. h., es ist zwar schon sicht- und greifbar «da», aber in chaotischem Zustand und noch nicht brauchbar. Diese Phase sorgt zunächst einmal lediglich dafür, daß überhaupt etwas *da* ist. Die weitere «Verfeinerung» des neu Eingeleiteten besorgen die beiden darauf folgenden Stadien. Das kardinale Stadium entspricht dem Prinzip des *Anfangs*.

37

1. Die kardinalen Zeichen
Widder/Krebs/Waage/Steinbock (♈/♋/♎/♑):

Die kardinalen Zeichen ♈/♋/♎/♑ sind in der Grundstellung des Tierkreises jeweils die ersten Zeichen in den vier Quadranten. Alle leiten symbolisch ein Neues, noch nie Dagewesenes und Ungeordnetes ein. Was und wie jeweils eingeleitet bzw. angefangen wird, wird in Kapitel II, *Die Quadranten und die Tierkreiszeichen*, besprochen.

Das fixe Stadium

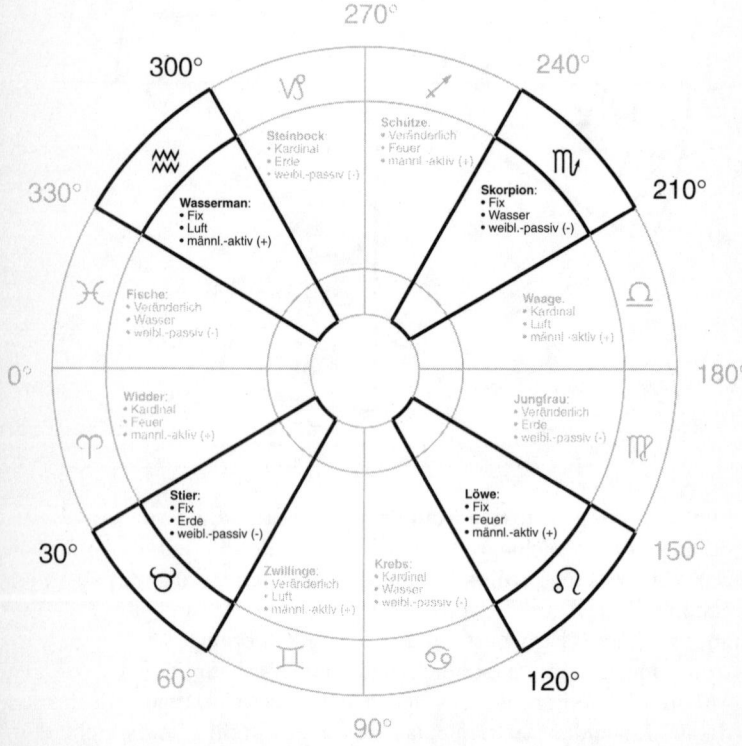

Im fixen Stadium findet eine Zusammenfügung, ein Ordnen, eine Stabilisierung dessen statt, was in der kardinalen Phase formlos und chaotisch eingeleitet wurde. Das fixe Stadium entspricht dem Prinzip der *Stabilisierung* und *Festigung*.

2. Die fixen Zeichen Stier/Löwe/Skorpion/Wassermann (♉/♌/♏/♒)

Die fixen Zeichen ♉/♌/♏/♒ sind in der Grundstellung des Tierkreises die jeweils zweiten Zeichen in den vier Quadranten. Sie fixieren, ordnen und stabilisieren das, was vom vorangegangenen kardinalen Zeichen eingeleitet wurde. Was und wie jeweils stabilisiert und gefestigt wird, wird in Kapitel II, *Die Quadranten und die Tierkreiszeichen*, besprochen.

Das veränderliche Stadium

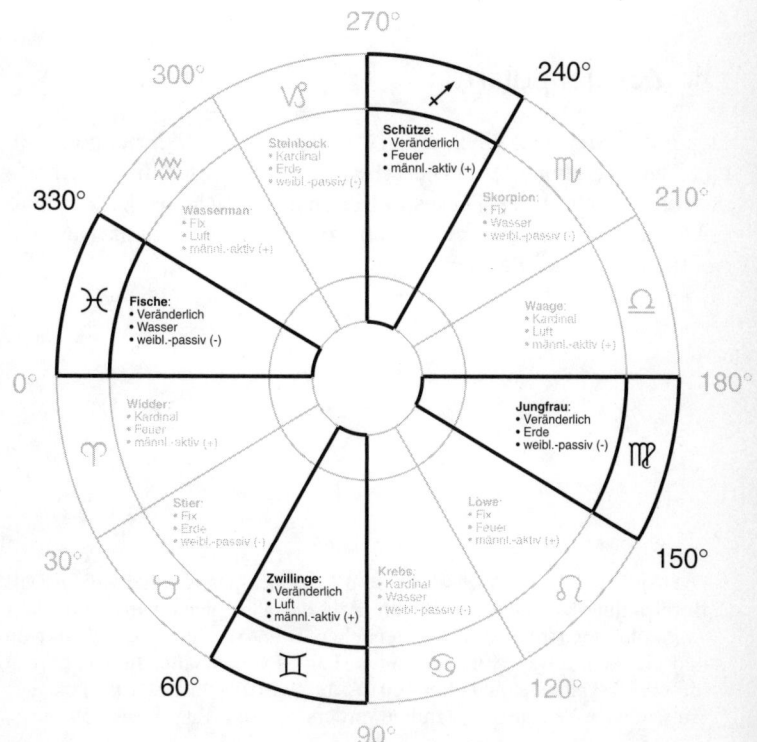

Im veränderlichen Stadium kommt das neu Entstandene und Gefestigte zur ihm innewohnenden Funktion und tritt demgemäß in Beziehung zur realen Umwelt. Das veränderliche Stadium entspricht dem Prinzip der *Funktion*.

3. Die veränderlichen Zeichen Zwillinge/Jungfrau/ Schütze/Fische (♊/♍/♐/♓)

Die veränderlichen Zeichen ♊/♍/♐/♓ sind in der Grundstellung des Tierkreises die dritten Zeichen in den vier Quadranten. Sie lassen das, was vom vorangegangen fixen Zeichen stabilisiert und gefestigt wurde, zu der ihm innewohnenden Funktionalität in der Umwelt kommen. Die verschiedenen Funktionalitäten werden in Kapitel II, *Die Quadranten und die Tierkreiszeichen,* besprochen.

Die Zeichenpolarität

Das dritte Merkmal eines jeden Zeichens ist die Zeichenpolarität. Der Tierkreis als ganzes pulsiert rhythmisch, systolisch/diastolisch wie das menschliche Herz. Dieses Pulsieren ergibt sich aus der Zeichenpolarität, also aus der Abwechslung zwischen männlich-aktiven und weiblich-passiven[*] Zeichen.

---

[*] Die Ausdrücke «männlich-aktiv» und «weiblich-passiv» sind lediglich als Bezeichnungskonventionen für die Pole der aller phänomenalen Vielfalt zugrunde liegenden Polarität zu verstehen. Da sie sich gegenseitig bedingen und in einem festen Abhängigkeitsverhältnis voneinander stehen, darf in diesem Zusammenhang hinter den Wörtern «aktiv» und «passiv» in keiner Hinsicht eine Wertung verstanden werden.

Die männlich-aktiven, nach außen gerichteten (m♂ ➔) Zeichen:

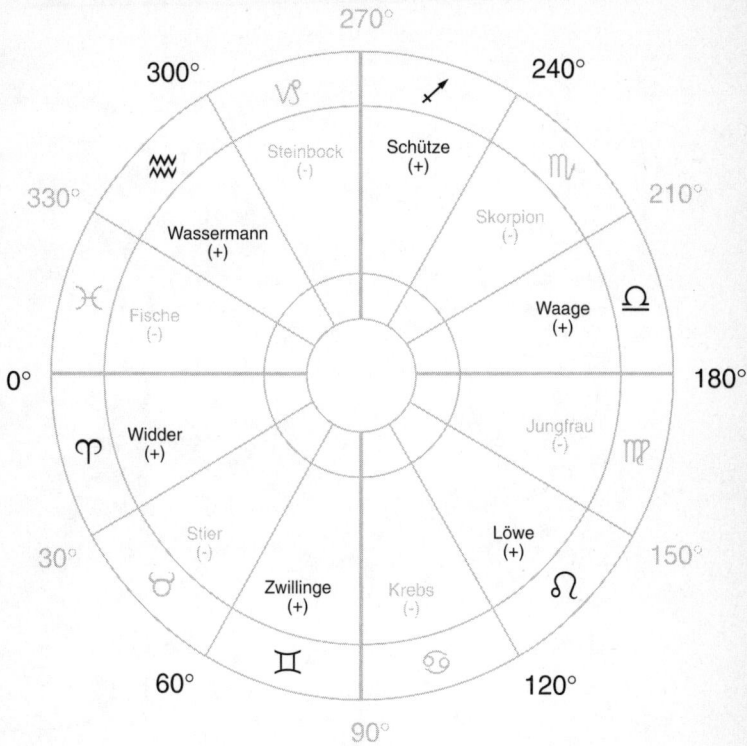

Alle *Feuer- bzw. Luftzeichen* (Widder/Löwe/Schütze bzw. Zwillinge/Waage/Wassermann) sind «männlich-aktiv», d. h. sie sind gekennzeichnet durch Ausdehnung, Ausweitung, Richtung nach außen; sie sind «explosiv».

Die weiblich-passiven, nach innen gerichteten (w↓ ←) Zeichen:

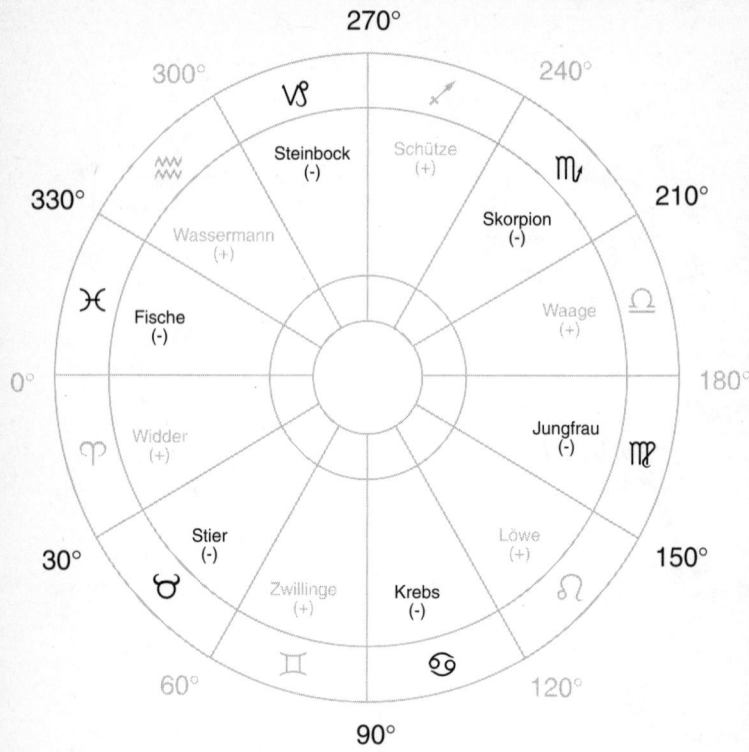

Alle **Erd- bzw. Wasserzeichen** (Stier/Jungfrau/Steinbock bzw. Krebs/Skorpion/Fische) sind «weiblich-passiv», d. h., sie sind gekennzeichnet durch Zusammenziehung, Einengung, Richtung nach innen; sie sind «implosiv».

Angefangen vom Feuerzeichen Widder setzt im Tierkreis ein polares Pulsieren ein, eine regelmäßige und folgerichtige Richtungsänderung, die das Verhältnis der Zeichen untereinander logisch und zwingend ableitbar macht. Das gilt besonders für die unmittelbar aufeinander folgenden Zeichen. *Diese Ableitbarkeit erweist sich bei der astrologischen Deutung als zuverlässige und, vor allem, unversiegbare Quelle der Prinzipienanalogien.*

Setzen wir beispielsweise die Zeichen Widder und Stier gemäß ihrer Polarität zueinander in Beziehung, ergeben sich folgende Pulsationspaare:

♈	♉
verausgabend	vereinnahmend
anfeuernd	bremsend
verschwenderisch	(auf)bewahrend
bewegend	stabilisierend
ausschweifend	revierbezogen
öffnend	schließend
zentrifugal	zentripetal

Unter Berücksichtigung des jeweiligen Stadiums bzw. Elements stellt das polare Verhältnis zwischen Widder und Stier modellhaft das grundsätzliche Verhältnis zwischen allen «männlichen» und «weiblichen» Zeichen dar, insbesondere zwischen unmittelbar aufeinander folgenden Zeichen.

Kapitel II

Die Quadranten und die Tierkreiszeichen

Die Bedeutsamkeit der Quadranten

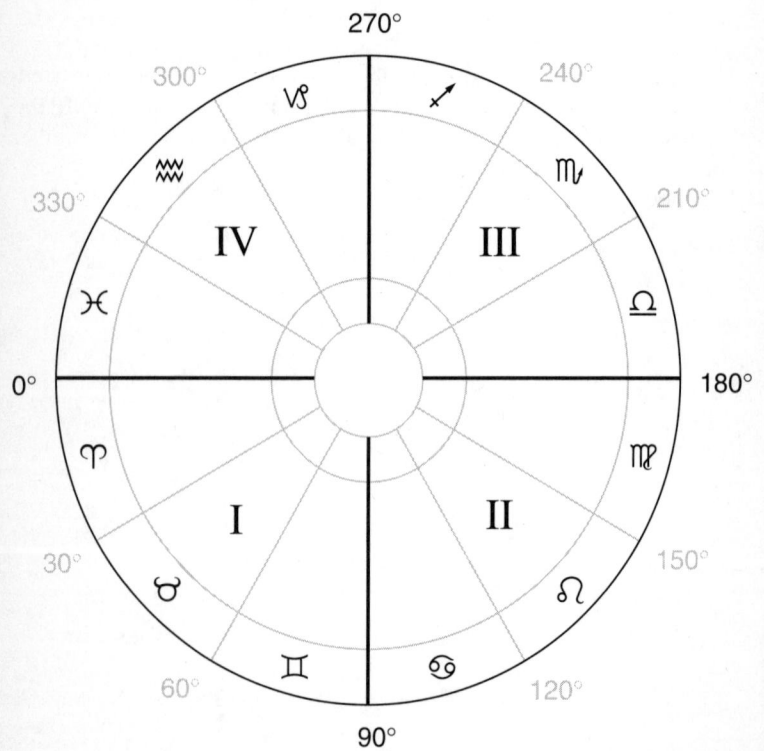

Außer in den herausragenden Betrachtungen und Erkenntnissen des Astrologen Wolfgang Döbereiner finden die Quadranten des Tierkreises kaum Beachtung in der astrologischen Literatur. Dabei handelt es sich um eine weitere bedeutsame Ebene, auf der sich sämtliche Gesetzmäßigkeiten des Tierkreises widerspiegeln.

Zur Erleichterung des Verständnisses der Quadranten in ihrem Verhältnis zueinander ist es zweckmäßig, sie in zwei Gruppen aufzuteilen: der erste, zweite und dritte Quadrant bilden die eine, der vierte Quadrant allein bildet die zweite Gruppe. Die ersten drei Quadranten spiegeln den universellen Entwicklungsablauf wider (siehe **Einleitung,** *Der universelle Entwicklungsablauf*): Im ersten Quadranten die Entstehung des Neuen, im zweiten die Festigung und im dritten die Funktion des Fertigen in der Umwelt. Der vierte Quadrant stellt eine außersubjektive inhaltliche Zusammenfassung der ersten drei Quadranten dar. Auf jeden Quadranten wird im entsprechenden Abschnitt unten näher eingegangen.

Der erste Quadrant und die
Tierkreiszeichen Widder – Stier – Zwillinge

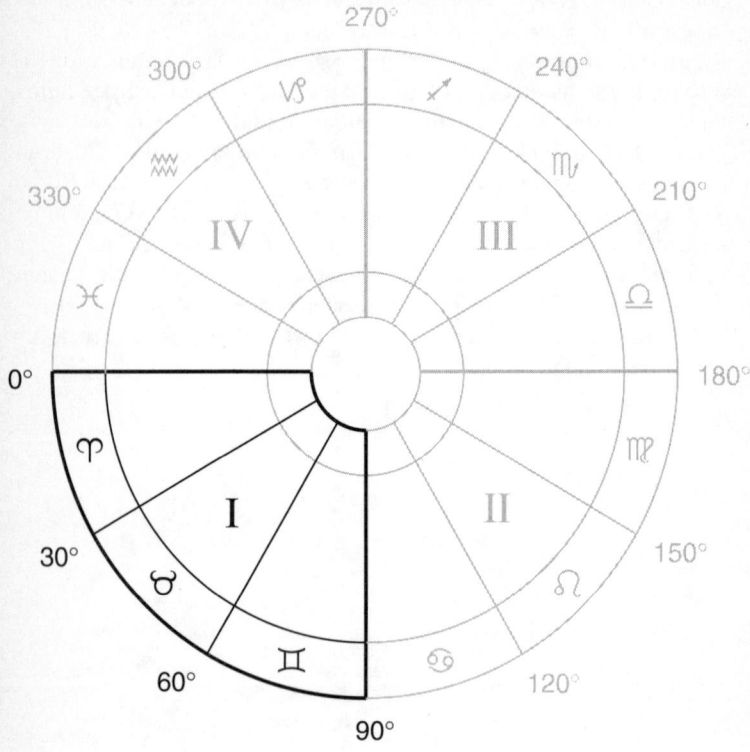

Im **ersten Quadranten** wird die Thematik durch das kardinale Feuerzeichen *Widder* festgelegt und durch die Zeichen *Stier* und *Zwillinge* differenziert. Hier materialisiert sich rein physisch oder körperlich ein Neues, Noch-nicht-Dagewesenes, das nun real da ist. Der erste Quadrant spiegelt das Körperliche und Sichtbare an einem Phänomen wider, ob es sich dabei um einen Menschen, ein Ding oder ein Ereignis handelt. Im Falle beispielsweise eines Menschen zeigt der erste Quadrant aus drei verschiedenen Perspektiven an, welche Anlagen (d. h.

Zeichenanalogien, Planeten) dem Menschen, seinem Auftreten, seinem Körper oder seiner Funktionalität real-physisch anzusehen sind. Handelt es sich nicht um einen Menschen, sondern um einen Gegenstand oder ein Ereignis, so zeigt der erste Quadrant an, was am Gegenstand bzw. Ereignis sichtbar-konkret ist. Die körperliche Sichtbarkeit der Anlagen in diesem Quadranten wird im Rahmen der 12 astrologischen Themenkomplexe, Kapitel VI, ausführlich besprochen.

♈ Widder

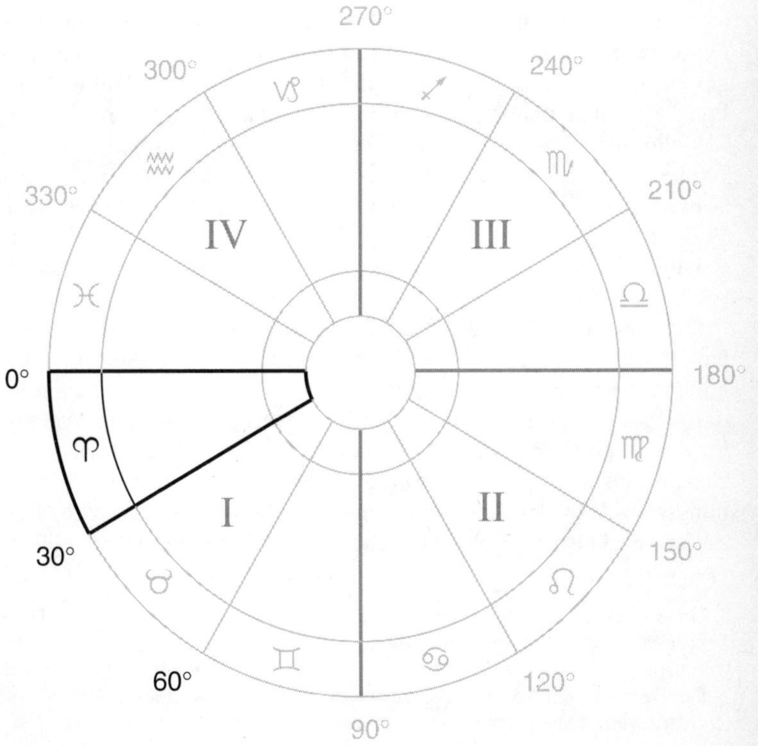

Polaritätswechsel Fische (w↓←)/Widder (m↑→):
Unsichtbarkeit/Sichtbarkeit, Formloses/Gestaltgewordenes, Passivität/Aktivität, Hintergrund/Vordergrund, Unendlichkeit/Endlichkeit, Potentielles/Manifestiertes.

Widder: das *kardinale*,
            «**m**ännlich-aktive» (↑),
            nach außen gerichtete (→) *Feuerzeichen*
            21. März – 20. April[*]

Das **kardinale Feuerzeichen Widder** ist das erste Zeichen des Tierkreises und des ersten Quadranten. Hier setzt, sozusagen, «der Lauf der Dinge» ein. Noch-nicht-Faßbares oder -Zugängliches wird sichtbar und konkret, wobei es sich durchaus um die Entstehung einer «konkreten» Empfindung oder eines Gedankens handeln kann. Also hat dieses kardinale Feuerzeichen die Funktion, etwas noch nicht Dagewesenes anzufangen, gleich in die Sichtbarkeit zu ziehen und zur konkreten, jedoch noch «rohen» Realität zu machen. Es entsteht ein «Rohling». Der Sprung in die Sichtbarkeit ist ein Kraftakt, eine Art Explosion, bei der große Mengen Energie freigesetzt bzw. «verschwendet» werden, damit auf jeden Fall etwas in Gang kommt. Der Widder symbolisiert damit die noch form- und richtungslose Dynamik und Verausgabung von Energie, die für Anfänge jeglicher Art typisch ist.

Da aller Anfang etwas Plötzliches und Explosionsartiges an sich haben *muß*, um einen Entwicklungsprozeß in Gang zu setzen, kann auf anderes bereits Vorhandenes keinerlei Rücksicht genommen werden. Jegliche Form der Rücksichtnahme würde nämlich den Anfang im Keim ersticken, da nicht mit der notwendigen Aggressivität und Zielstrebigkeit vorgegangen werden könnte und der ständige Entstehungsprozeß in der Schöpfung zum Erliegen kommen müßte. Der Anfang darf also nur sich selbst sehen und die eigene Existenz wollen,

---

[*] Da in diesem Buch nur prinzipielle astrologische Inhalte anhand des Tierkreises besprochen werden, wird auf die rein technischen Aspekte der Astrologie, wie z.B. astronomische Gegebenheiten, Horoskopberechnungsgrundlagen usw. nicht eingegangen. Der Leser wird auf die Fülle der entsprechenden einschlägigen Literatur verwiesen.

auch wenn dabei andere Daseinsformen verdrängt, überrannt oder gar vernichtet werden. Da jedoch das Prinzip des Anfangs in allen Bereichen eine *vor*bewußte Entwicklungsstufe darstellt, ist die Unterstellung bewußter böser Absicht unangebracht. Es liegt auf der Hand, daß die Erscheinungsformen des Anfangsprinzips im Menschen als problematisch empfunden werden, weil sie mit vielen der gesellschaftlichen Anforderungen an den Umgang mit anderen Menschen nicht im Einklang stehen können.

Widder-Analogien

- *Unmittelbare prinzipielle Widder-Analogien:* **Der Anfang**
  Das Reale, das Neue, das Erste, das Junge, das Unreife, das Frische, das Energische, das Ursprüngliche (Unverdorbene), das Pionierhafte, das Entdeckende, das Unerschrockene, das Primitive, das Aufblitzende, das Impulsive, das Spontane, das Vorstoßende, das Aggressive, das Angreifende, das In-Angriff-Nehmende, das Körperliche, das Plötzliche, das Naive, das Ungehobelte, das Bahnbrechende, das Formatlose, das Konkrete, das Einzelne, das Individuelle, das Vereinzelte, das Rohe, das Initiative, das Physische.

- *Mittelbare Widder-Analogien: Erscheinungsformen des Prinzips «Anfang»*
  Kurzatmigkeit, Gradlinigkeit, Naivität, Tollkühnheit, Ehrlichkeit, Sichtbarkeit, Unachtsamkeit, die (körperlich-physische) Aktivität, Unerschrockenheit, Primitivität, Mut, Wagemut, Tatendrang, «Sturm und Drang», Heftigkeit, Maßlosigkeit, Unmittelbarkeit, Direktheit, Arglosigkeit, Angriff, Angreifer, Durchstoß, Durchbruch, Kurzlebigkeit, Verschwendung.

- *Ableitungsbeispiele:*
  Der «Anfang» ist
  kurzatmig, weil er keine Ausdauer hat oder braucht – Anfänge sind per definitionem kurz und flüchtig;
  geradlinig, naiv, tollkühn und *schroff,* weil Überlegtheit, Rücksicht und Umsicht bereits in der Anfangsphase die Gesamtentwicklung gefährden oder gar unmöglich machen würden;
  ehrlich, weil der schnelle Impuls, der ihn in Gang setzt, keine Zeit

läßt für die Gedankentätigkeit, die der Lüge und Unaufrichtigkeit immer vorausgehen muß; diese Art von Ehrlichkeit hat absolut nichts mit Moral zu tun;

die *Sichtbarkeit* und die *Konkretheit*, weil etwas, was bislang noch nicht da war, jetzt im Sinne eines Anfangs «sichtbar» bzw. «konkret» geworden ist, auch dann, wenn es sich bei dem neu Erschienenen um etwas «Nichtgreifbares» wie einen Gedanken oder eine Empfindung handelt;

Verschwendung, weil große Mengen von Energie und Materie, die den Anfang kennzeichnen, gewährleisten, daß das, worum es geht, sich wird «etablieren» und «dasein» (und auch bleiben) können;

die Unachtsamkeit, weil er auf Spontaneität und sofortiges Handeln angelegt ist.

Beispiele der Erscheinungsformen des Widder-Prinzips im Menschen

Selbstbehauptung, Durchsetzungsfähigkeit bzw. -kraft, Ichbezogenheit, «Egoismus», Mut, Unerschrockenheit, Tatkraft, Primitivität, Energiehaushalt, Naivität, Ungeduld, Kühnheit, Veranlagung, Spontaneität, Ursprünglichkeit, Echtheit, Direktheit, Aggression, Aggressivität, Trieb(haftigkeit), kindliches (unverdorbenes) Wesen.

Übergang zur nächsten Entwicklungsphase

Im Widder-Prinzip des Anfangs liegt bereits die entwicklungsmäßige Notwendigkeit des Übergangs zur nächsten Phase der Stabilisierung im Zeichen Stier. Verhielte sich der Anfang nämlich weiterhin so unkontrolliert, ungeordnet und verschwenderisch, würde er sich durch seine Unwirtschaftlichkeit, Plan- und Ziellosigkeit erschöpfen, verflüchtigen und folglich wieder verschwinden – und der Entwicklungsprozeß käme zum Stillstand. Die Schöpfung müßte dann nur noch in Form von schnellem und gleich wieder vergehendem «Aufleuchten», von kurzlebigen Impulsen und «Eintagsfliegen» bestehen. Erst durch das nächste, gegenpolige Zeichen Stier bekommt die Schöpfung *Bestand*. Es findet ein Orientierungswechsel von der *Dynamik* des Widders zur *Statik* des Stiers hin statt.

 Stier

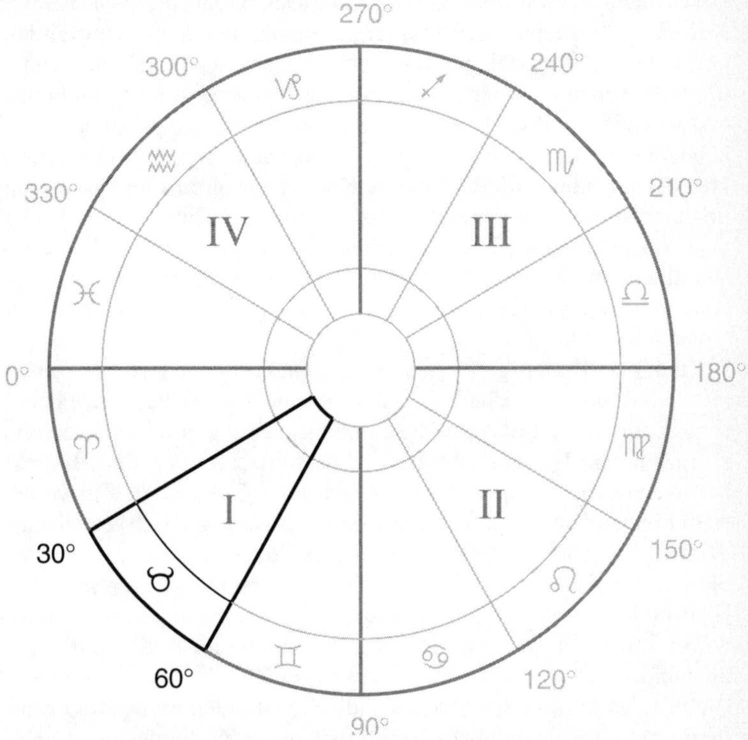

Polaritätswechsel Widder (m↑→)/Stier (w↓←):
Einzeltier/Herdentier, Energie/Materie, Bewegung/Ruhe, Aggressivität/Friedfertigkeit, Substanzlosigkeit/Substanz, Schwerelosigkeit/Schwerkraft, Kurzlebigkeit/Dauerhaftigkeit usw.

Stier: das *fixe*,
          «**w**eiblich-passive» (↓),
          nach innen gerichtete (←)
          Erdzeichen
          21. April – 21. Mai

Im **fixen Erdzeichen Stier,** dem zweiten Zeichen des Tierkreises und des ersten Quadranten, wird das, was im vorhergehenden Feuerzeichen Widder eingeleitet wurde, stabil und beständig gemacht, damit es nicht gleich wieder verschwindet. Das Widderhafte wird durch den Stier unter den gegebenen realen Bedingungen und Umständen physisch überlebensfähig und dauerhaft. Dazu gehört in erster Linie die Eingrenzung oder Einfriedigung der richtungslos umherschweifenden Widder-Energie. Die Energie wird also gebündelt. Das entstandene «Energie*bündel*», ist von aller umliegenden freien Energie bzw. von allen anderen Energiebündeln abgegrenzt und potentiell unterscheidbar geworden. Gleichzeitig mit der Eingrenzung findet eine Verdichtung statt, wodurch das Gebilde Schwere und Bodenständigkeit im eigenen abgegrenzten «Revier» erlangt und sich selbst zur ersten Wertsache und zum ersten Besitz wird. Es «hat» jetzt etwas – nämlich sich selbst.

Zum Stier-Prinzip gehören alle Phänomene, die im weitesten Sinne mit Sammlung, Speicherung, Abgrenzung, materieller (Ab)Sicherung, Ordnen, (Selbst)Organisation, Formgebung und Verwurzelung zu tun haben. Hieraus erst ergibt sich Wertschöpfung und Brauchbarkeit, wie beispielsweise beim Phänomen Elektrizität. Ein Generator erzeugt form- und richtungslose, chaotische und sich schnell entladende Elektrizität. Diese Kraft wird erst durch die Sammlung oder «Portionierung» in einer Drahtleitung beständig, wertvoll und brauchbar. Das gleiche gilt auch für die elektromagnetischen Radiowellen im Äther, die erst durch die Sammlung im Radioempfänger hör- und somit brauchbar und wertvoll werden.

Zur Erhaltung dessen, was im Widder entstanden ist, muß der Stier diametral Entgegengesetztes «verkörpern» – Zustände und Eigenschaften, die für das Widder-Prinzip selbst den sofortigen Untergang bedeutet hätten: Schwere, Langsamkeit, Grenzen, Verwurzeltsein. Anhand dieser beiden ersten Prinzipien im Entwicklungszyklus des Tierkreises ist die pulsierende Bewegung *aller* unmittelbar aufeinander folgenden Zeichen zu erkennen.

Stier-Analogien

• *Unmittelbare prinzipielle Stier-Analogien:* **Die Festigung**
  Das Dichte, das Solide, das Speichernde, das Gespeicherte, das

Eingrenzende, das Eingegrenzte, das Besitzende, das Wertvolle, das Brauchbare, das Abgrenzende, das Gruppierende, das Bestehende, das Beständige, das Verwurzelte, das Gestärkte, das Schwere, das Massive, das Räumliche, das Anhäufende, das Sammelnde, das Zusammenziehende, das Verdichtende, das Zusammensetzende, das Verlangsamende, das Bewahrende, das Integrierende, das Festigende, das Friedliche, das Zusammenfügende, das Befriedende, das Fertige, das Gefertigte, das Gründliche, das Massive.

- *Mittelbare Stier-Analogien: Erscheinungsformen des Prinzips «Festigung»*
  Die Dicke, die Schwere, das Gewicht, das Geld, das Eigentum, das Selbstwertgefühl, die Trägheit, die Langsamkeit, die Beschaffenheit, die Batterie, die Gruppe, der Zaun, die Grenze, das Prestige, der (Selbst/Eigen)Wert, der Besitz, die Gemeinschaft, die Versorgung, die Sinnlichkeit, die Nahrung(saufnahme), die Haut, die Stärkung, die Masse, die Integration.

- *Ableitungsbeispiele:*
  Die «Festigung» ist
  dick und *schwer*, weil die lose Materie des Widders zusammengefügt und verdichtet wird;
  Geld und *Eigentum* als konkrete, stoffliche Grundlage der rein *materiellen* Lebenserhaltung;
  das *Selbstwertgefühl*, weil der körperliche Organismus der allererste «Besitz» des Menschen ist, durch den er weiß, was er «wert» ist und was er «hat»;
  die *Gruppe* als Zusammenfügung einzelner zur «Herde», zu deren Schutz und körperlicher Lebenserhaltung;
  die Batterie, weil Energie gespeichert und dadurch halt- und brauchbar gemacht wird;
  die Sinnlichkeit als Genuß und Freude an der Wahrnehmung der physischen Umwelt über den körperlichen Organismus;
  der Genuß als das lustvolle Spüren im/am eigenen Leibe zwecks sinnlichen Erlebens über den Organismus.

Beispiele der Erscheinungsformen
des Stier-Prinzips im Menschen

Seßhaftigkeit, Besitzstreben, Genußfähigkeit, Sinnlichkeit, Schwerfälligkeit, Langsamkeit, Stabilität, Zuverlässigkeit, Bodenständigkeit, Konservativismus, Gutmütigkeit, Beständigkeit, Kraft, Haut, Sturheit, Konsequenz.

Übergang zur nächsten Entwicklungsphase

Nachdem sich in der Stier-Phase das Neuerschienene gefestigt, konsolidiert und abgegrenzt hat, ist es jetzt physisch fertig und fängt im Zeichen Zwillinge an, nach den Möglichkeiten und Gesetzmäßigkeiten seiner Form zu funktionieren und mit der physischen Umwelt in Beziehung zu treten. Die Entwicklung bewegt sich wieder zur Dynamik hin.

♊ Zwillinge

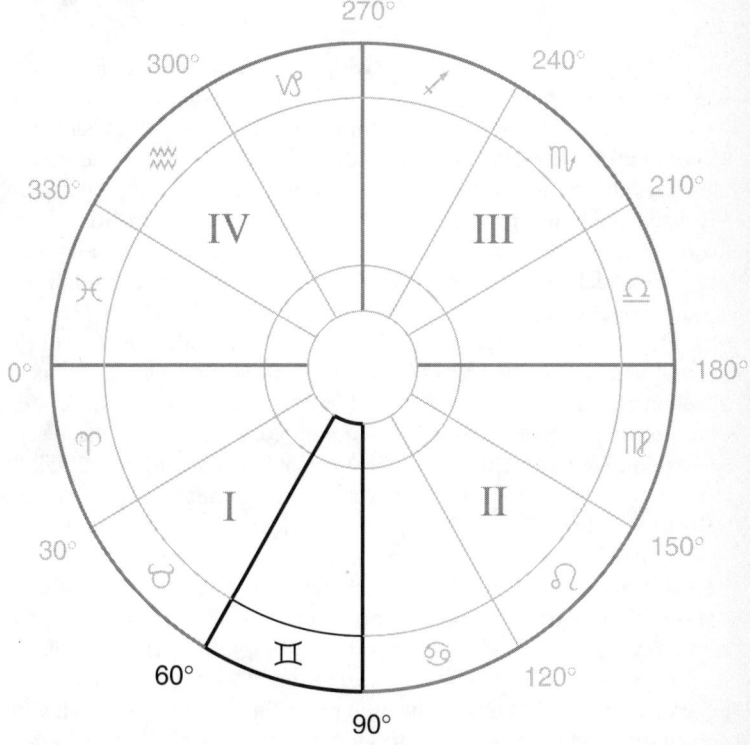

Polaritätswechsel Stier (w↓←)/Zwillinge (m↑→):
Festigkeit/Lockerheit, Starrheit/Flexibilität, Konkret-
heit/Abstraktheit, Sinnlichkeit/Intellektualität, Verhar-
ren/Beweglichkeit, Praxis/Theorie, Verwurzelung/Her-
umschweifen, Schwere/Leichtigkeit,
Introvertiertheit/Extravertiertheit.

Zwillinge: das *veränderliche*,
«**m**ännlich-aktive» (↑),
nach außen gerichtete (→) *Luftzeichen*
22. Mai – 21. Juni

Im **veränderlichen Luftzeichen Zwillinge** kommt das zur Funktion, was im vorhergehenden Erdzeichen Stier eine feste Form angenommen und sich Sicherheit und Stabilität in einem eigenen Revier verschafft hat. Durch die Funktion wird jedes Gebilde von allem Artgleichen unterscheidbar und tritt mit der Umwelt artungsgemäß in Wechselbeziehung, nimmt mit ihr Kontakt auf. Das im Stier Konkretgewordene ist physisch bzw. materiell vollständig und kann jetzt die dort gesicherte Basis verlassen und alles andere in der unmittelbaren Umgebung in den Mittelpunkt der Aufmerksamkeit treten lassen. Dies hat das Zeichen Zwillinge mit jedem anderen veränderlichen Zeichen gemeinsam: Das, was sich im vorangegangenen fixen Zeichen stabilisierte, tritt mit der Umwelt in Beziehung. Im ersten Quadranten, dem der «Physis», entstehen konkret körperliche Wechselbeziehungen zur Umwelt in Form von Unterscheidungsfähigkeit (um anderes überhaupt gewahr werden zu können), Beweglichkeit, Selbstdarstellung, Sprache und jegliche andere Art der Kommunikation. Antrieb zum Ausschwirren aus dem eigenen gesicherten Revier ist die Neugierde und ein ausgeprägtes Interesse an allem, was es «draußen» so gibt und was sich dort so tut. Hier ist das Zwillingsphänomen der Unterscheidungsfähigkeit von besonderer Bedeutung.

Um das, was in der Umgebung vorgefunden wird, klar und deutlich erkennbar zu machen und sich einen präzisen Überblick über alles zu verschaffen, ist eine ausgeprägte Unterscheidungsfähigkeit erforderlich. Das ist die Fähigkeit, die Dinge in ihrer Verschiedenheit deutlich zu umreißen, um sie auseinanderzuhalten. Dadurch wird die Umwelt gefahrlos «schiffbar». Alles darf nur so gesehen werden, wie es physisch «an sich» ist, ohne selbstbezogenes oder gefühlsmäßiges (Be)-Urteilen, denn nur so ist das reale Bild der Umwelt, um das es den Zwillingen geht, zu erzielen. Daraus ergibt sich die Sachlichkeit und Neutralität des Zwillingszeichens. Doch auch wenn sie dies wollten, könnten die Zwillinge keinen subjektiven Bezug zu den Dingen der Welt haben, da sie diese Fähigkeit (Krebs) noch gar nicht besitzen.

Zum Zwillings-Prinzip gehört also alles, was im weitesten Sinne mit der Funktion als Mittel zur Auskundschaftung der unmittelbaren Umgebung zusammenhängt, um körperlich mit ihr in Wechselbeziehung zu treten: Neugierde bzw. Interesse (als Antrieb zur Interaktion), Fortbewegung, Sprache, Beweglichkeit, Emotionslosigkeit, Flexibilität, Kontakt(aufnahme), Bezeichnungs- und Benennungsfähigkeit.

Zwillings-Analogien

- *Unmittelbare prinzipielle Zwillings-Analogien:* **Die Funktion**
  Das Bewegte, das Bewegliche, das Funktionierende, das Mit-der-physischen-Umwelt-in-Beziehung-Tretende, das Sich-selbst-Darstellende, das Lockere, das Flexible, das Nahe, das Beschwingte, das Emotionslose, das Unstete, das Sachliche, das Sprunghafte, das Ausschwirrende, das Unterscheidende, das Kommunizierende, das Kontaktaufnehmende, das Ungebundene, das Nichtfestgelegte, das Oberflächliche, das Unverbindliche, das Beziehungsherstellende, das Bezeichnende, das Umreißende, das Unmittelbare, das Verdeutlichende, das Seelenlose, das (jugendlich) Unbekümmerte, das Sich-austauschende, das Technische, das Informierende, das Zusammenführende.

- *Mittelbare Zwillings-Analogien: Erscheinungsformen des Prinzips «Funktion»*
  Die Kontaktfreudigkeit, der Kontakt, das Interesse, die Neugierde, die (körperliche) Selbstdarstellung, die Sprache, das Lernen, Hände und Beine, die Unterscheidungsfähigkeit, die Sachlichkeit, die Neutralität, die Beweglichkeit, die Kommunikation, der Austausch, der Handel, die Flexibilität, die Information, der Bericht, die Beziehungslosigkeit, die Technik.

- *Ableitungsbeispiele:*
  Die «Funktion» ist
  kontaktfreudig, weil durch die Funktion der Kontakt zur Umwelt erst möglich wird;
  die *Sachlichkeit und Neutralität*, weil noch kein innerer, emotionaler Bezug zu den Dingen hergestellt werden *kann*;
  die *Unterscheidungsfähigkeit*, weil erst durch die Funktion bzw. die

57

körperliche Selbstdarstellung das Einzelwesen sowohl von Artgenossen als auch in der Umwelt schlechthin *unterscheidbar* wird und
sich aus der «Herde» herauslöst;

die *Neugierde und* das *Interesse*, weil durch die Funktionsfähigkeit
jetzt das Auskundschaften der Umwelt im Mittelpunkt der Aufmerksamkeit steht;

die *Beziehungslosigkeit*, weil sich die «Beziehung» in der flüchtigen, neugierigen Kontaktaufnahme erschöpft;

die *Flexibilität*, weil ohne seelisches Engagement der Standpunkt
schnell und beliebig gewechselt werden kann;

der *Austausch* als das In-Wechselbeziehung-Treten auf allen Ebenen zur Umwelt.

Beispiele der Erscheinungsformen des Zwillings-Prinzips im Menschen

Sprachgewandtheit, Geschwätzigkeit, Bewegungsfreudigkeit, Fairneß, Unbeteiligtsein, Nervosität, Sprunghaftigkeit, Scharfsinnigkeit,
körperliche und geistige Beweglichkeit, Oberflächlichkeit, Unterscheidungsfähigkeit, logisches Denken, großer «Reizhunger», Ju-
gendlichkeit, Kühle, Unverbindlichkeit, Nüchternheit, kurze Auf-
merksamkeitsspanne.

Übergang zur nächsten Entwicklungsphase

Mit dem Zeichen Zwillinge ist der dreiphasige universelle Entwicklungsablauf für die äußerliche, real-körperliche Entwicklung abgeschlossen: Auf der physischen Formebene ist der Organismus voll
«da» (Widder), hat Form angenommen (Stier) und ist physisch funk-
tions- und interaktionsfähig in der Umwelt geworden (Zwillinge). Es
wird jetzt die Grenze überschritten zum zweiten Quadranten, wo der
gleiche Entwicklungsprozeß wieder von vorne anfängt, diesmal auf
der Inhaltsebene der Seele. Das Zwillingszeichen bildet also die
Übergangsstufe zur «Ich»-Bildung. Die Entwicklung geht nach innen.

Kapitel III

Der zweite Quadrant und die Tierkreiszeichen Krebs/Löwe/Jungfrau

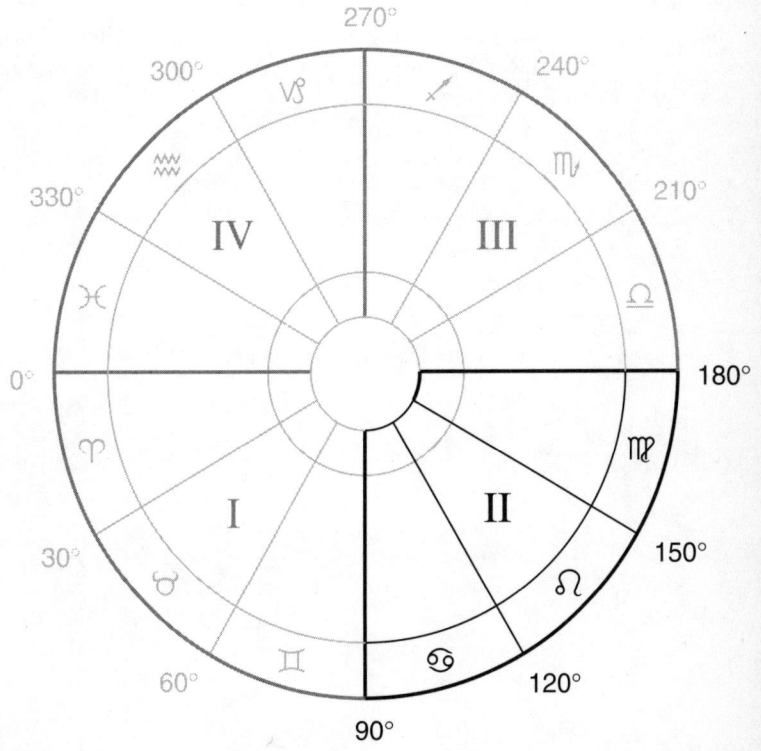

Im **zweiten Quadranten**, dessen Thematik durch das kardinale Wasserzeichen *Krebs* festgelegt und durch die Zeichen *Löwe* und *Jungfrau* differenziert wird, stabilisiert sich das Neuentstandene weiter dadurch, daß es sich durch eine eigene innere (seelische) Identität abgrenzt und sich in einem eigenen seelischen «Revier» etabliert. (Hier erkennt man die Verwandtschaft dieses wie aller Wasserzeichen mit den ebenfalls weiblich gepolten Erdzeichen.) Der zweite Quadrant spiegelt das wider, was an Wesen, Verhalten und Eigenart eines Menschen, eines Dings oder eines Ereignisses zu erkennen ist. Im Falle beispielsweise eines Menschen zeigt der zweite Quadrant aus drei verschiedenen Perspektiven an, welche Anlagen (Zeichenanalogien, Planeten) sich in der Grundsubstanz, im Selbstausdruck oder in der Art des Menschen manifestieren. Die Bestimmung und Erkennung der seelischen bzw. inhaltlichen Anlagen des zweiten Quadranten werden im Rahmen der 12 astrologischen Themenkomplexe, Kapitel VI, ausführlich besprochen.

 Krebs

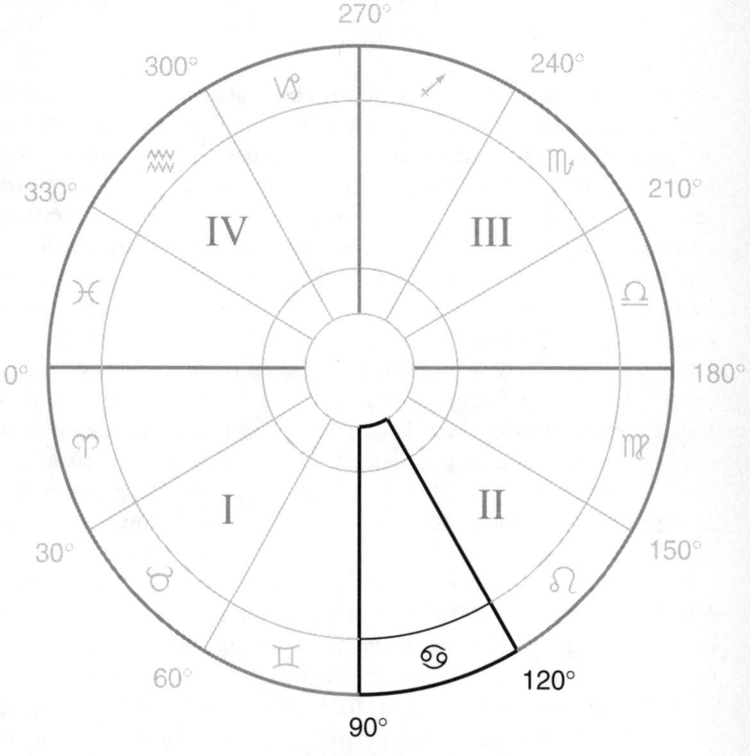

Polaritätswechsel Zwillinge (m↑→)/Krebs (w↓←):
Orientierung nach außen/Orientierung nach innen, Intellekt/
Psyche, Denken/Empfinden, Objektivität/Subjektivität, von-sich-
weg/zu-sich-hin, Sachlichkeit/Emotionalität, Oberfläche/Tiefe,
Unverbindlichkeit/seelisches Engagement

Krebs:	das *kardinale*,
	«weiblich-passive» (↓),
	nach innen gerichtete (←)
	Wasserzeichen
	22. Juni – 22. Juli

Mit dem **kardinalen Wasserzeichen Krebs** beginnt ein neuer, inhaltlicher Entwicklungsprozeß, der hier im zweiten Quadranten dem Ablauf im ersten Quadranten Schritt für Schritt analog entspricht. Was der Widder für Form/Körper war, ist der Krebs für Inhalt/Seele. Im Krebs wird wahl- und richtungslos psychische Energie in Form von seelischem «Egoismus» freigesetzt, um das Phänomen Seele in die Erscheinung zu ziehen. Diese seelische Energie wird mit nicht weniger Heftigkeit freigesetzt als die physikalische Energie des Widders. Das Vorhandensein der Seele ist dann an der neu entstandenen Empfindungsfähigkeit zu erkennen. Die im ersten Quadranten entstandene Form bekommt im Krebs ihren Inhalt, durch den der Mensch über seine Empfindungsfähigkeit sich selbst, seinen eigenen Ursprung, sein eigenes Wesen, seine eigene Identität zum ersten Mal entdeckt. So wie der Widder die Welt über die ständige Verausgabung physischer Energie erlebt, erlebt der Krebs die Welt durch seine Empfindungen. Er hat somit zu allem eine empfindungsmäßige Beziehung.

Der Widder und der 1. Quadrant verhalten sich zum Krebs und dem 2. Quadranten wie Behälter zu Inhalt. Ohne den Krebs wäre der Widder bzw. der gesamte erste Quadrant wie ein gesunder, funktionsfähiger Körper, der im tiefen Koma liegt: Der Körper ist zwar vorhanden, das aber, was den Menschen ausmacht, nämlich sein Wesen, seine Seele, ist nicht mehr (erkennbar) vorhanden. Es ist nur eine leere Form vorhanden. Ohne den Krebs ist der Widder nur leere Form; ohne den Widder ist der Krebs nur formloser Inhalt, der wegen fehlender Ausdrucksmittel unmanifestiert und wirkungslos bleiben muß.

Wie alle Wasserzeichen ist auch der Krebs ein Depot noch unverwirklichter Möglichkeiten oder Potentiale, in diesem Fall der Möglichkeiten bzw. Potentiale des konkret-realen Gebildes, ob Ereignis, Gegenstand oder Mensch. Krebs ist das Wesenhafte, das aller *individuellen* realen Erscheinung zugrunde liegt. Krebs ist der urweibliche Schoß, der «Mutterleib», in dem alles Reale empfangen wird und bis zur Gestaltwerdung wächst.

Krebs-Analogien

- *Unmittelbare prinzipielle Krebs-Analogien:* **Der Ursprung**
Das Weibliche, das Urgründige, das Wesenhafte, das Seelische, das Inhaltliche, das Empfangende, das Hervorbringende, das Tiefe, das Dunkle, das Fließende, das Empfindende, das Beeindruckbare, das Aufnehmende, das Ernährende, das Zyklische, das Passive, das Fruchtbare, das Emotionale, das Nachgebende, das Weiche, das Mütterliche, das Stärkende, das Bergende, das (zyklisch) Wechselhafte, das Regenerierende, das Leidensfähige, das Theoretische.

- *Mittelbare Krebs-Analogien: Erscheinungsformen des Prinzips «Ursprung»*
Die Frau, die Passivität, die Fürsorglichkeit, die Wechselhaftigkeit, die Laune, die Mutter, die Familie, die Regenerationsfähigkeit, die Psyche, die Nacht, die Reichhaltigkeit, die Ernährung, der Empfang, die Empfängnis, die Seele, die Weichheit, die Erde, der Zyklus, die Dunkelheit, die Verschwommenheit, die Empfindung, die eigene subjektiv empfundene Identität, das persönliche Potential, die Quelle, die Befruchtung, die Leidensfähigkeit, die Theorie.

- *Ableitungsbeispiele:*
Der «Ursprung» ist
passiv, weil er immer erst den aktiven Anstoß von außen abwarten muß;
die Fruchtbarkeit, weil er die «Keimstätte» aller Form ist;
die Dunkelheit, weil die in ihm enthaltene Fülle der Möglichkeiten unsichtbar bleibt, noch nicht «ans Tageslicht» getreten ist;
die Psyche als Quelle aller individuellen Möglichkeiten im Menschen;
der Inhalt, weil er von Anfang an das ganze, unendlich wandelbare Wesen des Phänomens enthält;
die Identität, weil er alles enthält, was das Wesen ausmacht und «identifizierbar» macht;
das Ernährende, weil er die innere Nahrungsquelle darstellt, aus der zum Beispiel die Seele ihre Lebensenergie bezieht;
die *Regeneration*, weil er als Urquelle für Nachschub für Erschöpftes sorgt;

das Theoretische, weil er die Urmöglichkeit darstellt, die das Wesen eines Phänomens erklärt;

das Weibliche im weitesten Sinne als Urgrund aller Erscheinungsformen.

**Beispiele der Erscheinungsformen
des Krebs-Prinzips im Menschen**

Nachgiebigkeit, Anpassungsfähigkeit, Sinn für Wesenhaftes, Empfindsamkeit, Rührseligkeit, Fürsorglichkeit, Launenhaftigkeit, Tiefgang, Anschmiegsamkeit, Sanftheit, Schmollen, Introvertiertheit, Wechselhaftigkeit, Aufnahmebereitschaft, Fruchtbarkeit, Gründlichkeit.

Übergang zur nächsten Entwicklungsphase

Analog der Erscheinung des ungeordneten *physischen* Energiepotentials im Widder tritt im Zeichen Krebs das ungeordnete und richtungslose *Seelenpotential* des Menschen in Erscheinung. Damit es sich nicht verflüchtigt, muß dieses Potential jetzt stabilisiert und geordnet werden. Dies ist Aufgabe des darauffolgenden fixen, nach außen gerichteten Zeichens Löwe.

 Löwe

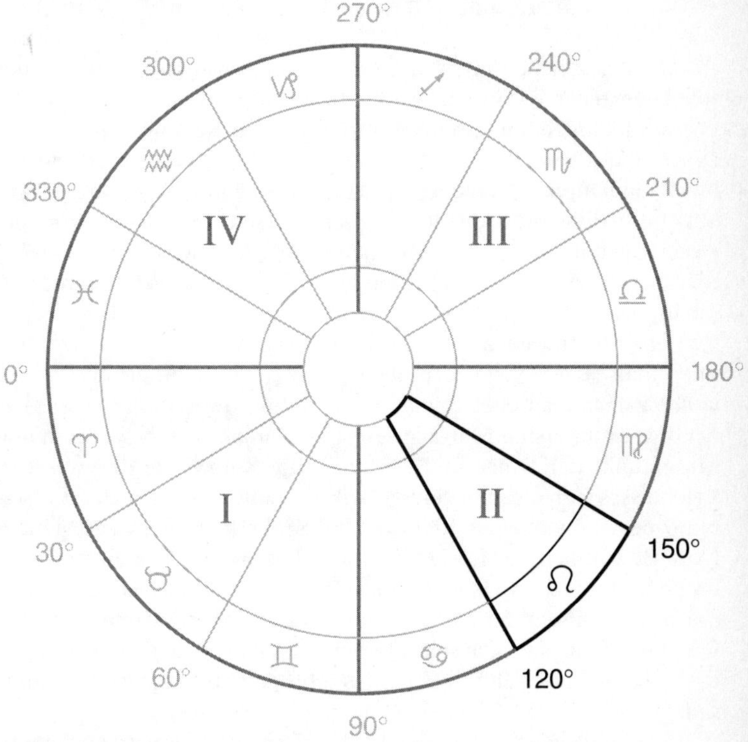

Polaritätswechsel Krebs (w↓←)/Löwe (m↑→):
passiv-introvertiert/aktiv-extravertiert, Empfinden/Handeln,
Dunkelheit/Helligkeit, Schwäche/Stärke, Weiblichkeit/Männlich-
keit, Empfangendes/Gebendes, Befruchtetes/Befruchtendes,
Potential/Verwirklichung, Nacht/Tag, Inspiration/Tat, Tiefe/Höhe,
Mutter/Vater

Löwe: das *fixe*,
«männlich-aktive» (↑),
nach außen gerichtete (→) *Feuerzeichen*
23. Juli – 22. August

Als zweites Zeichen im zweiten Quadranten festigt und ordnet das **fixe Feuerzeichen Löwe** das im Krebs eingeleitete seelische «Chaos». Die sprudelnden Empfindungen und inneren Regungen bilden den Rohstoff des *Verhaltens*, zu dem sie sich im Löwen verdichten und stabilisieren. Durch das Handeln und den Selbstäußerungsdrang (Löwe) bekommt das individuelle Menschenwesen (Krebs) Form und Beständigkeit (in dem *fixen* Zeichen Löwe). Das, was man *ist* (Krebs) und in sich hat, will sich ungehinderten Selbstausdruck (Löwe) verschaffen. Der Keim will zur Frucht werden, der Mensch will sich selbst ins Leben rufen, «gebären». Das Ego wird geboren und hat jetzt nicht nur Inhalt (Krebs), sondern auch Form (Löwe), mittels derer es in vollen Zügen am Leben teilhaben kann. Im Löwen stellt sich das Lebendige (zum ersten Mal sich selbst als Subjekt voll bewußt) in den Mittelpunkt der Dinge und erfreut sich des noch nie dagewesenen Erlebnisses der eigenen Subjektivität. Denn erst nach der Entstehung der individuellen Identität im Krebs konnte es zur subjektiven Bewußtheit des Löwen kommen. Dieses ist durch einen ausgeprägten Drang zum Handeln und Gestalten gekennzeichnet. So wie die astronomische Sonne den Mittelpunkt unseres Sonnensystems bildet und völlig aus sich selbst heraus lebt, möchte das Löwe-Prinzip, das auch nur aus sich selbst heraus lebt, der Mittelpunkt der Dinge sein.

Wie bereits beim kardinalen Feuerprinzip Widder wird auch im fixen Feuerprinzip Löwe Energie verausgabt, diesmal aber nicht chaotisch und ungerichtet, sondern geordnet und gestaltet. Der vorangegangene wäßrige Inhalt nimmt dynamische Gestalt an, der Keim gebiert sich als Frucht. So ist alles, was im weitesten Sinne als «Frucht», also als reifes Produkt eines inneren oder «seelischen Vorgangs» betrachtet werden kann, eine Erscheinungsform des Löwe-Prinzips – wie schlechthin alles aktive Hervorbringen und Gestalten. So sind so scheinbar verschiedene Erscheinungsformen wie Kind, Erziehung, Geburt, Spieltrieb und Kunst alle gleichermaßen Sprößlinge des Löwe-Prinzips.

Da das Löwenhafte sich als das aus sich selbst lebende, unvergängliche Leben empfindet, kann es einfach in den Tag hineinleben, ohne sich um Gefahren und die eigene Sterblichkeit kümmern zu müssen. Weil ihm nichts passieren *kann*, ist es der Inbegriff des Mutes, der Risikofreudigkeit und, letztlich, der Unsterblichkeit des Individuums.

Löwe-Analogien

- *Unmittelbare prinzipielle Löwe-Analogien:* **Der Lebensausdruck**
  Das Männliche, das Leben, das Lebendige, das Unsterbliche, das Gestaltende, das Handelnde, das Übermütige, das Aus-sich-selbst-Lebende, das Um-sich-selbst-Kreisende, das Ursubjektive, die Mitte, das Kreative, das Befruchtende, das Selbstbewußte, das Befehlende, das Königliche, das Mutige, das Einschüchternde, das Sexuelle, das Heldenhafte, das Ich-zentrierte, das Wärmespendende, das Großzügige, das Loyale, das Fruchtende, das Beherrschende, das Eingebildete, das Spielende, das Riskierende, das Romantische, das Wollende, das Wünschende, das Praktische (als real umgesetztes Theoretisches).

- *Mittelbare Löwe-Analogien: Erscheinungsformen des Prinzips «Lebensausdruck»*
  Der Tag, der Mann, das Verhalten, die Wärme, die Gestaltung, der Wille, die Frucht, das Kind, die Formung, die Unsterblichkeit, die Unverwundbarkeit, die Risikofreudigkeit, der Trieb, die (seelische) Aktivität, der Antrieb, die Erziehung, die Großzügigkeit, die Loyalität, der Beschützer, die Kunst, der Held, die Geburt, die Tat, die Handlung, die Vitalität, das Blut, das Ich, das Spiel, der Mittelpunkt, der Spaß, die Erscheinung, das Feuer, die Praxis (als real umgesetzte Theorie).

- *Ableitungsbeispiele:*
  Der «Lebensausdruck» ist
  die Risikofreudigkeit, weil die Verkörperung des Lebens selbst sich als gegen alle Gefahren gefeit wähnt;
  die Frucht, weil diese als «Behälterin» des Samens die Entstehung neuen Lebens bzw. neu entstandenes Leben darstellt;

die Erziehung, weil diese die konkrete Formung bzw. Gestaltung neuen Lebens darstellt;

die Kunst als das, was man in sich gestaltet und dann als ein Neues hervorbringt oder «gebiert»;

das Blut als Spender, Träger und Erneuerungsquelle des Lebens;

das Verhalten als Ausdruck des im Krebs verborgenen Lebenspotentials;

die Praxis als etwas ursprünglich Theoretisches, was nun konkrete Gestalt angenommen hat;

der Künstler als einer, der das, was er in sich findet, «ins Leben» ruft und dem Ausdruck verleiht;

das Subjektive als das, was zunächst einmal nur sich selbst leben und erleben will;

die Großzügigkeit, weil der «König» als der Größte aus der Fülle lebt und es nicht nötig hat, kleinlich zu sein.

Beispiele der Erscheinungsformen des Löwe-Prinzips im Menschen

Mut, Überheblichkeit, Entschlossenheit, Selbstherrlichkeit, Extravertiertheit, Draufgängertum, Kreativität, Naivität, Unabhängigkeit, Männlichkeit, Selbstbewußtsein, Direktheit, (Toll)Kühnheit, Dreistigkeit, Unerschrockenheit, Kinderfreundlichkeit, Zuversicht, Selbstüberschätzung, Großmannsgehabe, Lebenskünstler, Bewunderungssucht, kindliches Wesen, Verspieltheit.

Übergang zur nächsten Entwicklungsphase

Analog der Stierphase im ersten Quadranten hat sich im fixen Feuerzeichen Löwe der ungebändigte Lebenstrieb gefestigt und stabilisiert und muß jetzt seiner Form gemäß mit der Umwelt in Wechselbeziehung treten. Das heißt, der Lebenstrieb muß in der Umwelt funktionsfähig werden. Das Lebendige muß sich im Sinne der Sozialisierung in die vorliegenden Bedingungen und Umstände einbinden und einordnen. Die Entwicklungsrichtung geht in der Jungfrau wieder in eine statische Phase über.

♍ Jungfrau

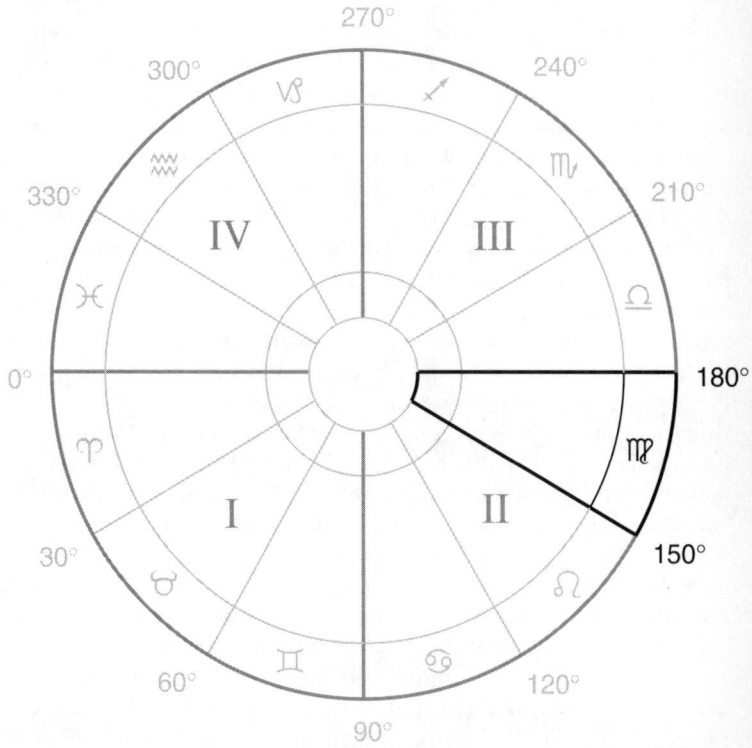

Polaritätswechsel Löwe (m↑→)/Jungfrau (w↓←):
Selbstbewußt*sein*/Selbstbewußt*heit*, Kühnheit/Vorsicht,
Mut/Ängstlichkeit, tonangebend/anpassungsfähig, Arroganz/Bescheidenheit, Führender/Folgender, Vorgesetzter/Untergebener, König/Diener, spontan/überlegt, unbedacht/abwägend, lebensspendend/lebenserhaltend,
Verschwendung/Sparsamkeit, ausschweifend/angepaßt,
«großkotzig»/«kleinkariert».

69

Jungfrau: das *veränderliche*,
«weiblich-passive» (↓),
nach innen gerichtete (←)
Erdzeichen
23. August – 22. September

Im **veränderlichen Erdzeichen Jungfrau** kommt das zur Funktion, was im Krebs eingeleitet und im Löwen gefestigt wurde: das Seelische. Als ausgleichendes Gegengewicht zum vorhergehenden Zeichen Löwe muß das Jungfrau-Prinzip dafür sorgen, daß der ungebändigte Drang zum Ausdruck des Seelischen (= des Lebens) durch Einbindung in die vorliegenden Bedingungen und Umstände sich anpaßt und integriert – damit anderes Leben *nicht* überrannt und behindert wird (wie das im kardinalen Feuerzeichen Widder noch der Fall war). Im wesentlichen handelt es sich hier um eine Art Selbst-Sozialisierungsprozeß, der als Grundlage für die Entwicklung der Fähigkeit fungiert, mit anderem Leben in der Gemeinschaft nunmehr ich-bewußt zusammenzuleben, wozu der Löwe noch nicht in der Lage ist. Jedoch besteht die wesentlichste Aufgabe der Jungfrau in der Verhinderung der Erschöpfung der Lebensenergie, indem sie dem löwenhaft «maßlosen» weil übermütigen Verbrauch dieser Energie Einhalt gebietet. Das kann der Löwe selbst noch nicht, weil er diese Energie für unerschöpflich hält – was natürlich keineswegs der Fall ist. (Auch die astronomische Sonne wird zwar noch weitere ca. 5 *Milliarden* Jahre «aus sich selbst» leben können, bevor ihr der innere Brennstoff dann doch ausgeht.) So ist Jungfrau die Fähigkeit beispielsweise zur Sparsamkeit und Wirtschaftlichkeit. Das Leben und die Verausgabung der Lebensenergie richtet sich nicht mehr nach spontanen subjektiven Motiven, sondern danach, was die Situation verlangt, was am geeignetsten ist, um mit dem geringsten Aufwand das beste Ergebnis zu erzielen. Höchstes Gebot dabei ist immer die Sicherung des eigenen Lebens. Diesmal geht es nicht (wie beim Stier) um das bloße materielle Leben eines Herdenmitglieds, sondern um das jetzt individuelle, sich selbst bewußte Leben, das sich *seelisch* in die Gemeinschaft und in die Welt eingliedern soll. Hier entsteht der Selbsterhaltungstrieb. Die Jungfrau sorgt dafür, daß das, worum es geht, *über*leben kann. Es gilt, durch Anpassung sich in bestehende Bedingungen in Sicherheit und dem eigenen Wesen gemäß einzubinden. Die Jungfrau, wie alle Erdzeichen, hat damit auch im veränderlichen Stadium eine bewahrende Funktion.

Die lebenserhaltende weil situationsgerechte Einbindung in die gegebenen Lebensbedingungen und -umstände setzt voraus, daß festgestellt werden kann, *worin* eine situationsgerechte Anpassung überhaupt besteht. Hierfür ist die Fähigkeit des Wahrnehmens, des Beobachtens und des Schlußfolgerns erforderlich. So verkörpert das Zeichen Jungfrau auch alle solchen Begleitfähigkeiten, die für den Prozeß der wesensgemäßen Einbindung in die Gemeinschaft – also die Sozialisierung – erforderlich sind. Im Gegensatz zum Zwillingszeichen, bei dem die körperliche Einbindung in die Umwelt völlig emotionslos und sachlich vor sich ging, stellt die Jungfrau den Vorgang der *seelischen* und somit subjektiven Interaktion mit der Umwelt dar.

Jungfrau-Analogien

- *Unmittelbare prinzipielle Jungfrau-Analogien:* **Selbsterhaltung**
  Das Lebenserhaltende, das Einbindende, das Vernünftige, das Adäquate, das Maßvolle, das Anpassungsfähige, das Lebenssichernde, das Eingliederungswillige, das Bewußte, das Abwägende, das Berechnende, das Sich-unterordnende, das Sparsame, das Unauffällige, das Aussteuernde, das Wahrnehmende, das Bescheidene, das Opportunistische, das Kritische, das Pingelige, das Detaillierte, das Aufmerksame, das Erklärende, das Eigennützige, das Verwertende, das Ängstliche, das Warnende, das Sich-selbst-Bändigende.

- *Mittelbare Jungfrau-Analogien: Erscheinungsformen des Prinzips «Selbsterhaltung»*
  Die Sozialisierung (= wesensgemäße Einbindung in die Bedingungen), die Bewußtheit, die Anpassung(sfähigkeit), die Kritik(fähigkeit), die Berechnung, die Wahrnehmung(sorgane), die Beobachtung(sgabe), die Analyse, die Beschreibung, die Nörgelei, die Sparsamkeit, die Ängstlichkeit, die Vorsicht, Umsichtigkeit, die Vernunft, der Kleinmut, die Kleinlichkeit, der Lebenserhaltungstrieb, die Zweckmäßigkeit, die Arbeit (als lebenserhaltender Broterwerb), die Gesundheit, die Wissenschaft.

- *Ableitungsbeispiele:*
«Selbsterhaltung» ist

die Wahrnehmung(sfähigkeit) als Voraussetzung dafür, Bedingungen und Situationen zwecks adäquater Anpassung einschätzen zu können;

die Berechnung zur Ermittlung bzw. Erreichung dessen, was der eigenen Selbsterhaltung dient;

die Beobachtung(sgabe) als Voraussetzung für den Überblick über Bedingungen und Umstände;

die Kritik(fähigkeit) als Schlußfolgerung auf der Grundlage von Wahrnehmungen und der sich daraus ergebenden Informationsfülle;

die Ängstlichkeit, die sich aus dem Bedürfnis ergibt, alles zu vermeiden, was das Leben gefährden könnte;

die Kleinkariertheit als Ausdruck der übermäßigen Beschäftigung mit auch unwichtigen Details, um ja nichts zu übersehen, was lebensgefährdend sein könnte;

die Analyse als Voraussetzung für fundierte Kenntnisse der (Um)Welt, damit man sich in ihr sicher fühlen kann;

die Vorsicht als das, was einen davon abhält, Unvernünftiges und möglicherweise (Lebens)Gefährliches zu tun;

die Gesundheit als Zusammenspiel von Körper (1. Quadrant) und Seele (2. Quadrant) zur Erhaltung des Lebens in den gegebenen realen Bedingungen.

**Beispiele der Erscheinungsformen
des Jungfrau-Prinzips im Menschen**

Ordentlichkeit, Sauberkeit, Wahrnehmungsschärfe, Pingeligkeit, Bescheidenheit, Gründlichkeit, berechnendes Wesen, Arbeitsamkeit, Feigheit, Kleinmütigkeit, bewußte Lebensführung, Kleinkariertheit, Genauigkeit, Wachheit, Wachsamkeit.

Übergang zur nächsten Entwicklungsphase

Mit dem Jungfrau-Prinzip haben sich die körperlichen und seelischen Anteile des Menschen voll herausgebildet. Das «Ich» ist jetzt abgeschlossen und der Übergang zum «Du» vorbereitet. Beim Wechsel zum nächsten Zeichen Waage wird nicht nur eine Quadrantengrenze überschritten und ein neues Thema eingeleitet – sondern es wird zum ersten Mal der Bereich des «Ich» verlassen und der Bereich des «Du» bzw. «Nicht-Ich» jetzt ich-bewußt betreten und erlebt. Es entwickeln sich in diesem Quadranten die Fähigkeiten des «Geistes» – das sind all die Fähigkeiten, die Funktionen der realen Hirntätigkeit darstellen. Eine dynamische Entwicklungsphase ist wieder angesagt.

Kapitel IV

Der dritte Quadrant und die Tierkreiszeichen Waage/Skorpion/Schütze

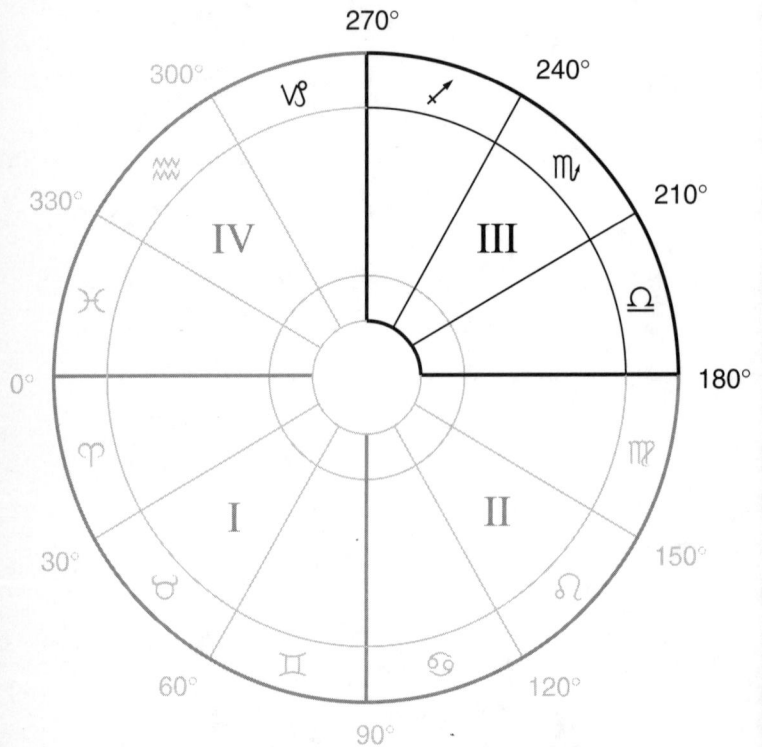

Im **dritten Quadranten**, dessen Thematik durch das kardinale Luftzeichen *Waage* festgelegt und durch die Zeichen *Skorpion* und *Schütze* differenziert wird, kommt nun das Phänomen, das im ersten Quadranten körperlich in die Erscheinung trat und sich im zweiten Quadranten im eigenen Wesen stabilisiert, zur ihm innewohnenden Funktion. Der dritte Quadrant spiegelt das an einem Phänomen wider, was an dessen Art, mit der Umwelt und dem Nicht-Ich in Beziehung zu treten, zu erkennen ist. Es kann sich dabei um einen Menschen, ein Ding oder ein Ereignis handeln. Im Falle beispielsweise eines Menschen zeigt der dritte Quadrant aus drei verschiedenen Perspektiven an, welche Anlagen (Zeichenanalogien, Planeten) auf allen Ebenen der geistigen (= gehirnlichen) Tätigkeit bzw. des *ichbewußten* Beziehungslebens des Menschen zu erkennen sind. Die Bestimmung und Erkennung der gehirnlichen oder beziehungsbezogenen Anlagen des dritten Quadranten werden im Rahmen der 12 astrologischen Themenkomplexe, Kapitel VI, ausführlich besprochen.

 Waage

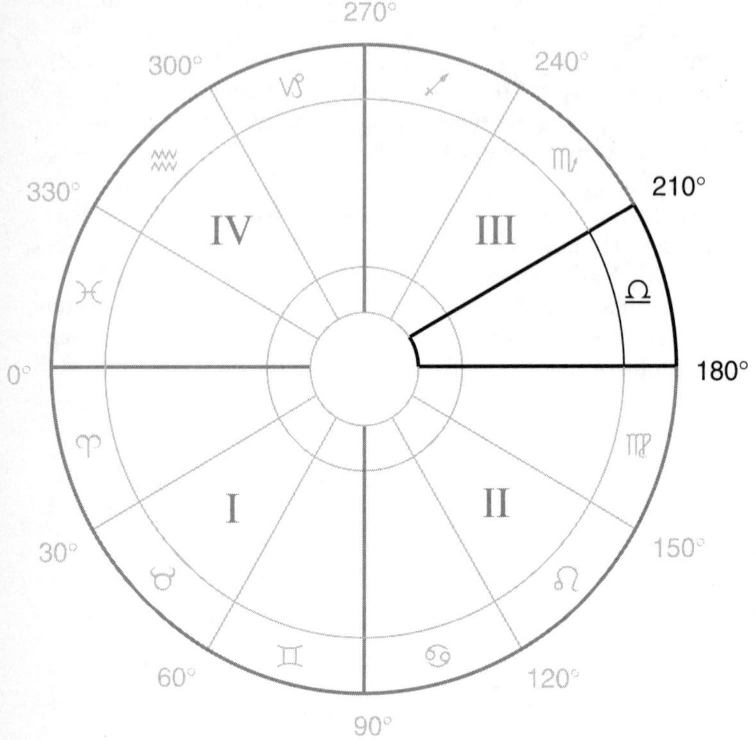

Polaritätswechsel Jungfrau (w↓←)/Waage (m↑→):
Eigeninteresse/Rücksichtnahme, Selbsterhaltung/Gleichstellung
fremden Lebens, Bescheidenheit/Eitelkeit, seelische
Interaktion/geistige Interaktion, anpassungsfähig/ausgleichswillig,
Dienerschaft/Partnerschaft, nachgeben/verhandeln, Kritik/Diplo-
matie, Sinneswahrnehmung/Denken, Unterordnung/Gleichstel-
lung, Ängstlichkeit/Gleichmut

Waage: das *kardinale*,
«**männlich-aktive**» (↑),
nach außen gerichtete (→) *Luftzeichen*
23. September – 22. Oktober

Auf den Menschen bezogen haben die in den Zeichen Widder bis Jungfrau verkörperten Prinzipien einzig und allein mit der «psycho-somatischen» Entwicklung und Herausbildung des einzelnen zu tun. Mit Abschluß der Jungfrau-Phase ist der Mensch ein lebensfähiges Wesen mit allem, was er als solches braucht, um in der (Um)Welt zu (über)leben. Im **kardinalen Luftzeichen Waage** entsteht die Begegnungsfähigkeit, d. h. die Fähigkeit, auf andere «Ichs» zuzugehen und mit ihnen auszukommen. Wie in jedem kardinalen Zeichen, so entsteht auch in der Waage etwas Neues in chaotischem, ungeordnetem Zustand. Diesmal ist es die rohe Denkenergie, d. h. die Fähigkeit, in sich wahllos Bilder bzw. «Gedanken» aufkommen zu lassen. Diese produktive Denkfähigkeit ist deshalb gleich Begegnungsfähigkeit, weil die Begegnung mit allem «Nicht-Ich», mit allem also, was das Individuum nicht als «ich» bezeichnen kann, ausschließlich über die inneren Bilder erfolgt, die sich der einzelne von der belebten wie unbelebten Schöpfung macht. Mit anderen Worten: Man begegnet niemals einer Person oder einer Sache unmittelbar, sondern nur *mittelbar* über die inneren Bilder, die man sich von der Person oder Sache gemacht hat. Diese inneren, rein subjektiven Bilder können natürlich gänzlich von der Wirklichkeit des Nicht-Ich abweichen – und tun dies meistens auch. Denn die Bilder, die wir in uns hervorrufen, sind immer von dem «gefärbt», was wir als einzelne sind. Auch dann, wenn wir uns um eine «farblose» Objektivität der Außenwelt gegenüber bemühen.

Im dritten Quadranten im Zeichen Waage wird also zum ersten Mal wahl- und richtungslos bild- und gedankenerzeugende Energie freigesetzt. Das Waage-Prinzip unterscheidet sich vom Zwillings-Prinzip darin, daß in den Zwillingen die Bilder vorbewußt und daher reproduktiv sind, d. h. sie werden von den entsprechenden Auslösern in der Umwelt geliefert und ohne innere Beteiligung aufgenommen (weil diese in der Zwillingsphase noch nicht möglich ist). Es existiert noch kein bewußt Handelnder, der eigene Bilder erzeugen könnte. Die Waage kann, dank der vorangegangenen Jungfrau, die belebte wie unbelebte Umwelt bewußt wahrnehmen und sich davon ein *eigenes* innerlich erzeugtes Bild machen, unabhängig von der real auslösenden «Vorlage». Über das Bild ist das Individuum bereit, auf «das Andere» zuzugehen, es neben sich bestehen zu lassen und mit ihm den Ausgleich zu suchen. Dieses Bedürfnis nach Ausgewogenheit, Ausgeglichenheit und Frieden ist die Grundlage allen der Waage nachgesagten «Harmoniebestrebens», von dem alle Waage-Entsprechungen abgeleitet werden können.

Waage-Analogien

- *Unmittelbare prinzipielle Waage-Analogien:* **Die Bilderzeugung**
  Das Andere, das Gleichwertige, das Ergänzende, das Ausgleichende, das Impotente, das Friedensstiftende, das Begegnende, das Bildhafte, das Gefällige, das Schönfärbende, das Denkende, das Handlungsschwache, das Vergleichende, das Abwägende, das Zaghafte, das Gerechte, das Eitle, das Vermittelnde, das Beschwichtigende, das Wankelmütige, das Beschönigende, das Entgegengesetzte, das Anmutige, das Ausgewogene, das Harmonische, das Unentschiedene, das Gegenüberstehende, das Charakterlose.

- *Mittelbare Waage-Analogien: Erscheinungsformen des Prinzips «Bilderzeugung»*
  Der Partner, das Gegenüber, die Strategie, die Öffentlichkeit, das Bild, das Weltbild, die Beziehung, der Vertrag, der Charme, die Gleichberechtigung, der Frieden, die Meinung, die Gerechtigkeit, die Fairneß, die Unentschlossenheit, der Gedanke, das Denken, die Begegnung, die Eitelkeit, die Umgangsform, die Schlichtung, die Ausgewogenheit, die Ästhetik, die Gemeinsamkeit, das Publikum, die Gleichheit, die Ansicht.

- *Ableitungsbeispiele:*
  Die «Bilderzeugung» ist
  der Partner, weil das Du ein Ergänzendes ist, das nur über das eigene innere Bild von ihm zu erleben ist;
  die Impotenz/Unentschlossenheit, weil das Bedürfnis, alles zu berücksichtigen bzw. auf alle Bilder Rücksicht zu nehmen, der Entscheidungsfindung und der Tat entgegenwirkt;
  das Weltbild, weil die Art der erzeugten Bilder ausschlaggebend ist

dafür, wie die Welt gesehen und erlebt wird;

die Öffentlichkeit als die Gesamtheit der Bilder, die irgend etwas anderem gegenübersteht;

die Eitelkeit, aus dem Bedürfnis heraus, vor anderen «Bildern» selbst ein gutes «Bild» abzugeben;

die Ästhetik als die Ausgewogenheit unter den Bildern bzw. Bildteilen;

die Harmonie als Ausdruck gegenseitiger Friedfertigkeit zwischen Ich und Nicht-Ich;

die Handlungsschwäche als Folge des Bedürfnisses, nichts zu tun, was die Ausgewogenheit unter den Bildern stören könnte;

die Strategie als die Erzeugung von Bildern als Grundlage zum Handeln.

Beispiele der Erscheinungsformen des Waage-Prinzips im Menschen

Friedfertigkeit, Entgegenkommen, visuelle Orientierung, Handlungsschwäche, Leutseligkeit, Planungstalent, Zaghaftigkeit, Charme, Phantasiereichtum, Diplomatie, geistige Wendigkeit, Ausgeglichenheit, Eitelkeit, Wankelmütigkeit, Schönheitssinn.

Übergang zur nächsten Entwicklungsphase

Auf die Begegnung über die eigenen ungeordneten inneren Bilder mit dem «Anderen», d. h. mit dem Du und der ganzen Welt des Nicht-Ich, muß jetzt im nächsten Zeichen eine Stabilisierung und Festigung der Bilder stattfinden. Diese «Standbilder» sind der Grundstoff des Prinzips Skorpion – des stabilisierten Bildgefüges als fester Vorstellung.

 Skorpion

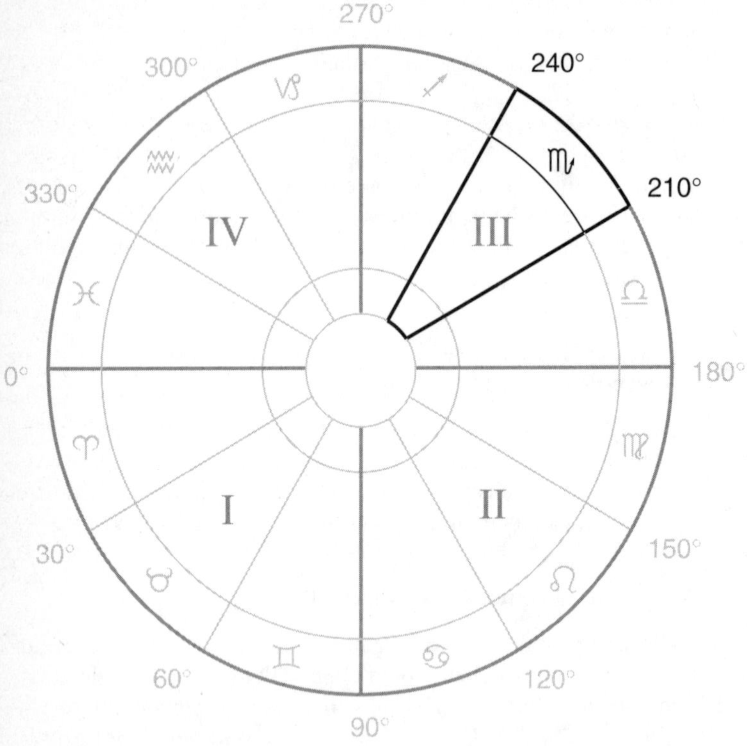

Polaritätswechsel Waage (m↑→)/Skorpion (w↓←):
Liberalität/Orthodoxie, lockere Beziehung/feste Bindung, Flexibilität/Unnachgiebigkeit, öffentlich/geheim, «salonfähig»/tabuisiert, Lockerheit/Zwang, Unverbindlichkeit/Verpflichtung, Anmut/Schrecken, beschönigend/gnadenlos wahrhaftig

Skorpion: das *fixe*,
«weiblich-passive» (↓),
nach innen gerichtete (←)
Wasserzeichen
23. Oktober – 22. November

Die in der Waage wahl- und zahllos produzierten Bilder werden im **fixen Wasserzeichen Skorpion** zu festen Bildgefügen, zu «Vorstellungen» zusammengeschweißt – um die flüchtigen Bilder wiederholbar und wiederabrufbar zu machen. So stellen die festen Bildgefüge – die «Vorstellungen» des Skorpions – erstarrte Erfahrungsbilder der Begegnung (Waage) mit allem, was als Nicht-Ich (Waage) empfunden wird, dar. Die Welt muß also nicht jedes Mal neu erfahren (das Rad nicht jedes Mal neu *erfunden*) werden, sondern es kann im Skorpion auf *gespeicherte* Erfahrungs*kürzel* (eben auf Vorstellungen oder «Wissen») zurückgegriffen werden. Kennzeichnend für diese gespeicherten Muster ist, daß sie sich auf die grundlegenden Strukturelemente der Erfahrung beschränken und nichts Überflüssiges in oder an sich haben, was nicht wirklich zur reinen destillierten Essenz der Erfahrung gehört. Sie weisen aufgrund einer ungeheueren Anziehungskraft (untereinander und auf die Außenwelt) den inneren Zusammenhalt wie zwischen den Bestandteilen eines Atoms (auch eine Skorpion-Analogie) auf. Diese überaus starke, nur unter größter Anstrengung zu überwindende Kohäsionskraft liegt in der Funktion der Musterbildung begründet: der exakten Wiederholbarkeit, ohne Abweichung oder Veränderung. Ein mustergültiges Beispiel dieses Phänomens ist die Genetik sämtlicher Arten von Lebewesen, die beispielsweise bei Mensch und Tier genau und unerbittlich vorschreibt, wie Körperteile, -organe und -merkmale beschaffen und angeordnet sein müssen, um das Bestehen und die Funktion der Art in ihrer angestammten Umgebung zu gewährleisten. Nicht-krankhafte «Mutationen», also Abweichungen vom Muster finden nur dann statt, wenn sie dem Fortbestand der Art dienen.

Als Prinzip der Verschweißung loser Bilder zu unveränderlichen Bildgefügen und Vorstellungen zwecks Speicherung von (Erfahrungs)Mustern kann das Skorpion-Prinzip gleichermaßen lebens*vernichtend* wie lebens*erhaltend* sein. Leben und Lebendigkeit werden dadurch vernichtet, daß unerbittlich an der Vorstellung oder am Muster festgehalten wird, ungeachtet dessen, was dem natürlichen und gesunden Lebensfluß förderlich wäre. Es wird versucht, das Leben in die Vorstellung, in das Muster hineinzupressen, wobei das Leben sogar vernichtet wird, wenn es sich nicht fügt und der Vorstellung unterordnet. Nur unter größtem Kraftaufwand kann der innere Zusammenhalt der Strukturelemente gebrochen und die Elemente selbst auseinander gesprengt werden. Wie bei der Spaltung des Atoms wird auch beim Aufbrechen eines Vorstellungsgefüges ungeheure Mengen unkontrollierter Energie freigesetzt, die für Zerstörung und Verwüstung sorgt. Nach dieser «Explosion» gruppieren sich die freigesetzten Bildelemente wieder in neuer Konstellation zu neuen Vorstellungen, die bis zur nächsten Sprengung, sprich «Krise», gelten. Es ergibt sich ein Zyklus des «Todes» und der «Wiederauferstehung» – das Prinzip «stirb und werde».

Als Heimat so «verwerflicher» realer Erscheinungen wie Tod, Haß, «das Böse», Manipulation, Zerstörung (und für viele, Erotik) ist Skorpion kaum das Zeichen, in dem man auch mit die höchste menschliche Regung vermuten würde: die Liebe. Als tiefe Empfindung wird sie auf jeden Fall im Element Wasser, am ehesten im Krebs, angesiedelt. Doch im Krebs entsteht erst die Empfindungs*fähigkeit*, die zunächst einmal die Aufgabe hat, als Grundlage der *eigenen* Identitätsbildung zu dienen. Beim Krebs steht also noch das Ich im Mittelpunkt. Das Nicht-Ich als Gegenstand der Liebe wird überhaupt erst im dritten Quadranten entdeckt, so daß das, was geliebt wird, nämlich das Du, im zweiten, Krebs-Quadranten noch gar nicht vorhanden sein kann. Im ersten und zweiten Quadranten wird nämlich alles das angelegt, was für den Umgang mit dem Du benötigt wird und erst im dritten Quadranten zur Funktion kommen kann.

Die reale Liebe kann auch nicht im Zeichen Fische angesiedelt sein, weil bis zum Zeichen Fische der Bereich des Realen schon längst verlassen und das Du als Gegenstand der Liebe bereits «aufgehoben» ist (siehe *Wassermann*). Bei einer Fische-Liebe kann es sich nur noch um die gegenstandslose Liebe zur Schöpfung schlechthin handeln.

Skorpion-Analogien

- *Unmittelbare prinzipielle Skorpion-Analogien: **Das Bildgefüge***
  Das Verbindende, das Vereinigende, das Musterhafte, das Strukturierende, das Verschmelzende, das Vernichtende, das Liebende, das Verwandelnde, das Anziehende, das Geheime, das (Er)Zwingende, das Erotische, das Zerstörende, das Unerbittliche, das Unbeirrbare, das Böse, das Mächtige, das Arterhaltende, das Treue, das selbstlos Liebende, das Unaussprechliche (Tabuisierte), das Fanatische, das Bedrohliche, das Tiefgründige, das Artreine, das Krisenhafte, das Verbindliche, das Katastrophale, das Erneuernde, das Dunkle, das Verborgene, das Bindende, das Negative, das Intensive, das Undurchdringliche, das Zusammenhaltende, das Dogmatische, das Zuverlässige, das Aufopfernde.

- *Mittelbare Skorpion-Analogien: Erscheinungsformen des Prinzips «Bildgefüge»*
  Die Bindung, die Erotik, die Verpflichtung, der Sog, die Macht, das Geheimnis, das Tabu, die Unbeirrbarkeit, die Treue, das Prinzip, der Tod, die Genitalien, die Struktur, die Bosheit, die Theologie, die Intensität, der Zusammenhalt, der Magier, die Vorlage, die Ideologie, das Muster, die Leidenschaft, die Entstehung, das Dogma, das Unheil, die Genetik, die Innigkeit, die Aufopferung, die Überwindung, der Fanatismus, die Reinheit, die Astrologie, der Orgasmus, die Vorstellung, der Zwang, die Liebe.

- *Ableitungsbeispiele:*
  Das «Bildgefüge» ist
  der Tod, weil bei der «Verschmelzung» der einzelnen Bilder miteinander das Individuelle aufhört zu existieren, zum Beispiel beim Koitus;
  die Entstehung, weil aus der Verschmelzung der einzelnen Bilder ein neues Gesamtbild hervorgeht;
  die Genetik als das verborgene Muster, nach dem sich die Art zu entwickeln hat;
  das Prinzip als das Muster, das Entwicklungen und Vorgängen zugrunde liegt;
  das Böse als das unerbittliche Festhalten an Vorstellungen, Prinzi-

pien und Mustern, auch dann, wenn dabei Leben und Lebendiges zerstört oder vernichtet werden «muß»;

das Geheimnis als das, was zur Gewährleistung der Unantastbarkeit des Musters nicht allgemein zugänglich sein darf;

der Fanatismus als die absolute Verweigerung der Abweichung von einem Vorstellungsbild;

die Liebe als die rest- und selbstlose Verpflichtung an das Wohl des Du, ungeachtet des eigenen Wohlbefindens oder Lebens;

die Astrologie als Abbildung des persönlichen Grundmusters.

Beispiele der Erscheinungsformen des Skorpion-Prinzips im Menschen

Konsequenz, Treue, Unzugänglichkeit, Verbindlichkeit, Anziehungskraft, Beherrschtheit, Undurchsichtigkeit, Intensität, Hingabe-(fähigkeit), Unerbittlichkeit, erotische Ausstrahlung, Leidenschaft, Aufrichtigkeit, Durchhaltevermögen, Liebesfähigkeit, Standhaftigkeit, Unerschrockenheit, Herrschsucht, Unergründbarkeit.

Übergang zur nächsten Entwicklungsphase

Nach dieser Phase der intensiven Beherrschtheit und des Festhaltens an Festgefügtem schlägt der Entwicklungsprozeß mit dem Zeichen Schütze wieder die entgegengesetzte Richtung ein. So kann das, was im Skorpion gefestigt wurde, zur Funktion kommen. Aus der dunklen Tiefe wird wieder in lichte Höhe hinaufgestiegen.

Schütze

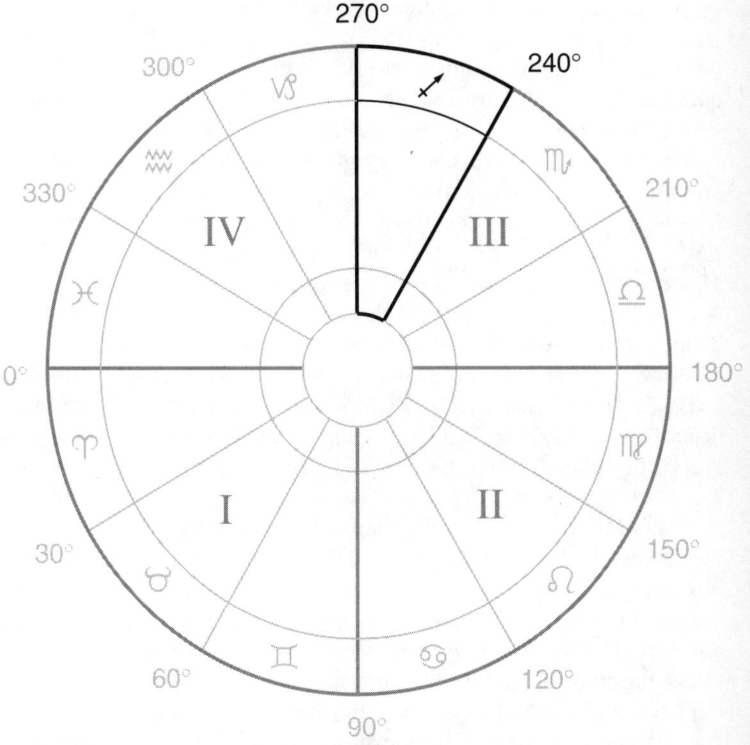

270°

300°   240°

330°   210°

IV   III

0°   180°

I   II

30°   150°

60°   120°

90°

Polaritätswechsel Skorpion (w↓←)/Schütze (m↑→):
Hölle/Himmel, Tiefe/Höhe, Beherrschtheit/Übertreibung, Pessimismus/Optimismus, Magie/Philosophie, Diabolisches/Göttliches, durchdringend/streifend, Orthodoxie/Ökomene, fixierend/erweiternd, Skrupellosigkeit/Ethik, Dogma/Freidenkertum, Verpflichtung/Unverbindlichkeit

Schütze: das *veränderliche*,
«**m**ännlich-aktive» (↑),
nach außen gerichtete (→) *Feuerzeichen*
23. November – 20. Dezember

Als Gegenzug zur dunklen Nacht des Skorpion-Prinzips steigt in der nächsten Phase die Entwicklung in das helle Tageslicht des **veränderlichen Feuerzeichens Schütze**. In diesem, wie jedem veränderlichen Zeichen wird das in der vorangegangenen Phase Gefestigte (in diesem Fall: Bilder zu Bildgefügen) in Beziehung zur (Um)Welt gesetzt. Das heißt, daß die in der Tiefe des Skorpions entdeckten bzw. erzeugten, allen sichtbaren Erscheinungsformen zugrunde liegenden *Muster* im Schützen auf die äußere Welt angewandt werden. Diese Muster stellen sich in der Welt dar als die tiefliegenden Zusammenhänge zwischen den scheinbar voneinander sehr verschiedenen Dingen der Realität. So werden beispielsweise «Kind» und «Kunst» – zwei scheinbar verschiedene Phänomene – beides als äußerer Ausdruck des im Prinzip Löwe gespeicherten *Musters* des Aus-sich-Hervorbringens erkannt. Durch die Erkennung solcher tiefliegenden Zusammenhänge «versteht» der Schütze alles und hat auch für alles «Verständnis». Alles zu «verstehen» bedeutet beim Schütze-Prinzip, die Dinge nicht für sich allein, sondern sie immer nur in ihren Beziehungen zu allen anderen Dingen zu betrachten, wobei diese Beziehungen nicht an der Oberfläche, sondern in der Tiefe zu suchen und auf die Oberfläche anzuwenden sind. Die Dinge werden mittels der ihnen zugrundeliegenden Muster erkannt und «begriffen».

Für alles «Verständnis» zu haben bedeutet wiederum, nicht wie die Jungfrau zu «kritisieren», sondern die Dinge so wie sie sind zu tolerieren oder gar zu akzeptieren. An die Stelle von Liebe oder Haß (Skorpion) tritt verstehende Toleranz und Aufgeschlossenheit.

Im Schützen soll der Sinn, die Sinnhaftigkeit hinter den Dingen erkannt werden, so daß der Schütze immer auf erhellende Mustersuche «unterwegs» sein muß. Dieses Unterwegssein ist im wörtlichen wie auch im übertragenen Sinne zu verstehen, wie die Standard-Analogien des Schützen «Reisen», «Ausland» und «Bildung» zeigen.

Voraussetzung für das Erkennen von Zusammenhängen ist ein ausgeprägtes Ahnungsvermögen, um für Möglichkeiten überhaupt erst empfänglich zu sein. Das Ahnungsvermögen beinhaltet auch die

Fähigkeit zur Vorausschau auf alles, was da möglich sein könnte und somit eine Orientierung nach der Zukunft und zukünftigen Dingen mit sich bringt.

Schütze-Analogien

- *Unmittelbare prinzipielle Schütze-Analogien:* **Die Erkenntnis**
  Das Expandierende, das Tolerante, das Erweiternde, das Übertreibende, das Ahnende, das Weite, das Mittelbare, das Symbolische, das Allgegenwärtige, das Ferne, das Bildende, das Religiöse, das Maßlose, das Lehrende, das Weltanschauliche, das Exzessive, das Missionierende, das In-Bewegung-Seiende, das Sinngebende, das Visionäre, das Verstehende, das Erklärende, das Aufgeschlossene, das «Aufgeblasene», das Allegorische, das Begreifende, das Ganzheitliche, das Offenbarende, das Gute, das Beglückende, das Optimistische, das Pompöse, das Helle, das Prophetische, das Verkündende, das Zukünftige, das Übertriebene.

- *Mittelbare Schütze-Analogien: Erscheinungsformen des Prinzips «Erkenntnis»*
  Das Wachstum, die Wucherung, das Symbol, die Reise, der Exzeß, die Ferne, der Bewegungsdrang, die Zukunftsgläubigkeit, der Sinn, die Religion, das Begreifen, die Weltanschauung, der Sport, die (geistige) Aktivität, die Übertreibung, die Bildung, die Mannschaft, der Philosoph, der Reizhunger, das Dabei-sein-Wollen, der Optimismus, die Realitätsflucht, das Aufschieben, die Vision, die Bedeutung, das Ausschweifen, der Größenwahn.

- *Ableitungsbeispiele:*
  Die «Erkenntnis» ist
  der Sport als Bewegungsdrang oder das Bedürfnis, geistig wie körperlich in Bewegung und mit anderen gemeinsam zu funktionieren;
  die Religion/Weltanschauung als der Versuch, die Realität wie auch die geahnte Wirklichkeit dahinter zu erklären und begreiflich zu machen, indem sie in einen großen Zusammenhang eingebettet wird;
  die Vision als Vorahnung zukünftiger Möglichkeiten und Zusammenhänge;

87

die Realitätsflucht als das Sich-verlieren in zukünftigen Möglichkeiten unter Vermeidung des real Gegenwärtigen;

der Lehrer/Guru als jemand, der Kenntnisse und das Verständnis für Zusammenhänge hat bzw. vermittelt;

die Bildung als das, was Einsichten, Verständnis und (Er)Kenntnisse vermittelt und den Horizont erweitert;

der Exzeß als das vor Begeisterungs- und Bewegungsfreude Über-das-Ziel-Hinausschießen;

der Reizhunger als das, was einen in die große Welt hinaustreibt, um neue Erkenntnisse sammeln zu können;

der Philosoph als einer, der versucht, übergeordnete Zusammenhänge zum Verständnis der Schöpfung herzustellen.

Beispiele der Erscheinungsformen des Schütze-Prinzips im Menschen

Aufgeschlossenheit, Toleranz, Maßlosigkeit, Optimismus, Religiosität, Bewegungsdrang, Bildungsdrang, Sportlichkeit, Zügellosigkeit, Realitätsfremdheit, «glückliche Hand», Rastlosigkeit, Einsichtigkeit, Fernweh, Wissensdurst, Humor, Ausgelassenheit, Deutungsfähigkeit, Abstraktionsfähigkeit, Intelligenz.

Übergang zur nächsten Entwicklungsphase

Zwischen Schütze und Steinbock wird die letzte und sicherlich auch schwierigste Quadrantengrenze überschritten. Nach der Herausbildung der Physis, d. h. des Körperlichen im ersten, der Seele im zweiten und des «Geistes» (= Gehirnfunktionen) im dritten Quadranten ist jetzt alles vorhanden, was für das Leben und Überleben des menschlichen Organismus in der phänomenalen Welt erforderlich ist. Am Ende des dritten Quadranten hat der Mensch seine *reale, phänomenale* Vollständigkeit erreicht. Ab dem Steinbock, dem ersten Zeichen im vierten Quadranten, ist all das zu finden, was am Menschen überzeiträumlich ist und sich seinem unmittelbaren Zugriff oder Eingreifen entzieht. Der vierte Quadrant ist das Wirkliche, das Erwirkende, das der menschlichen Realität zugrunde liegt. Hierzu gehört das Wirkliche/Wahre «an sich», das Heilige oder das Religiöse «an sich», das Bedeutende «an sich», bar jeglicher subjektiv menschlicher

Färbung, Verbrämung oder Manipulation. Er enthält die vom Schützen geahnten Möglichkeiten. In diesem Quadranten ist auch das zu finden, was der einzelne Mensch über sein subjektiv empfundenes Selbst hinaus in seiner ureigensten «Wahrheit» *ist*, wenn er sich «erkennt» («Erkenne dich selbst.»). Selbstverständlich haben alle Thematiken des vierten Quadranten ihre versubjektivierten Analogien im phänomenalen Bereich.

Kapitel V

Der vierte Quadrant und die Tierkreiszeichen Steinbock/Wassermann/Fische

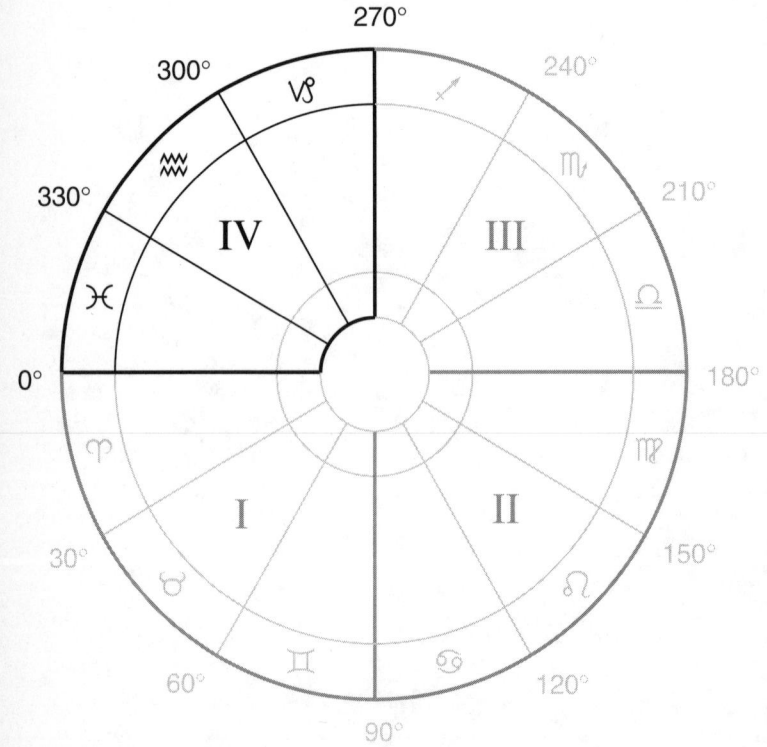

Die Thematik des **vierten Quadranten** wird durch das kardinale Erd-zeichen *Steinbock* festgelegt und durch die Zeichen *Wassermann* und *Fische* differenziert. Dieser Quadrant ist die essentielle Zusammen-fassung und gleichzeitig das *außersubjektive* Ergebnis der ersten drei *subjektiven* Quadranten. In ihm wird die Subjektivität, die im Mittel-punkt der Entwicklungen in den anderen drei Quadranten steht, auf-gehoben, außer Kraft gesetzt. Der Begriff «Mittelpunkt» ist in diesem Zusammenhang wörtlich zu verstehen: Der Löwe (die voll ausgebil-dete Subjektivität) steht als fünftes Zeichen auch räumlich genau im Mittelpunkt der ersten neun Zeichen, mit vier Zeichen, die vor ihm, und vier Zeichen, die nach ihm kommen. Anders ausgedrückt: Der vierte Quadrant ist das, was je nach Ausgestaltung durch das Subjekt (Löwe) der ersten drei Quadranten, zwangsläufig dabei «heraus-kommt». Er unterliegt nicht dem subjektiven Willen und kann nur indirekt – über die bewußte Gestaltung der ersten drei Quadranten – von ihm beeinflußt werden. Der letzte Quadrant spiegelt das an ei-nem Phänomen wider, was an ihm «wirklich» ist. Das ist die reine un-berührte und unberührbare Essenz hinter jedem Phänomen, ob es sich um einen Menschen, ein Ding oder ein Ereignis handelt. Die An-lagen (Zeichenanalogien, Planeten) eines Menschen, die im vierten Quadranten stehen, erweisen sich als besonders problematisch, wenn der Mensch versucht, beispielsweise seine Sonne im zehnten oder sei-nen Merkur im zwölften Haus nur für seine subjektiven Zwecke ein-zusetzen. Dies geschieht in Unkenntnis der Tatsache, daß Anlagen im vierten Quadranten dem Menschen sozusagen «in Pflege» gegeben wurden, um der/seiner außersubjektiven Wirklichkeit (und der von ihr abgeleiteten Wahrheit) Platz in der real-subjektiven Welt zu ver-schaffen. So muß sich das Verhalten ($\odot$) eines Menschen mit der Sonne im zehnten Haus an dem orientieren, was «richtig» oder «wahr» ist (10. H.), auch dann, wenn dies dem subjektiven Interesse des Menschen zuwiderläuft. Ein (Zwillings-)Merkur im zwölften Haus hat sich um die Darstellung (φ) von Möglichkeiten (12. H.) zu bemühen, und zwar auch dann, wenn er sich dadurch ins Abseits (12. H.) drängt und von anderen nicht mehr für voll genommen wird.

Trotz des außersubjektiven Bezugs von Anlagen im 4. Quadranten läßt die Besetzung des Quadranten allerdings keine absoluten Rück-schlüsse auf die «geistige Entwicklungshöhe» eines Menschen zu.

Die drei Zeichen des vierten Quadranten beschreiben Punkt für

Punkt die essentielle Wirklichkeit hinter den drei anderen Quadranten: So wie der erste Quadrant den *realen* «Stoff» symbolisiert, aus dem die realen Dinge sind, entspricht Steinbock, das erste Zeichen im vierten Quadranten, dem reinen außerpersönlichen «Urstoff», in dem alles Reale gründet. Wassermann, das zweite Zeichen in diesem Quadranten, ist die Verdichtung loser Wirklichkeit (Steinbock) zu dem, was einem Menschen oder Phänomen seine einzigartige reine Individualität verleiht. In analoger Weise verleiht der zweite Quadrant einem Menschen oder Phänomen das, wodurch er/es sich von allem anderen Realen unterscheidet: die eigene reale Identität. Als letztes Zeichen im vierten Quadranten symbolisieren die Fische die Art und Weise, wie sich die Urwirklichkeit (Steinbock) zu allen Aspekten der wirklichen und realen Schöpfung in Wechselbeziehung setzt. Analog kann am dritten Quadranten abgelesen werden, wie sich Reales zu Realem in Wechselbeziehung setzt.

Die Bestimmung und Erkennung der außersubjektiven Anlagen des vierten Quadranten werden im Rahmen der 12 astrologischen Themenkomplexe, Kapitel VI, ausführlich besprochen.

 Steinbock

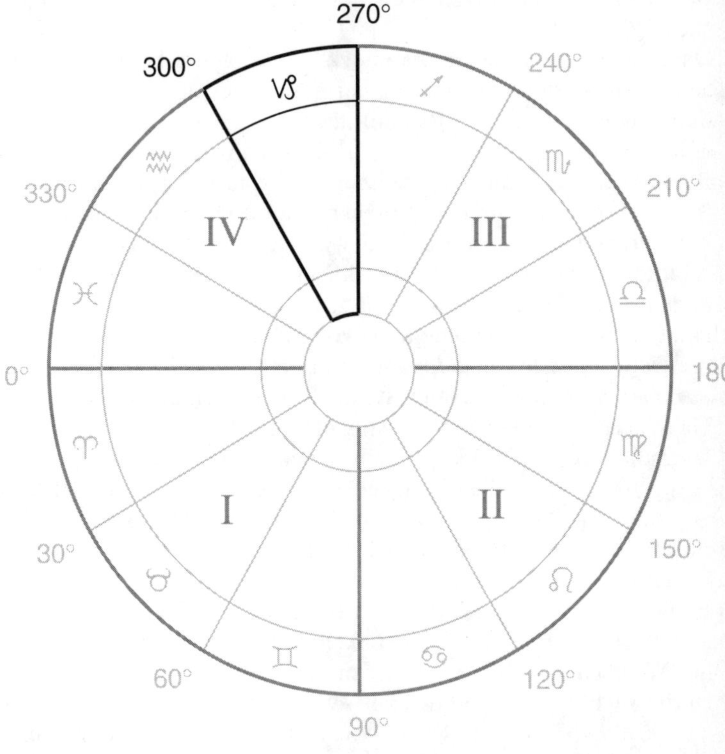

Polaritätswechsel Schütze (m↑→)/Steinbock (w↓←):
Ausdehnung/Zusammenziehung, Breite/Tiefe, Verstreuung/Konzentration, Überfluß/Mangel, Maximum/Minimum, Überflüssiges/Wesentliches, Erträumtes/Wirkliches, Ausschweifung/Einengung, Subjektivität/Objektivität, Üppigkeit/Kargheit, Laxheit/Disziplin, Bewegung/Stillstand, Wärme/Kälte, Form/Inhalt, Vergänglichkeit/Ewigkeit.

Steinbock: das *kardinale*,
«weiblich-passive» (↓),
nach innen gerichtete (←) *Erdzeichen*
21. Dezember – 19. Januar

Das **kardinale Erdzeichen Steinbock**, wie auch die beiden anderen
Zeichen im vierten Quadranten, hat mit Dingen zu tun, die jenseits
des Phänomenalen, des «Realen» liegen. Es sind Dinge, die nicht
mehr unmittelbar zugänglich sind. Daher kann letztendlich auch nur
mittelbar über den Inhalt dieser Zeichen gesprochen werden – trotz
ihrer konkreten Entsprechungen im phänomenalen Bereich.

Der vierte Quadrant verhält sich zum Rest des Tierkreises wie Ur-
Inhalt zu realer Form: Die Urwirklichkeit des Menschen bzw. der
Dinge überhaupt (4. Quadrant) ist der Inhalt der drei Komponenten
des Menschseins (1.–3. Quadrant), die ihm als Form dienen. So wie
der Widder und der erste Quadrant das ganze *körperliche* Potential
des realen Menschen darstellt, stellt der Steinbock das ganze *vorma-
terielle, überraumzeitliche* Potential des Menschen dar. Er ist die
Gesamtheit der Möglichkeiten, aus denen der reale Mensch hervorgegangen ist und auf die hin er sich entwickeln muß. Steinbock ist als
kardinales Erdzeichen die rohe, ungeordnete Wirklichkeit, das Essentielle, das jenseits allen subjektiven Meinens, Glaubens, Vermu-
tens und Dafürhaltens liegt, das weder von Wissenschaft noch von
Philosophie erforscht, beschrieben oder begriffen werden kann. Es
handelt sich eben um die Wirklichkeit hinter der Erscheinungsform,
eine Wirklichkeit, die allerdings mitunter durch subjektive Überlagerungen bis zur Unkenntlichkeit «vermenschlicht» wird. Steinbock
ist die Entschleierung dieser Wirklichkeit. Wie hinter jedem phänomenalen Vorkommen der «17» die reine Ur-«17» steht, so steht das
Steinbock-Prinzip als die unverfälschte Wirklichkeit hinter jeder phänomenalen Erscheinungsform, auch der des Menschen. Ein Beispiel:
Zwei Menschen bezeichnen ein und denselben Farbton unterschiedlich. Der eine sagt, die Rose sei «weinrot», der andere, sie sei
«blutrot». Aus seiner subjektiven Empfindung heraus mag jeder für
sich recht haben. Doch die subjektive Empfindung kann die Wirklichkeit der Farbe nicht berühren: Sie ist und bleibt, was sie in Wirklichkeit *ist*, ganz gleich wie sie von wem gesehen wird. Dieses subjektiv unberührbare *Ist* ist das Steinbock-Prinzip – die ungefärbte

individuelle Wahrheit, sowohl eines Menschen als auch der Dinge und Ereignisse schlechthin. Wie in jedem kardinalen Zeichen ist der Inhalt des Steinbocks in noch ungeordneter und instabiler Form. Jede Suche, jedes Bedürfnis nach der reinen, ungeschminkten Wahrheit und Wirklichkeit im realen Leben ist eine Analogie des Steinbock-Prinzips.

Wegen seiner Unerbittlichkeit gegen alles Subjektive wird das Steinbock-Prinzip als besonders feindselig und unheilbringend empfunden. Dabei wird völlig außer acht gelassen, daß dieses Prinzip all das verkörpert, was das Höchste und Erstrebenswerteste im Individuum wie in der Schöpfung darstellt. Nur weigert sich die Wirklichkeit – zum Leidwesen des Menschen –, sich dem zu beugen, was der Mensch in noch unbewußter Subjektivität für gut und erstrebenswert hält. Was der höchsten individuellen Wirklichkeit und ihrer Vertreterin im Realen, der Wahrheit, nicht entspricht, wird unerbittlich eliminiert, abgetrennt. Im Realen äußert sich dies als Mangel, Trennung, Behinderung und Unzulänglichkeit. Durch seine «Strenge» und Kompromißlosigkeit erhält Steinbock die absolute Ordnung im Universum, indem er diese Ordnung vor subjektivem Zugriff schützt. Er legt die Regeln und Maßstäbe fest dafür, wie und was die Dinge in Wirklichkeit sind und bleiben. Subjektives, das sich an die Maßstäbe und Regeln des Steinbocks hält, hat nicht nur nichts zu befürchten, sondern es wird ihm erst dadurch noch Zutritt zur eigenen höchsten Wirklichkeit gewährt.

Der Steinbock entspricht im außersubjektiven Bereich dem ganzen ersten Quadranten im subjektiven Bereich. Im ersten Quadranten nimmt das Subjekt konkret-reale Form an. Im Zeichen Steinbock nimmt es seine «wirkliche» Form an.

Steinbock-Analogien

- *Unmittelbare prinzipielle Steinbock-Analogien: **Die Wirklichkeit***
  Das Wirkliche, das Trennende, das Klärende, das Drückende, das Wahre, das Einschränkende, das Wesentliche, das Ehrgeizige, das Erstrebenswerte, das Säubernde, das Regelnde, das «Saubere», das Höchste, das Korrigierende, das Hemmende, das Ewige, das Ungeschminkte, das Unparteiische, das Autoritäre, das Überpersönliche, das Außerpersönliche, das Harte, das Autoritative, das Not-

wendige, das Aufrichtige, das Unvergängliche, das Karge, das Unerbittliche, das Allgemeingültige, das Kalte, das Unbestechliche,
das Unnachgiebige, das Gerechte, das Blockierende, das Orientierende, das Maßstäbliche.

- *Mittelbare Steinbock-Analogien: Erscheinungsformen des Prinzips
«Wirklichkeit»*
Die Wahrheit, die Wirklichkeit, die Kälte, der Staat, die Hemmung,
die Zeit, das Gesetz, die Vorschrift, die Klarheit, die Disziplin, die
Tradition, die Einschränkung, die Verantwortung/Verantwortlich-
keit, die Dauerhaftigkeit, die Härte, die Gradlinigkeit, der Berg,
der Ehrgeiz, das Alter, die Konvention, der Verwalter, das Gericht,
der Gesetzgeber, die Autorität, die Notwendigkeit, der Rahmen,
die Grundlage, die Kargheit, die Strenge, das Streben, das Ziel.

- *Ableitungsbeispiele:*
Die «Wirklichkeit» ist
die Wirklichkeit als das, was nach Abtrennung aller Subjektivität
übrigbleibt;
die Hemmung als das, was eine Abweichung von der Wirklichkeit
verhindert;
das Gericht als das, was bar jeglicher Subjektivität darüber zu befinden hat, was «wirklich wahr» ist;
die Verantwortung als das Vertreten oder Einstehen-*müssen* für alles, was man tut oder unterläßt;
die Kargheit als die Reduzierung auf das absolut Notwendigste;
das Alter als das Maß realer Dauer/Dauerhaftigkeit;
die Einschränkung als Mittel der Verhinderung der Abweichung
vom wahren Kurs;
der Staat als die höchste ordnende Instanz;
der Ehrgeiz als das Streben danach, maßstäbliche Höchstleistungen
zu erbringen;
die Kälte als starre Bewegungslosigkeit (Unnachgiebigkeit);
die Wahrheit als Widerspiegelung dessen, was in Wirklichkeit *ist*;
die Disziplin als das Pflichtbewußtsein zur Verhinderung der Vor-
herrschaft subjektiven Wollens.

**Beispiele der Erscheinungsformen
des Steinbock-Prinzips im Menschen**

Diszipliniertheit, Reserviertheit, Sturheit, Nüchternheit, Gründlichkeit, belehrendes bzw. maßregelndes Verhalten, Kühle, Pflichtbewußtsein, Gehemmtheit, Unnachgiebigkeit, Objektivität, Überlegtheit, Autorität, autoritäres Verhalten, Ehrgeiz, Ordentlichkeit,
Ordnungsliebe, Pflicht- und Verantwortungsbewußtsein, Zuverlässigkeit.

Übergang zur nächsten Entwicklungsphase

Wie jedes formlose Potential muß auch das individuelle Potential an
Wirklichkeit und Wahrheit durch Stabilisierung und Festigung
brauchbar gemacht werden. Alle im Steinbock enthaltenen außersubjektiven Wirklichkeiten verdichten sich im Wassermann zur wahren
außersubjektiven «Urform», zur reinen Individualität.

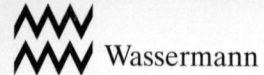 Wassermann

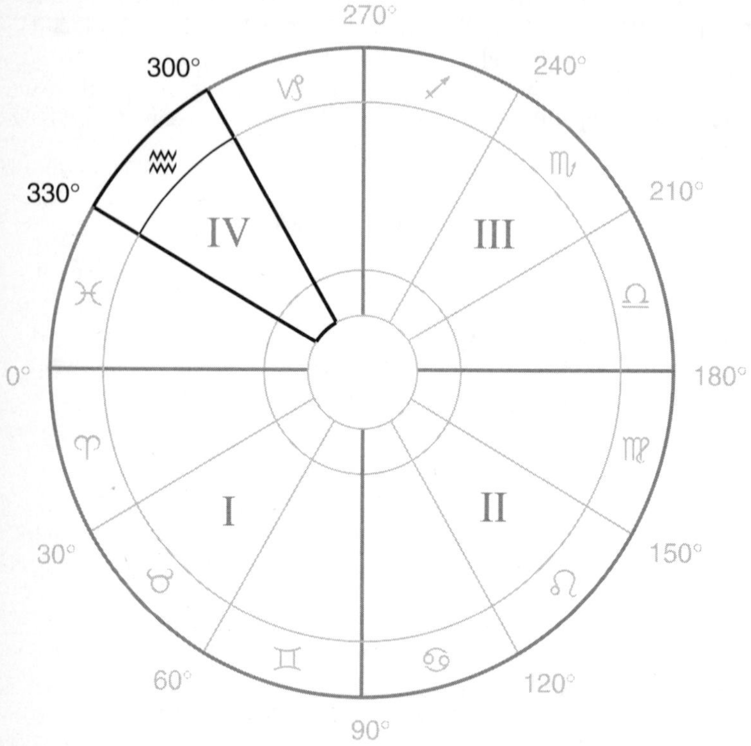

Polaritätswechsel Steinbock (w↓←)/Wassermann (m↑→):
Tradition/Erneuerung, Konvention/Avantgarde, brav/aufsässig,
Folgsamkeit/Aufmüpfigkeit, Einengung/Sprengung,
Kontinuität/Wechselhaftigkeit, Konsequenz/Unberechenbarkeit,
Sich-einordnen/Sich-herausheben, Starre/Flexibilität, Allgemein-
gültiges/Individualistisches, Verhaltenheit/Frechheit, Reserviert-
heit/Auffälligkeit, Bewegungslosigkeit/Rastlosigkeit.

Wassermann: das *fixe*,
«**m**ännlich-aktive» (⬆),
nach außen gerichtete (➡) *Luftzeichen*
20. Januar – 18. Februar

Im **fixen Luftzeichen Wassermann** verdichtet sich das rohe, nicht mehr vom Subjektiven berührte Potential des Steinbocks zur reinen, «unbefleckten» Individualität des Menschen – zu dem, was jeden einzelnen unumstritten einmalig in der Schöpfung macht. So stellt das Wassermann-Prinzip die Manifestation im Realen des außersubjektiv Höchsten im Menschen, in jedem Phänomen dar. Dieses Zeichen symbolisiert das, was beispielsweise ein Mensch ist, wenn er in Reinkultur restlos «bei sich» ist, ohne «Verschmutzung» durch eigene oder fremde subjektive Verfärbung und Überlagerung. In der Steinbock-Phase wurde beispielsweise die reine «17» als erwirkende Wirklichkeit erkannt. Im Wassermann wird sich dieser reine Begriff sich selbst als eine einmalige Urform bewußt. Mit allen anderen reinen Urformen zusammen füllt er gleichzeitig alle Zeit und allen Raum aus. Daraus kann gefolgert werden, daß dieser Inbegriff der «17» mit dem Inbegriff aller anderen Phänomene identisch ist. Es gibt keinen Punkt in aller Zeit und in allem Raum, wo die «17» oder irgendeine andere Urzahl oder Inbegriff nicht voll «da» wäre. Mit dem reinen Inbegriff hinter jedem einzelnen realen Menschen verhält es sich genauso: Er teilt alle Zeit und allen Raum mit dem reinen Inbegriff aller anderen Menschen und ist mit ihnen *identisch*. Dadurch erweisen sich alle subjektiven Unterschiede als eine sichtbare, wenn auch nur oberflächliche Vielfalt, die hinter sich einen einheitlichen Grund verbirgt. Diese grundsätzliche Einheit hebt alle (letztendlich) scheinbaren Unterschiede auf und macht dabei alles «gleich». Ein Beispiel: Definiert man «Leben» beispielsweise als die Zahl «10», so ist jeder Mensch eine individuelle Ausdrucksform dieser Grundzahl. Der eine entspricht vielleicht der Kombination 7+3, der andere 5+5, 9+1 usw. Jeder ist also auf seine individuelle Weise «10», woraus sich die zu beobachtende Vielfalt als Variation eines einzigen Grundthemas erweist. Im Zeichen Wassermann wird durch die individuellen Zusammensetzungen der «10» hindurchgeschaut, um die dahinterliegende Einheit der «10» zu erkennen. Die unterschiedlichen, d. h. subjektiven Zusammensetzungen werden zugunsten der verborgenen

Einheit dahinter «aufgehoben». Und doch bleibt dabei die Vielfalt der individuellen Zusammensetzungen von «10» in dieser grundlegenden Einheit bestehen.

Diese «Aufhebung des Subjektiven», d. h. der subjektiven Empfindung der Vielfalt, ist die Grundlage aller herkömmlichen Wassermann-Entsprechungen in der Astrologie. Das wäre zum Beispiel der ständige Wunsch des Wassermanns, aus dem Rahmen zu fallen, um eben nicht mehr so zu sein wie die anderen, sondern wie man selbst eben ist als individuelle Ausprägung einer Einheit. Nach der Entdeckung, daß man «7+3» (= 10) ist, will man um keinen Preis mehr versuchen, als «6+4» (= 10) oder «3,7+6,3» (= 10) zu leben oder sich zu verhalten. Das sind nämlich fremde Lebensweisen, die man aus Unkenntnis seiner selbst aufgezwungen bekommt – von sich selbst oder der Umwelt. Aus subjektiver Sicht kann dieses ausgeprägte Nur-sich-selbst-sein-Wollen als Überheblichkeit oder Arroganz ausgelegt werden – was in einer beliebigen konkreten Situation durchaus der Fall sein kann. Es gilt jedoch, die Ursprünge hinter der scheinbaren Überheblichkeit zu erkennen und zu begreifen.

Die Subjektivität, die im Wassermann aufgehoben wird, entstand im Zeichen Krebs mit der erstmaligen Erscheinung der subjektiven Empfindungsfähigkeit. Im Wassermann hört die eigene Empfindungsfähigkeit/Identität auf, Grundlage der Weltsicht des Individuums zu sein. Sinn und Zweck der subjektiven Empfindung war es, ein Ich-Gefühl aufkommen zu lassen, das das reale Einzelwesen gegenüber allen anderen realen Einzelwesen abgrenzt, damit es in der Realität inhaltlich unterscheidbar wird. Jedoch nach Entdeckung der eigenen unantastbaren Wirklichkeit im Steinbock besteht keine Notwendigkeit mehr der subjektiven Abgrenzung, weil man sich in seiner Wassermann-Phase mit der ganzen Schöpfung «identifiziert». Dabei ist die neue, das ganze Universum umfassende Empfindungsfähigkeit nicht mehr von Leidenschaft, sondern vom Brüderlichen, Platonischen, Humanitären gekennzeichnet. Aus der Sicherheit der eigenen individuellen Vollkommenheit öffnet man sich allen anderen Mitmenschen und -geschöpfen und erkennt in ihnen allen dieselbe Vollkommenheit. Unterscheidung und Unterschiede sind nicht mehr wichtig und können «aufgehoben» werden. Hieraus ergibt sich die Gleichheit als Wassermann-Analogie.

Im Wassermann wird das Urparadox der Schöpfung deutlich: Hinter der sichtbaren Vielfalt steht die unsichtbare Einheit. Was nach Verschiedenem aussieht, ist in Wirklichkeit Eines. Hinter der Zweiheit Mensch/Gott steht die ungebrochene Einheit «Gottes», aus dessen unzähligen Ebenbildern, einschließlich des Menschen, die Schöpfung besteht. So erkennt der Mensch sich als Ebenbild von und wesensidentisch mit «Gott». Mit dieser Erkenntnis enthüllt sich die Logik lediglich als Instrument des Subjektiv-realen, das nur im entsprechenden Bereich Gültigkeit hat. Im außersubjektiven Bereich muß die Logik der Unlogik des Urparadoxes (Wassermann) weichen.

Der Wassermann entspricht im außersubjektiven Bereich dem ganzen zweiten Quadranten im subjektiven Bereich. Im zweiten Quadranten entdeckt das Subjekt zum ersten Mal seine Identität in der realen Welt. Im Zeichen Wassermann erfährt es, wer es in seiner reinen Urform ist.

Wassermann-Analogien

- *Unmittelbare prinzipielle Wassermann-Analogien:*
  Die reine Urform
  Das Reine, das Unbefleckte, das Originelle, das Originäre, das Leidenschaftslose, das Arrogante, das Humanitäre, das Brüderliche, das Freundschaftliche, das Gleichgeartete, das Unberechenbare, das Unlogische, das Lustige, das Provozierende, das Elitäre, das Freie (Befreite), das Befreiende, das Geniale, das Empfindungslose, das Göttliche, das Innovative, das Schöpferische, das Platonische, das Rahmensprengende, das Auffällige, das Komische, das Herablassende, das Revolutionäre, das Absonderliche, das Fanatische, das «Ausgeflippte», das Skurrile, das Hochmütige, das Himmlische.

- *Mittelbare Wassermann-Analogien: Erscheinungsformen*
  des Prinzips «reine Urform»
  Die Revolution, der Himmel, der Hochmut, die Gefühlsarmut, die Reinheit, die Gleichheit, die Herablassung, die Unberechenbarkeit, das Genie, die Unlogik, der Exhibitionismus, die Verblüffung, die Freundschaft, die Unberührbarkeit, die Gruppe, die Provokation, die Innovation, die Umwälzung, «Gott», der Clown, die Astrologie, die Leidenschaftslosigkeit, der Fanatismus, der Com-

puter, die Arroganz, die Elite, die Überraschung, das Auffallen-wollen, das Schöpfertum.

• *Ableitungsbeispiele:*
Die «reine Urform» ist
der Himmel nicht als «Ort», sondern als Zustand der (individuellen) Vollkommenheit gemäß dem eigenen Sosein;
die Leidenschaftslosigkeit als Aufhebung intensiver subjektiver Empfindung;
der Computer als Hersteller schneller, origineller Verbindungen;
die Freundschaft als die enge platonische Beziehung zum Mitmenschen;
Gott als das reinste, über allem Subjektiven Stehende;
der Exhibitionismus als das Bedürfnis, aufzufallen;
der Fanatismus als Ausdruck der Unerbittlichkeit aufgrund des Überzeugtseins von der eigenen «gottähnlichen» Unfehlbarkeit;
die Freiheit als das Fehlen von Einengungen des eigenen Soseins;
die Unlogik als Ausdruck der paradoxen Gleichheit von Ich und Nicht-Ich;
der Hochmut als Ausdruck der eigenen Erhabenheit über allen anderen;
die Komik als die Aufhebung bzw. Verfremdung real-logischer Zusammenhänge;
die Astrologie als Darstellung des Menschen und der Dinge «in Reinkultur».

**Beispiele der Erscheinungsformen
des Wassermann-Prinzips im Menschen**

Elitäres Gehabe, Originalität, Sprunghaftigkeit, Selbstbewußtsein, Außenseitertum, Revoluzzer, Freundlichkeit, Originalität, Freiheitsliebe, Humorigkeit, Unberechenbarkeit, Überheblichkeit, Humanitarismus, Eigenwilligkeit, Leidenschaftslosigkeit, Fanatismus, Platzangst, Genialität.

Übergang zur nächsten Entwicklungsphase

Nach der Festigung der eigenen individuellen Vollkommenheit im

Wassermann muß, wie in allen dritten Zeichen der Quadranten, das Gefestigte nun zur Funktion kommen und zur Umwelt in Beziehung gesetzt werden. Da es sich aber im vierten Quadranten nicht mehr um «Reales» oder Phänomenales handelt, kann auch das, wozu die im Wassermann erlangte Vollkommenheit in Beziehung gesetzt wird, nichts Reales sein. Im nächsten Zeichen Fische geht das Individuum nach innen, um seinen Bezug zum nichtstofflichen Urgrund der Dinge zu finden.

 Fische

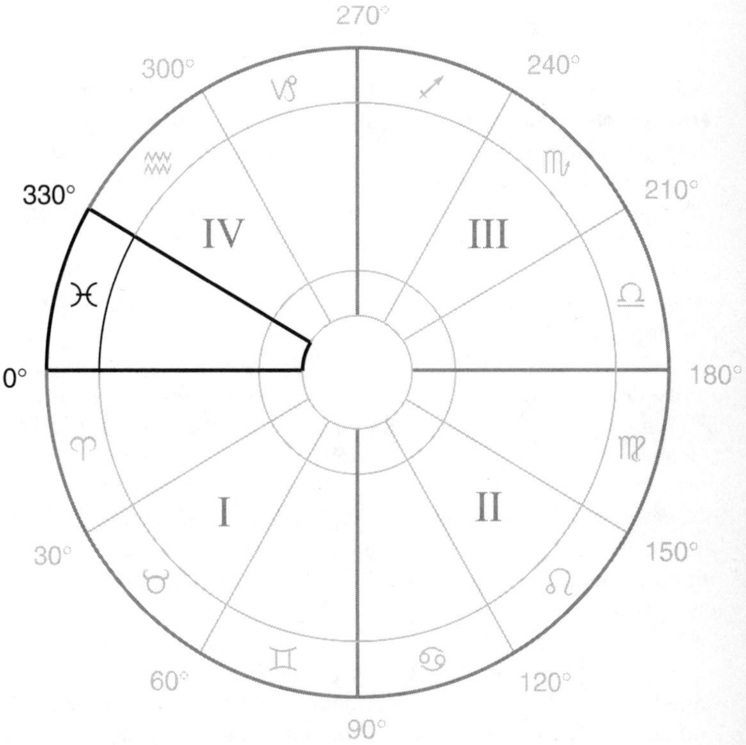

Polaritätswechsel Wassermann (m↑→)/Fische (w↓←):
Hochmut/Demut, Individuelles/Universelles, Stärke/Schwäche,
Bewegung/Unbewegtheit, Freundschaft/gegenstandslose Liebe,
Unterschiedenheit/Ununterschiedenheit, Endlichkeit/Unendlich-
keit, Abgegrenztes/Grenzenloses, Geformtes/Formloses, Akti-
vität/Ruhe, Vielfalt/Einheit, Schöpfung/Unerschaffenes, Vorder-
grund/Hintergrund, Gestaltgewordenes/ Gestaltloses,
Gewordenes/Seiendes, Widerstand/Passivität, Auszug/Ursubstanz,
der Tropfen/das Meer.

Fische: das *veränderliche*,
«weiblich-passive» (↓),
nach innen gerichtete (←)
Wasserzeichen
19. Februar – 20. März

Nach der Erkennung im Wassermann der eigenen reinen Form tritt im
veränderlichen Wasserzeichen Fische diese reine Form in Beziehung
zum letzten Urgrund, aus dem die ganze Schöpfung hervorging. Diese
vollkommene Urform fängt an, in der «Umwelt» wie in der reinen
außersubjektiven Matrix selbst zu funktionieren. Dieses Funktionieren besteht darin, sich bedingungs- und widerstandslos dem Lauf der
Dinge anheimzustellen, sich ihm auszuliefern. Dies ist möglich aus
der Gewißheit heraus, das man ein in sich vollkommenes Wesen ist,
dem per definitionem nichts hinzugefügt oder weggenommen werden
kann. Daraus ergibt sich ein grenzenloses Vertrauen in das ebenso
grenzenlose Wohlwollen des erhabenen Geschehens, von dem man
sich mit Gewißheit als Teil weiß und in das man sich willig fügt. Das
gilt auch dann, wenn widrige Erscheinungsformen eine scheinbar
ganz andere Sprache sprechen. Es gibt also keinen Grund mehr, «dem
Bösen» zu widerstehen, weil man nun mit letzter Sicherheit weiß, daß
«das Böse» dem «Guten» weichen *muß* und daß das Leben es nur gut
mit einem meint. Es gibt keinen Grund mehr, in den Lauf der Dinge
einzugreifen.

    Da es in der phänomenalen Welt für eine solche Einstellung kaum
Verständnis geben kann, wird diese Fische-Haltung in der Regel beispielsweise als Passivität, Flucht, Sucht oder Schwäche gesehen. Das
sind auch in der Tat *reale* Fische-Analogien, hinter denen sich jedoch

in *Wirklichkeit* etwas ganz anderes verbirgt. In der Welt des Subjektiven dienen die Fische-Analogien als Fluchtorte der Weltabgeschiedenheit, wenn das reale Geschehen als unerträglich empfunden wird. Man versucht, sich in der Passivität, im Rausch, in Süchten jeglicher Art, in der Krankheit, in der Lüge zu «verlieren». Man läßt alles mit sich machen und wird zum widerstandslosen Opfer. Man flüchtet sich in den Hintergrund, um eben nicht mehr vorhanden zu sein, man verschleiert und versteckt sich. Dahinter steckt jedoch der Wunsch, sich einer höheren, beschützenden und erlösenden Instanz anzuvertrauen.

Paradoxerweise verwandelt sich bei zunehmender Selbsterkenntnis die Schwäche des Fische-Prinzips im Realen in die absolute Stärke des Außerpersönlichen. Selbsterkenntnis bedeutet hier die Erkennung der Tatsache, daß jeder Erscheinungsform eine außerpersönliche und gleichzeitig individuelle, unwandelbare Wirklichkeit zugrunde liegt, die die Erscheinungsform belebt und ohne Unterlaß «versorgt». Alle Widrigkeiten des subjektiven Lebens werden daher mit Gelassenheit, Vertrauen und der Gewißheit eines grenzenlosen außersubjektiven Wohlwollens begegnet. Allerdings erst dann, wenn man gelernt hat, sich Zugang zum Urmeer der unendlichen Möglichkeiten und des unendlichen Potentials zu verschaffen, kann man mit Ruhe und Gelassenheit «geschehen und gewähren lassen». Diesen Zugang verschafft man sich, indem man sich der eigenen Vollkommenheit voll bewußt wird.

Das Fische-Zeichen entspricht im außersubjektiven Bereich dem ganzen dritten Quadranten im subjektiven Bereich. Im dritten Quadranten stellt sich das Subjekt in Beziehung zur realen Welt. Im Zeichen Fische stellt es sich zum Universum in Beziehung.

Fische-Analogien

* *Unmittelbare prinzipielle Fische-Analogien: **Der gestalt- und namenlose Urgrund***
  Das Mögliche, das Hintergründige, das Gestaltlose, das Schwache, das Potentielle, das Verschwommene, das Helfende, das Hilflose, das Schwächende, das Lähmende, das Unwandelbare, das Abseitsstehende, das Ausgestoßene, das Nicht-anerkannte, das Wohlwollende, das Unvernünftige, das Unendliche, das Nicht-greifbare, das Vertrauende, das Falsche, das Erlösende, das Abgeschiedene, das

Gelassene, das Vertrauenswürdige, das Betrügerische, das Auflösende, das Unerschöpfliche, das Schemenhafte, das Verlogene, das Unbegreifbare, das Grenzenlose, das Ewige, das Täuschende, das Vortäuschende, das Unaussprechliche, das Unausgesprochene, das Verzichtende.

- *Mittelbare Fische-Analogien: Erscheinungsformen des Prinzips «Urgrund»*
  Die Lüge, die Erlösung, die Auflösung, der Schein, die Errettung, die Unerschöpflichkeit, die Droge, das Vertrauen, der Priester, die Sucht, das Heil, die Gewißheit, die Flucht, der Helfer, die Unsichtbarkeit, die Lähmung, die Indirektheit, der Heiland, das Gefängnis, das Fernsehen, der Hintergrund, die Täuschung, das Meer, die Hilfe, das Opfer, die Schwäche, der Nebel, der Wahn, das Unverstandensein, die Sensibilität, die Umschweife, das Krankenhaus, die Sanftheit, die Ewigkeit, der Film, der Schemen, der Schleier, die Passivität, der Verzicht.

- *Ableitungsbeispiele:*
  Der gestalt- und namenlose «Urgrund» ist
  die Auflösung als das Nicht-mehr-vorhanden-Sein, als Vorgang oder Zustand der Gestaltlosigkeit als des Urzustandes der Dinge;
  die Droge als etwas, was Reales als Unwirkliches und Traumhaftes erscheinen läßt oder als Mittel zur Flucht vor Realem dient;
  der Priester verstanden als Mittler zwischen dem Zeitlichen und dem Ewigen;
  das Vertrauen als Ergebnis der Gewißheit des unendlichen Wohlwollens des Urgrundes;
  das Fernsehen als Scheinbild des Realen;
  das Opfer als das, was den Umständen und Bedingungen erliegt;
  der Heiland als der, der einem aus der Not des Realen hilft;
  die Flucht als Versuch, sich realen Bedingungen zu entziehen;
  die Ewigkeit als das, was dem Begriff «Zeit» nicht unterliegt;
  die Sensibilität als das grenzenlose Einfühlungsvermögen, das sich aus der restlosen Einheit mit allem ergibt;
  die *Passivität* als Ausdruck des Geschehen-und-gewähren-Lassens aufgrund von Vertrauen;
  die Indirektheit als Versuch, etwas keine konkrete Form annehmen bzw. unausgesprochen zu lassen.

**Beispiele der Erscheinungsformen
des Fische-Prinzips im Menschen**

Hilfsbereitschaft, Schwäche, Selbstlosigkeit, Gelassenheit, Welt-
fremdheit, Sensibilität, Verschlagenheit, Intuition, Unauffälligkeit,
Hintergründigkeit, Opferbereitschaft, Großzügigkeit, Verlogenheit,
Einfühlsamkeit, Offenheit, Mimosenhaftigkeit, Nächstenliebe,
Gleichmut, Verschwiegenheit, Ungreifbarkeit, Unscheinbarkeit.

Übergang zur nächsten Entwicklungsphase

Mit den Fischen ist der Entwicklungszyklus vom Subjektiven hin zur
dahinterliegenden außersubjektiven Wirklichkeit abgeschlossen. Manifestiert sich wieder einmal ein Fische-Potential im Widder im Realen, fängt der Zyklus von neuem wieder an.

TEIL II

Die zwölf Themenkomplexe
Zeichen – Planet – Haus

Kapitel VI

Die 12 astrologischen Themen:
Das Verhältnis Zeichen – Planet – Haus

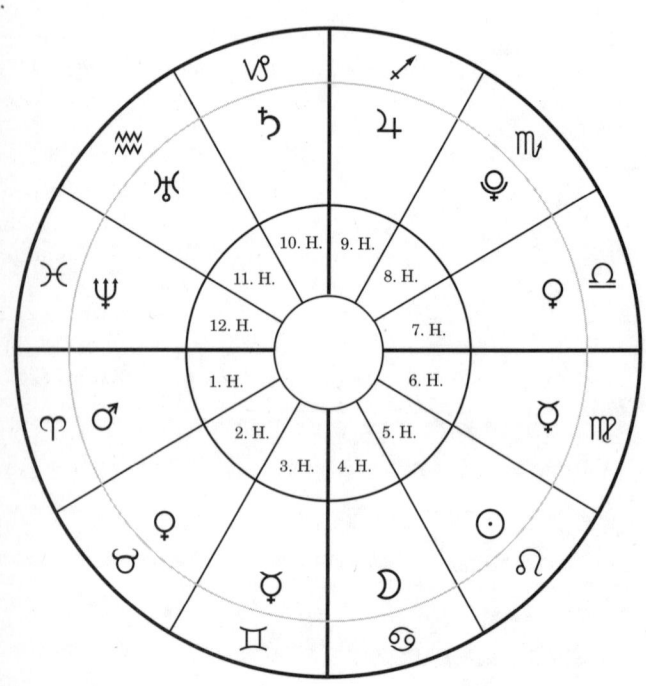

Die Tierkreiszeichen und die ihnen zugeordneten Planeten und Häuser sind jeweils drei verschiedene Aspekte eines einzigen Prinzips. Sie sind nicht nur miteinander «verwandt», sondern bilden eine unzertrennliche Einheit, einen zusammenhängenden *Themenkomplex*. Dies ist von grundlegender Bedeutung für die Erkennung astrologischer Analogien. In jedem dieser 12 dreigliedrigen Themenkomplexe besteht eine hierarchische Ordnung, in der die Unzertrennlichkeit der drei Glieder begründet ist:

Als der Ursprung der Dinge, als das gestaltlose, noch nicht manifestierte Potential, aus der die manifestierte Schöpfung hervorgeht, stehen **die Zeichen an erster Stelle** unter den drei Aspekten eines Prinzips. Alles, was ist oder werden kann, existiert zunächst als Möglichkeit in diesen 12 Prinzipiendepots.

Als überraumzeitliche, bewegliche Erscheinungsform des Potentials der Zeicheninhalte stehen **die Planeten an zweiter Stelle**. Die Planeten sind die ersten gestaltgewordenen Träger der Zeicheninhalte in Form von Energie. Diese Energien sind, wie auch die Zeicheninhalte, rein, außerpersönlich und unwandelbar. Die Planeten können ebensowenig wie die Zeichen mit der subjektiven Bezeichnung «gut» oder «böse» gekennzeichnet werden. Das gilt in gleichem Maße ausnahmslos für *alle* Planeten, auch diejenigen, die allgemein als «ungünstig» oder «schwierig» bezeichnet werden.

Als raumzeitliche, subjektiv wandelbare und vergängliche Erscheinungsform der Zeichenprinzipien stehen **die Häuser an dritter Stelle** im dreigliedrigen Themenkomplex. Die Häuser sind der Boden, der die konkret-realen, stofflichen Entsprechungen der Zeichen und Planeten hervorbringt. Dabei gilt es unbedingt zu bedenken, daß die Häuser, obwohl sie die Zeichen- und Planeten-Prinzipien in Reales umsetzen, etwas Erwirktes und Abgeleitetes sind und bleiben. Das Konkrete der Häuser ist – trotz aller Realität und Sichtbarkeit im Dasein – lediglich der Ausdruck einer dahinter stehenden nichtgreifbaren Wirklichkeit (Zeichenprinzip) oder eines Inhalts.

Andere analoge «Dreifaltigkeiten» können die Zeichen-Planet-Haus-Hierarchie veranschaulichen:

Zeichen	Planet	Haus
kardinal	fix	veränderlich
Vater	Heiliger Geist	Sohn
Schauspieler	Talent	Rolle
Geist	Seele	Körper
Gas	Flüssigkeit	Festkörper
Autor	Schauspiel	Aufführung
Idee	Konzept	Realisierung
Dunkelheit	Licht	Farbe
Wille	Tat	Ergebnis

So fest wie das Verhältnis zwischen den drei Gliedern der obigen Themenkomplexe ist auch das Verhältnis zwischen den drei Gliedern Zeichen/Planet/Haus eines jeden der zwölf astrologischen Themenkomplexe. Hier spiegelt sich übrigens wieder einmal der universelle Entwicklungsablauf wider (siehe **Einleitung, *Der universelle Entwicklungsablauf***).

Versteht man die Gesetzmäßigkeiten der Physik, so ist es ein leichtes, die grundsätzliche Einheit hinter der scheinbaren Unterschiedlichkeit der drei Seinzustände Gas-Flüssigkeit-Festkörper zu erkennen. Es handelt sich hier nämlich nicht um dreierlei, sondern um drei sich gegenseitig durchdringende Aspekte eines einzigen Phänomens. *So verhält es sich auch bei Zeichen-Planet-Haus: Das Zeichen ist als Matrix das gestaltlose Urpotential, das sich zunächst manifestieren muß, um wirksam zu werden. Der Planet ist die manifestierte Urerscheinungsform des Zeicheninhalts, die diesen in allen Erscheinungswelten* wirken läßt. Das Haus stellt die real-konkreten Erscheinungsformen bzw. -umstände des Zeicheninhalts dar.*

Wie an anderer Stelle zu sehen sein wird, erweist sich das Denken und Sehen in Themenkomplexen als sehr hilfreich bei der Erkennung, Verfolgung und Deutung der wichtigsten Grundthemen in einem Horoskop.

---

* Zu den «Erscheinungswelten» gehören auch sämtliche Phänomene, die nicht physisch greifbar sind, z.B. Empfindungen, Gedanken und Unsichtbares im allgemeinen.

Die Planeten: Definition

Jeder der 12 Planeten kann als **die primäre und reine Erscheinungs-form** sämtlicher Aspekte des reinen Prinzips betrachtet werden, das im entsprechenden Zeichen enthalten ist. Erst durch diese «Verkörperungen» als **Energiebilder** werden die Zeichenprinzipien als Rohstoff für die Erscheinungswelt «brauchbar». In Form der Planeten können die Zeichenprinzipien auf allen Ebenen und in allen Bereichen der materiellen wie nichtmateriellen Schöpfung als **Triebkräfte** wirksam werden. Aus dem Urpotential im Zeichen geht die **Urenergie** im Planeten hervor. Die Zeichen verhalten sich zu den Planeten wie Inhalt zu Urerscheinungsform.*

In den Planeten werden die Inhalte der Zeichen zu belebenden und/oder bewegenden Energien, die in unendlicher Vielfalt Verbindungen sowohl untereinander als auch mit allen Zeichen und Häusern eingehen können. Wie die Zeicheninhalte stehen auch die «planetarischen» Energien jenseits aller Subjektivität und entziehen sich völlig allen subjektiven Beurteilungen von «gut» oder «böse».

Jeder Planet bzw. jede Energieart sucht einzig und allein die eigene Selbstbehauptung und Durchsetzung, ungeachtet der Existenz aller anderen Energiearten. Dies geschieht nicht im Sinne der Konkurrenz, des Kampfes oder zur Benachteiligung anderer Planeten, sondern nur deswegen, weil für jede Energieart alle anderen Arten einfach nicht vorhanden sind. Jeder Planet ist darauf bedacht, sich permanent zu behaupten. Es ist dem Planeten völlig gleichgültig, ob er dies im Einklang oder im Widerstreit mit den anderen planetarischen Kräften tut.

In unendlich vielen Kombinationen mit den Zeichen und Häusern beleben und/oder bewegen die Planeten ohne Ausnahme jedes manifestierte belebte oder unbelebte Phänomen, welcher Art und in welchem phänomenalen Bereich auch immer.

*Alle planetarischen Energien sind unveränderbar, unwandelbar und bleiben **völlig unberührt vom Entstehen, Bestehen oder Vergehen** dessen, was sie beleben und/oder bewegen.*

---

* Es gibt in Wirklichkeit nur 10 Planeten, einschließlich Sonne und Mond, die in der Astrologie als Planeten gelten. Jedoch dadurch, daß die Planeten Venus und Merkur jeweils zwei Zeichen zugeordnet werden, ergibt sich die Gesamtzahl von 12 Planeten.

*Im Menschen stellen die Planeten symbolisch die allen Menschen ge-
meinsamen und in gleicher Stärke vorhandenen Wesenskräfte und Urbedürfnisse dar. Sie enthalten in einem dem Menschen zugänglichen
Zustand alle in den Zeichen gespeicherten Möglichkeiten. Über die Planeten kann der Mensch diese Möglichkeiten in Form von «inneren Bildern» oder «Ebenbildern» quasi abrufen, die als Grundlage für die Gestaltung sowohl des Innenlebens als auch des äußeren Lebens dienen.
Zu diesen Bildern gehören alle Formen, Empfindungen und Gedanken. Zur Funktion dieser inneren Planetenbilder gehört die Erzeugung
von Affinitäten zu allem Wesensähnlichen in der äußeren Welt, so daß
auch die äußeren Lebensumstände und -bedingungen eine Widerspiegelung der eigenen inneren Bilder darstellen. In dem Maße, wie der
Mensch die bewußte Herrschaft über die eigenen inneren Bilder erlangt,
erlangt er auch die bewußte Kontrolle über und Verantwortung für alle
Aspekte seines äußeren Lebens.*

Die Häuser*: Definition

*Die 12 Häuser symbolisieren die 12 **konkreten, materiellen Erschei-
nungsebenen und -formen** der Zeichen und Planeten in der realen, subjektiven Welt. Zeichen und Planeten können nur mittelbar über ihre Erscheinungsformen und nach «Art des Hauses» erlebt werden. Die
Häuser sind eben diese **Erscheinungsformen** und beschreiben **konkrete
Bedingungen, Umstände und Zustände**. Sie bieten den Rahmen, innerhalb dessen Nichtkonkretes (Zeichen und Planeten) erfahrbar konkret
werden kann. Nachdem der gestaltlose «Vater» (Zeichen) sich zu
«Geist» (Planet) verdichtet, kann er sich in den Häusern, dem **«fleisch-
gewordenen Sohn»** in der phänomenalen Welt manifestieren.
Die Häuser sind die Schauplätze für die differenzierte Vielfalt, die in
Zeichen und Planeten nur als Möglichkeit enthalten ist und erst auf der
Ebene der Häuser als **«fertiges Produkt»** konkret werden kann. Das*

---

* Während diese Definition der Häuser auf alle Häusersysteme anzuwenden
  ist, wird aus überzeugenden praktischen Erfahrungen allen späteren Betrachtungen zur Kombinations- und Deutungsarbeit die sich aus dem Plazidus-Häusersystem ergebende Häusereinteilung zugrunde gelegt.

heißt, die Häuser sind die Rahmen, innerhalb derer die Prinzipien konkret-reale Formen annehmen können. Alles, was die Wesenskraft Planet an «Hilfsmitteln» zu ihrem Ausdruck braucht, ist Analogie des entsprechenden Hauses. Je nachdem, was beispielsweise gemäß der Form für die Beweglichkeit im Raum erforderlich ist, sind Beine, Flügel und Flossen alle Analogien des dritten Hauses. Die Häuser sind damit die Entstehungsorte aller primären und unterstützenden Erscheinungsformen der von den Planeten symbolisierten Wesenskräfte.

*Der Punkt, an dem ein Haus anfängt, bezeichnet man als «**Häuserspitze**». Das Zeichen, in das eine Häuserspitze fällt, ist für das Haus zuständig und bestimmt das Prinzip, nach dem sich die Angelegenheiten des Hauses konkret entwickeln müssen. Die von einem Planeten symbolisierte Energie äußert sich konkret gemäß der Thematik des Hauses und des Prinzips des Zeichens an der Häuserspitze.*

*Jedes Haus hat einen «**Herrscher**». Der Herrscher eines Hauses ist der **Planet**, der dem Zeichen an der Häuserspitze zugeordnet wird. Steht zum Beispiel Krebs an der Häuserspitze, so ist der Mond der Herrscher des Hauses. Die Stellung des Herrschers eines Hauses, d. h. das Haus, in dem er steht, ist von primärer Bedeutung für das unter seiner Herrschaft stehende Haus.*

Das Zeichenverständnis als Grundlage des Planeten- und Hausverständnisses

Hat man das Wesen eines Prinzips, d. h. eines Zeichens, begriffen, so kann man diese Erkenntnisse in analoger Abwandlung auf die beiden Erscheinungsformen des Prinzips im Themenkomplex – auf die Planeten und Häuser – übertragen. *Es ist daher von grundlegender Wichtigkeit, zunächst die Zeicheninhalte zu begreifen, um sie dann durch entsprechende Analogiebildung und gemäß der* Art *der Erscheinungsform (Planet oder Haus) auf letztere zu übertragen.* Die Betrachtung von Zeichen, Planet und Haus als drei Aspekte einer Einheit, die unzertrennlich sind und klar und deutlich voneinander abzuleiten sind, bedeutet eine erhebliche Erleichterung bei der Zurechtfindung in der schier endlosen Komplexität und Informationsfülle eines Horoskops. Im folgenden wird das Verhältnis zwischen den jeweils drei Gliedern der zwölf astrologischen Themen beschrieben. Bei den Planeten- und Häuserentsprechungen wird zur Erleichterung des Verständnisses der Schwerpunkt auf deren Erscheinungsform im

Menschen gelegt. Als Gedächtnisstütze und zur Erleichterung der Analogiebildung werden die *Unmittelbaren Zeichenanalogien* aus Kapitel II–V wiederholt.

Thema I:
Widder – Mars – 1. Haus

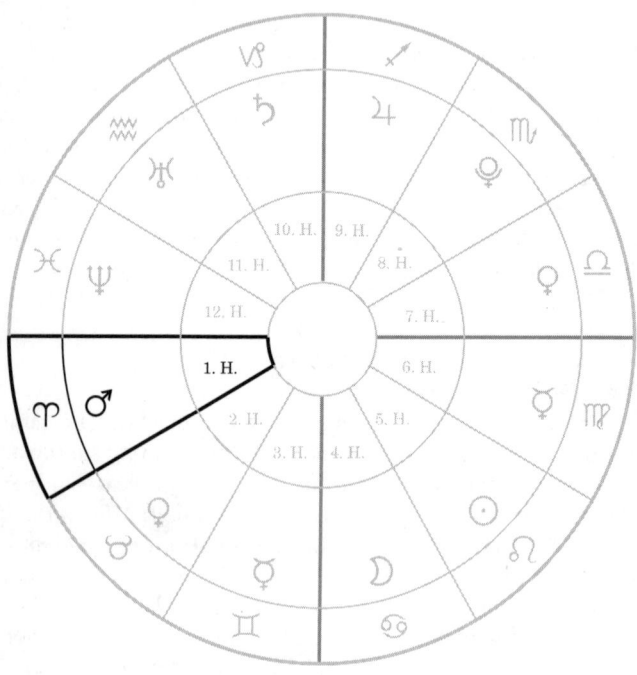

♈ Das Zeichen Widder

das *kardinale*,
«**männlich-aktive**» (↑),
nach außen gerichtete (→) *Feuerzeichen*
21. März – 20. April

Widder-Analogien

- *Unmittelbare prinzipielle Widder-Analogien:* **Der Anfang**
Das Reale, das Neue, das Erste, das Junge, das Unreife, das Frische, das Energische, das Ursprüngliche (Unverdorbene), das Pionierhafte, das Entdeckende, das Unerschrockene, das Primitive, das Aufblitzende, das Impulsive, das Spontane, das Vorstoßende, das Aggressive, das Angreifende, das In-Angriff-Nehmende, das Körperliche, das Plötzliche, das Naive, das Ungehobelte, das Bahnbrechende, das Formatlose, das Konkrete, das Einzelne, das Individuelle, das Vereinzelte, das Rohe, das Initiative, das Physische.

♂ Der Planet Mars

Über den Planeten ♂ als menschliche Wesenskraft stehen sämtliche im Zeichen ♈ gespeicherten Möglichkeiten dem Menschen zur Verfügung.

Alles aktive oder passive, direkte oder indirekte Erleben und Erfahren des Widder-Prinzips erfolgt über den Planeten Mars, abgewandelt und «gefärbt» durch dessen Berührungen mit den anderen Themen. An diesem Planeten kann abgelesen werden: die Art und Weise des Menschen, sich zu behaupten und durchzusetzen; sein inneres Verhältnis zur Körperlichkeit, die Beschaffenheit seiner körperlichen Energie oder wie sich Zorn bei ihm äußert. Als Wesensanteil, der in uns das Prinzip der Ursprünglichkeit und Urbelassenheit trägt, zeigt Mars in seiner Häuserstellung an, in welchem Lebensbereich der Mensch zu Naivität und Unverdorbenheit, aber auch zu Primitivität und Ungehobeltheit neigt. In diesem Bereich ist der Mensch nämlich am ursprünglichsten und besitzt noch keine Erfahrung des Sich-einordnens oder der Anpassung. Er besitzt noch keine Verhaltensgeschichte, auf die er als Orientierungsmaßstab zurückgreifen könnte. Mars läßt den Menschen noch unbekümmert spontan und unüberlegt handeln, ohne Behinderung durch für ihn existenzfeindliche Zurückhaltung oder Rücksichtnahme, die in bedrohlichem Widerspruch zum Mars-Prinzip stehen: der unbeirrbaren Selbstbehauptung und Durchsetzung der eigenen Belange. Wo Mars steht, da erträgt der Mensch sehr schlecht die Einengung seiner Beweglichkeit und Autonomie, da das Bedürfnis sehr groß ist, der eigene Herr zu sein und die Welt nur nach eigener Fasson und im Interesse des eigenen Daseins in Angriff zu nehmen.

Zum Mars-Anteil im Menschen gehört naturgemäß eine Vorgehensweise, die für gewöhnlich als rücksichtslos und «egoistisch» bezeichnet wird. Dabei wird die übergeordnete Funktion dieser als negativ empfundenen Charaktereigenschaften verkannt. Die Mars-Funktion sorgt dafür, daß der Mensch die Energie und die Motivation hat, das reale Leben zu bewältigen und sich in ihr zu etablieren. Ohne einen starken Selbstbehauptungs- und Durchsetzungstrieb wäre dies nicht möglich, und die Art würde sich in Frage stellen. Würde es gelingen, «Rücksichtslosigkeit» und «Egoismus» aus dem Menschen auszutilgen (was in einem von einer *Fische*-Religion geprägten Kulturkreis als oberstes Gebot erscheinen *muß*), müßten beispielsweise auch die Energie zur Bewältigung des Daseins, Tatendrang und Pioniergeist auch mit verschwinden. Wird die marsische wie auch jede andere Wesenskraft im Menschen dagegen nur aus seinem übergeordneten funktionalen Zusammenhang heraus begriffen, so erübrigt sich so manches Werturteil – positiv wie negativ. Wesensäußerungen werden dann nur noch nach deren Angebrachtheit unter den gegebenen Bedingungen bzw. in der gegebenen Situation beurteilt.

Die Qualität der Beziehungen zwischen Mars und den Themenkomplexen bestimmt die Qualität der Selbstbehauptung und Durchsetzungsfähigkeit des Menschen.

Mars: Wesenskraft und inneres Bedürfnis im Menschen: Beispiele

Mars ist die widderhafte Wesenskraft im Menschen und Ursprung aller analogen inneren Bedürfnisse:

Wesenskraft	Bedürfnis (aktiv wie passiv) nach bzw. Fähigkeit zu
Aggressionstrieb:	Initiative, Auseinandersetzung, Raumergreifung, Bewegung, Kräftemessen, Kampf, «Auslauf», Selbstbehauptung, Verausgabung von Energie, Freizügigkeit, Ungehemmtheit, «Action», Sieg
Äußerungstrieb:	Spontaneität, Impulsivität, Direktheit, Unbekümmertheit, Erneuerung, Gradlinigkeit
Realitätssinn:	Konkretheit, Faßbarkeit, Sichtbarkeit, Offensichtlichkeit, Unmittelbarkeit, Ausgesprochenheit, Deutlichkeit, Klarheit, Vordergründigkeit, Einfachheit, Ungeziertheit
Tatendrang:	Pionierleistung, Führungsstellung, Wegweisung, Urheberschaft, Ins-Rollen-Bringen, Führungsstellung, Entscheidungsfreiheit, Handlungsfreiheit

Mars: Die inneren Bilder und äußerlichen Realitäten des Widder-Prinzips

Mars ist der Ursprung im Menschen aller dem Widder-Prinzip «der Anfang» entstammenden Formen, Empfindungen und Gedanken, d. h. aller «Ebenbilder» dieses Prinzips . Diese Bilder bestimmen, wie das Prinzip empfunden, wie darüber gedacht sowie wie es in der äußeren Welt wahrgenommen wird. Durch die den Mars-Bildern innewohnende Affinität zur Anziehung gleicher Mars-Analogien in der äußeren Welt bestimmen sie auch die Erscheinungsformen des Mars-Prinzips, die dem Individuum in der realen Welt begegnen. Trägt man hauptsächlich Mars-Bilder der Aggressivität oder Angriffslust in sich, so stößt man in der Welt auf Aggressives und Angriffslustiges in Form von Menschen, Situationen und Dingen. Dies geschieht auch dann, wenn man sich seiner eigenen inneren Mars-Bilder *nicht* bewußt ist.

119

So wie man es in sich selbst «sieht», so kommt es einem auch zwangsläufig entgegen.

**Mars: unser inneres und äußeres Bild von
sowie Einstellung zu**
Aggression, Männlichem, Mut, Stärke, Primitivität, Kampf, Tatkraft, Pionierleistung, Stoßkraft, Trieb, Initiative, Durchsetzungskraft, Bewegung, Angriff, Führungseigenschaften, Waffe, Anfang, Tatendrang, Penis, Aggressivität, Leistungsfähigkeit, Mann, Gewalt, Triebkraft, Egoismus usw.

Das 1. Haus

Das erste Haus, ungeachtet des Zeichens an der Häuserspitze oder eventueller Planetenbesetzung, ist immer und grundsätzlich **Widder-Boden** und kann nur konkrete raumzeitliche Erscheinungsformen hervorbringen, die das Widder-Prinzip verkörpern. Alles also, was auf diesem Boden wächst und konkret in die Erscheinung tritt, ist vom Wesen des Widders, zeigt aber die spezifischen Eigenschaften des Zeichenprinzips an der Häuserspitze. Steht beispielsweise das Zeichen Krebs an der Spitze des ersten Hauses (d. h. am Aszendenten), so äußern sich die konkreten Erscheinungsformen des Krebs-Prinzips in diesem Haus im Sinne des Widders als energisch, direkt, spontan, «egoistisch», kämpferisch, dynamisch usw.

Die Häuser werden nach ihrer Stellung im Quadranten unterschieden. Die vier *ersten* Häuser der Quadranten (1., 4. 7. und 10. Haus) werden als **Eckhäuser** bezeichnet und haben kardinalen Charakter analog den Zeichen Widder, Krebs, Waage und Steinbock. Das heißt, sie haben eine einleitende Funktion im Quadranten und üben einen prägenden Einfluß auf den ganzen jeweiligen Quadranten aus. Dies ist besonders dann der Fall, wenn ein Eckhaus mit Planeten besetzt ist.

Im ersten Haus sind all die konkret-realen Phänomene zu finden, die dem Widder-Prinzip als Werkzeug zu dessen Selbstbehauptung und Durchsetzung im Dasein dienen. Auf den Menschen bezogen zeigt das erste Haus an, welche konkreten Werkzeuge und Mittel dem Menschen zur Verfügung stehen, um sich als körperliches Wesen in der Welt zu behaupten und durchzusetzen. Dazu gehören beispielsweise der Körper selbst, das Erscheinungsbild, der Energiehaushalt, die Tatkraft, die Konstitution, die Entschlossenheit, kurz: alles, was am Menschen zur Bewältigung des Daseins konkret/körperlich wahrzunehmen ist und vorhanden sein muß. Alles, was im Menschen «angelegt» ist, ist in diesem Haus zu finden. Alles, was dem Menschen als Triebkraft, als innere Triebfeder dient und ihn in die konkrete Welt «hinaustreibt», ist im ersten Haus. Um hier das Bild des Bausatz-Prinzips anzuwenden, enthält das erste Haus das Naturell, die Grundveranlagung des Menschen, einschließlich sämtlicher Fähigkeiten, Neigungen, Vorlieben und Anfälligkeiten sowie seiner rein physischen Anlage – allerdings als lose, ungeordnet daliegende Einzelteile.

Die Artung der Werkzeuge im ersten Haus – festgelegt durch das Zeichenprinzip an der Häuserspitze – bestimmt die individuelle Weise der Selbstbehauptung. Steht beispielsweise ein Luftzeichen am Aszendenten, behauptet sich der Mensch durch seine geistigen* Fähigkeiten, im Gegensatz zur seelisch orientierten Durchsetzungsweise der Wasser-, zur dynamisch zielstrebigen Durchsetzungsweise der Feuer- und der praktisch bedächtigen Durchsetzungsart der Erdzeichen.

Das erste Haus enthält all die verschiedenen «Baumaterialien», die der Mensch braucht, um sein Dasein und seine Existenz aufzubauen, ähnlich wie man ein Haus baut. Dies kann aber nur dann geschehen, wenn das an sich statische und träge Baumaterial dynamisch bewegt und zielstrebig eingesetzt wird. Andernfalls kommt kein Haus bzw. kein Dasein zustande.

Beispiele**: Mit Krebs an der Spitze des ersten Hauses (Aszendent) behauptet sich der Mensch in der Welt beispielsweise durch Instinkt, Einfühlungsvermögen und seelische Mittel. Oder aber er setzt sich durch gezieltes Nachgeben und Abwarten durch. Mit Krebs am Aszendenten tritt man der Welt mit Sinn für die inneren Bedürfnisse anderer entgegen. Man erreicht seine Ziele durch passives Aushalten und unerschöpfliche innere Reserven. Energie wird zyklisch oder nach augenblicklicher Verfassung verausgabt. Seelisches wird als Mittel des Angriffs und des Kampfes eingesetzt.

---

* Das Wort «geistig» bezieht sich nur auf mit der Gehirnfunktion zusammenhängende Tätigkeiten des Menschen.
** Die Beispiele für Zeichen an Häuserspitzen sind wahllos ausgesucht und sollen keine zusammenhängende Abhandlung darstellen.

Mit dem Zeichen Widder selbst an der Spitze des ersten Hauses stehen die Mechanismen dieses Prinzips zur Daseinsbewältigung zur Verfügung. Der Mensch setzt sich durch in der Welt durch Tatendrang, Direktheit, Mut, Gewalt, Dynamik, die Frische und Unbekümmertheit seines Wesens.

Thema II:
Stier – Venus – 2. Haus

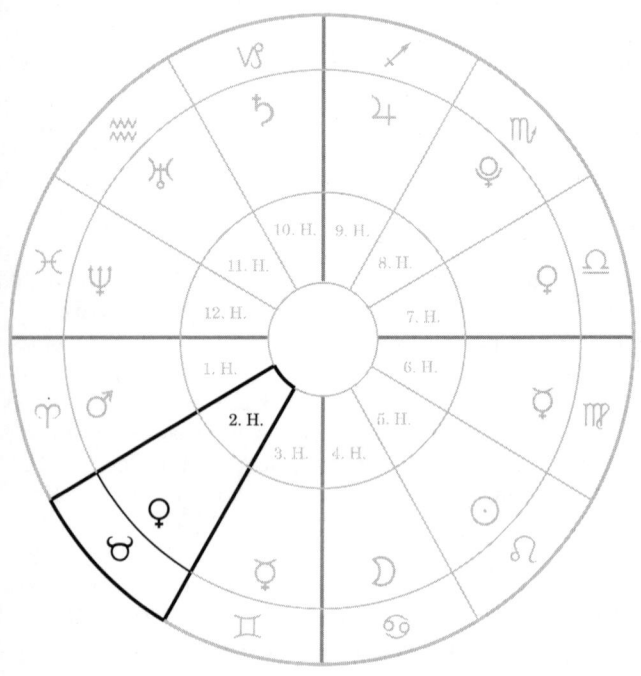

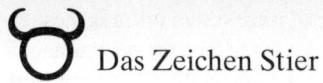 Das Zeichen Stier

das *fixe*,
«**weiblich-passive**» (↓),
nach innen gerichtete (←)
Erdzeichen
21. April – 21. Mai

Stier-Analogien

- *Unmittelbare prinzipielle Stier-Analogien:* **Die Festigung**
  Das Dichte, das Solide, das Speichernde, das Gespeicherte, das
  Eingrenzende, das Eingegrenzte, das Besitzende, das Wertvolle,
  das Brauchbare, das Abgrenzende, das Gruppierende, das Bestehende, das Beständige, das Verwurzelte, das Gestärkte, das Schwere, das Massive, das Räumliche, das Anhäufende, das Sammelnde,
  das Zusammenziehende, das Verdichtende, das Zusammensetzende, das Verlangsamende, das Bewahrende, das Integrierende,
  das Festigende, das Friedliche, das Zusammenfügende, das Befriedende, das Fertige, das Gefertigte, das Gründliche, das Massive.

♀ Der Planet Venus *

Über den Planeten ♀ als menschliche Wesenskraft stehen sämtliche
im Zeichen ♉ gespeicherten Möglichkeiten dem Menschen zur Verfügung.

Als Verkörperung aller Möglichkeiten der Erfahrung und des Erlebens des Stier-Prinzips bildet die Venus den Teil seines Wesens, der
den Menschen nach Festigung und Sicherung seines physischen Daseins streben läßt. Fehlte dieser Trieb, so würde die dynamische aber
flüchtige Energie des Mars immer ins Leere schießen, und es käme
nichts Beständiges zustande. Über den Planeten Venus ist sowohl die
beseelte als auch die unbeseelte Schöpfung darauf angelegt, sich über

---

* Zwecks Übersichtlichkeit wird die Stier-Venus als von der Waage-Venus getrennter und unabhängiger Planet betrachtet.

den «Anfang» hinaus durch Verdichtung und Verwurzelung körperlich zu erhalten. Es muß also der Trieb vorhanden sein, sich zunächst ein- und abzugrenzen, damit aus der Formlosigkeit des Energiezustandes eine feste und beständige Form hervorgeht – mit eigenen Grenzen, im eigenen Revier. Venus ist damit das Bedürfnis im Menschen, eigenen Besitz und eigenen Raum zu haben, um darin einen Eigenwert zu erlangen. Die Venus-Stellung zeigt an, mit welchen anderen Lebensthemen der Mensch sein Selbstwertgefühl als ganz besonders verbunden empfindet, wo er Prestige und einen hohen Stellenwert erlangen möchte, um etwas «wert» zu sein und Wertvolles zu haben. Das Vorhandensein von Werten, Besitz und einem eigenen Revier vermittelt materielle Sicherheit. Venus ist der Trieb nach materieller Sicherung und Sicherheit. Dieser Planet ist auch das Bedürfnis nach Integration und Zugehörigkeit, nach dem Leben in der Gemeinschaft, weil in der Gruppe (wie in der Herde oder im Rudel) die eigene Existenz gefestigt und gesichert wird, was wiederum den (Fort)Bestand des Organismus gewährleistet.

Durch die Verdichtung zum festen Organismus wird der Mensch über seinen Venus-Anteil zum sinnlichen Erleben fähig. Die Sinnlichkeit ist die Art und Weise des Stiers und seines Planeten Venus, körperlichen Kontakt zur Umwelt aufzunehmen. Nachdem sich der körperliche Organismus gebildet hat, kann in Form von sinnlichen Reizen die Welt wahrgenommen werden. Venus ist die Kapazität des Menschen, sinnlich zu genießen und dem Organismus Wohlbehagen zu bereiten. Wie und was der Mensch genießen kann, sowie wie leicht oder wie schwer dies ihm fällt, ist an der Venus-Stellung abzulesen.

Die Beziehungen zwischen Venus und anderen Themenkomplexen bestimmt die Qualität des Selbstwert- und Sicherheitsgefühls des Menschen.

Venus: Wesenskraft und inneres Bedürfnis im Menschen: Beispiele

Venus ist die stierhafte Wesenskraft im Menschen und Ursprung aller analogen inneren Bedürfnisse:

Wesenskraft	Bedürfnis (aktiv wie passiv) nach bzw. Fähigkeit zu
Festigungstrieb:	Kontinuität, Verwurzelung, eigenem Platz, Langsamkeit, Unveränderlichkeit, Bestand,

	Ordnen, Wiederholbarkeit, Seßhaftigkeit, Organisation
«Herden»trieb:	Akzeptanz, Gruppenzugehörigkeit, Gesellschaft, Mitmachen, Verträglichkeit, sozialer Einordnung, Gemeinschaft, Frieden
Wertigkeitssinn:	Wertschätzung, Stellenwert, Brauchbarkeit, Status, Üppigkeit, Komfort, Qualität, Achtung, Prestige, Luxus
Sicherungstrieb:	Abgrenzung, Horten, Gruppenzugehörigkeit als Schutz, Absicherung, Wehrhaftigkeit, Vorratslagerung, Speicherung von Kräften bzw. Kraftspendendem

Venus: Die inneren Bilder und äußerlichen Realitäten des Stier-Prinzips

Venus ist der Ursprung im Menschen aller Formen, Empfindungen und Gedanken, d. h. aller «Ebenbilder» des Stier-Prinzips «die Festigung». Diese Bilder bestimmen, wie das Prinzip empfunden, wie darüber gedacht sowie wie es in der äußeren Welt wahrgenommen wird. Durch die den Venus-Bildern innewohnende Affinität zur Anziehung gleicher Venus-Analogien in der äußeren Welt bestimmen sie auch die Erscheinungsformen des Venus-Prinzips, die dem Individuum in der realen Welt begegnen. Mit inneren Venus-Bildern von Reichtum, Wertschätzung oder Eingegrenztsein zieht man in der Welt auch Reiche, Wertvolles/-schätzendes oder Eingrenzendes an und verkörpert gleichzeitig diese Dinge auch für andere. Dies geschieht auch dann, wenn man sich seiner eigenen inneren Venus-Bilder *nicht* bewußt ist. So wie man es in sich selbst «sieht», so kommt es einem auch zwangsläufig entgegen.

Venus: unser inneres und äußeres Bild von sowie Einstellung zu

Friedfertigkeit, Geltung, materieller Sicherheit, Beständigkeit, Wertigkeit, Prestige, sozialer Integration, Sinnlichkeit, Begabung, Unverletzlichkeit, Bequemlichkeit, Geld, Grenzen, Wohnstätte, Befriedigung, Besitz, Genuß, eigenem Selbstwert, Talent, Kraft, Organisation, Brauchbarkeit usw.

Das 2. Haus

Das zweite Haus, ungeachtet des Zeichens an der Häuserspitze oder eventueller Planetenbesetzung, ist immer und grundsätzlich **Stier-Boden** und kann nur konkrete raumzeitliche Erscheinungsformen hervorbringen, die das Stier-Prinzip verkörpern. Alles also, was auf diesem Boden wächst und konkret in die Erscheinung tritt, ist vom Wesen des Stiers, zeigt aber die spezifischen Eigenschaften des Zeichenprinzips an der Häuserspitze. Steht beispielsweise das Zeichen Löwe an der Spitze des zweiten Hauses, so weisen die konkreten Erscheinungsformen des Stier-Prinzips in diesem Haus Löwe-Eigenschaften wie Leben/Lebendigkeit, Großzügigkeit, Verspieltheit, Brillanz, künstlerische Form usw. auf.

Die Häuser werden nach ihrer Stellung im Quadranten unterschieden. Die vier *zweiten* Häuser der Quadranten (2., 5. 8. und 11. Haus) werden als **Mittelhäuser** bezeichnet und haben fixen Charakter analog den Zeichen Stier, Löwe, Skorpion und Wassermann. Das heißt, sie haben eine festigende oder stabilisierende Funktion im Quadranten und üben einen prägenden Einfluß auf die Beständigkeit und Stabilität dessen aus, worum es im Quadranten geht. Dies ist besonders dann der Fall, wenn ein Mittelhaus mit Planeten besetzt ist.

Analog dem Stier-Prinzip der Festigung ist das zweite Haus der Bereich der festen Form schlechthin. Auf den Menschen bezogen zeigt dieses Haus an, auf welche Art und Weise der Mensch sich als Einzelwesen durch Annahme der festen Form des Organismus gegen die Umwelt abgrenzt und sich darin sein erstes eigenes Revier schafft. Zu dieser Abgrenzung gehört auch die Art der Zusammensetzung des Körpers als Verdichtung und Festigung der rohen Energie des Widders. Im zweiten Haus sind die konkreten Erscheinungsformen, die der Mensch zum Besitz macht und aus denen er sein Wert- und Sicherheitsgefühl bezieht, sowie seine Vorgehensweise dabei. Dieses Haus zeigt die Fähigkeiten an, durch die er für sich und andere «brauchbar» wird. Dazu gehören der körperliche Organismus, Talente, das Selbstwertgefühl, Besitz, Integrationsfähigkeit, Organisationstalent usw.

Durch die Hervorhebung von Geld und Besitz als die Hauptangelegenheiten des zweiten Hauses wird die prinzipielle übergeordnete Bedeutung dieses Lebensbereichs übersehen. Es geht dabei um die materielle (Ab)Sicherung des im ersten Haus neu Entstandenen, damit es sich im rein energetischen Zustand nicht verflüchtigt. Im realen Leben sind Geld und Besitz zwar nur zwei der unzähligen Formen der Sicherung. Sie bringen aber so viele andere, für eine materiell orientierte Welt so eminent wichtige Analogien des zweiten Hauses mit sich – zum Beispiel Prestige, Status, hohen Stellenwert in der Gemeinschaft, Luxus usw. – daß das, wovon sie lediglich Erscheinungsformen sind, nämlich des Sicherungstriebs, aus dem Blickfeld verschwindet.

Beispiele: Mit Löwe an der Spitze dieses Hauses findet der Mensch seine Sicherheit in seinem zentralen oder zumindest hervorgehobenen Stellenwert in der Gemeinschaft sowie in der hohen Einschätzung seiner Person und Fähigkeiten durch die Gemeinschaft. Besitz und «Revier» sind repräsentativ und strahlen Dynamik und Kreativität aus. Durch seine Risikofreudigkeit ist man für sich und die Gemeinschaft «brauchbar» bzw. wertvoll. Mit einem vom Löwen bestimmten zweiten Haus grenzt man sich durch Selbstsicherheit und Zuversicht oder aber durch Selbstherrlichkeit und gebieterisches Gehabe ab. Man braucht ein «königliches» Maß an Geld und Besitz, um sich materiell sicher zu fühlen. Seinen Stellenwert in der Gemeinschaft sichert man sich durch Loyalität und Mut.

Thema III:
Zwillinge – Merkur – 3. Haus

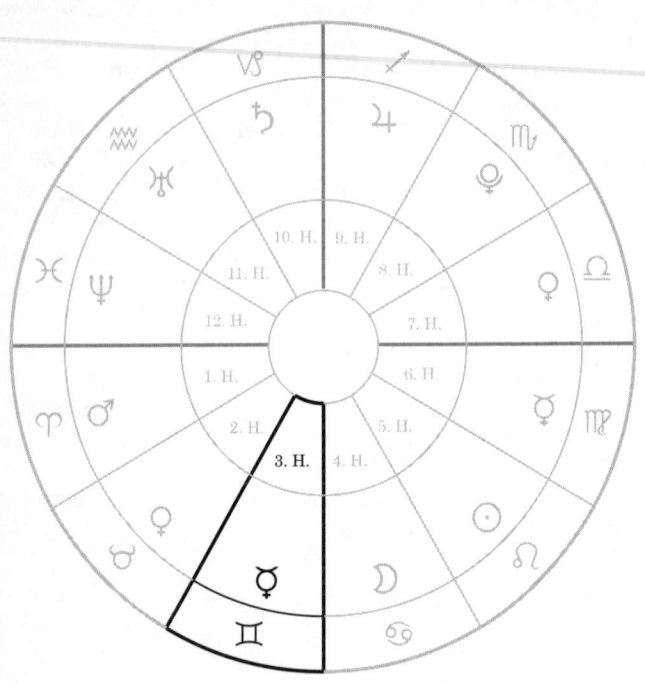

♊ Das Zeichen Zwillinge

das *veränderliche*,
«**m**ännlich-aktive» (↑),
nach außen gerichtete (➡) *Luftzeichen*
22. Mai – 21. Juni

Zwillings-Analogien

• *Unmittelbare prinzipielle Zwillings-Analogien: **Die Funktion***
Das Bewegte, das Bewegliche, das Funktionierende, das Mit-der-
physischen-Umwelt-in-Beziehung-Tretende, das Sich-selbst-Darstellende, das Lockere, das Flexible, das Nahe, das Beschwingte,
das Emotionslose, das Unstete, das Sachliche, das Sprunghafte, das
Ausschwirrende, das Unterscheidende, das Kommunizierende, das
Kontaktaufnehmende, das Ungebundene, das Nichtfestgelegte, das
Oberflächliche, das Unverbindliche, das Beziehungsherstellende,
das Bezeichnende, das Umreißende, das Unmittelbare, das Verdeutlichende, das Seelenlose, das (jugendlich) Unbekümmerte, das
Sich-austauschende, das Technische, das Informierende, das Zusammenführende.

 Der Planet Merkur*

Über den Planeten ☿ als menschliche Wesenskraft stehen sämtliche
im Zeichen ♊ gespeicherten Möglichkeiten dem Menschen zur Verfügung.
Merkur ist der Urtrieb im Menschen, sich physisch und intellektuell
zu seiner unmittelbaren Umwelt in Beziehung zu setzen. Hinter allem, was direkt oder indirekt damit zu tun hat oder dazu dient, steht
der Zwillings-Merkur. So sind Bewegung, Austausch und Kommunikation in allen Ausformungen Urtriebe und Urbedürfnisse des Menschen.
Austausch und Kommunikation sind allerdings sekundäre Erscheinungsformen der Merkur-Kraft im Menschen. Diesen wie allen anderen Merkurtrieben liegt das Prinzip *Funktion* zugrunde: die wesens-
und artgemäße physisch-reale Art, in der Umwelt zu funktionieren
und sich selbst in ihr darzustellen. Auf die physische Abgrenzung und
«Herdenbildung» des Venus-Triebs folgt die Unterscheidbarkeit bzw.
die Unterschiedenheit der einzelnen Gebilde durch ihre jeweilige

---

* Zwecks Übersichtlichkeit wird der Zwillings-Merkur als von dem Jungfrau-
Merkur getrennter und unabhängiger Planet betrachtet, obwohl er
grundsätzlich alle Eigenschaften beider Zeichen verkörpert.

Funktion. Merkur ist im Menschen die Unterscheidungsfähigkeit, d. h. die Fähigkeit, anhand realer Funktionsmerkmale zwischen den Dingen in der Umwelt zu unterscheiden, die festgestellten Unterschiede zu bezeichnen, zu benennen. Zusammen ergibt das *reproduktives Denken* – das Einholen und Sammeln von Informationen. Dann erst, wenn auf diese Weise eine «Landkarte» der realen Welt gemacht worden ist, kann man sich in ihr bewegen, sowohl im wörtlichen als auch im übertragenen Sinn.

Im Dienste der Merkur-Kraft stehen beispielsweise die Neugierde, das Interesse, die Beweglichkeit und die Selbstdarstellung. Neugierde und Interesse sind der Ansporn, überhaupt in die Umwelt hinauszugehen. Durch die Beweglichkeit kann zur Befriedigung des Merkurtriebes ständig der Ort gewechselt werden. Die Selbstdarstellung bietet einen weiteren Ansporn in Form der Freude am eigenen körperlichen Funktionieren als wichtigem Merkmal der Unterscheidung von allen anderen Gebilden und dient gleichzeitig der Hervorhebung der eigenen Unterscheidbarkeit.

Der Zwillings-Merkur ist die Triebkraft hinter dem reproduktiven Denken – der Fähigkeit, sachlich und ohne eigene schöpferische Leistung Informationen und Fakten zu sammeln bzw. aufzunehmen – sowie hinter allen gehirnlichen und körperlichen Funktionen, die dem Austausch mit der Umwelt dienen: Sprechen, Greifen, Gehen, Handhabung von Gegenständen.

**Merkur: Wesenskraft und inneres Bedürfnis
im Menschen: Beispiele**

Merkur ist die zwillingshafte Wesenskraft im Menschen und Ursprung aller analogen inneren Bedürfnisse:

Wesenskraft	Bedürfnis (aktiv wie passiv) nach bzw. Fähigkeit zu
Funktionstrieb:	(physischer) Bewegung, Beweglichkeit, Bewegungsraum, Selbstdarstellung, körperlicher Interaktion mit und Orientierung in der Umwelt, Abwechslung
Kommunikationstrieb:	Austausch, (intellektueller) Beweglichkeit, Lernen, Anregung, äußeren Reizen, Abwechslung, Wechselbeziehung zur Umwelt,

	Ungebundenheit, räumlicher Orientierung, Information
Unterscheidungstrieb:	«Vereinzelung» (Selbstdarstellung als unterscheidbares Einzelwesen), Bezeichnung, Vielfalt, Benennung, sachlicher und klarer Unterscheidung, Eindeutigkeit, Kategorisierung, «Input», Vergleichen, Beschreibung
Zerlegungstrieb:	Einzelheiten, klaren Umrissen, Deutlichkeit, Eindeutigkeit, Aufspaltung in Bestandteile, Folgerichtigkeit, Übersichtlichkeit, Logik

Merkur: Die inneren Bilder und äußerlichen Realitäten des Zwillings-Prinzips

Merkur ist der Ursprung im Menschen aller Formen, Empfindungen und Gedanken, d. h. aller «Ebenbilder» des Zwillings-Prinzips **«die Funktion»**. Diese Bilder bestimmen, wie das Prinzip empfunden, wie darüber gedacht sowie wie es in der äußeren Welt wahrgenommen wird. Durch die den Merkur-Bildern innewohnende Affinität zur Anziehung gleicher Merkur-Analogien in der äußeren Welt bestimmen sie auch die Erscheinungsformen des Merkur-Prinzips, die dem Individuum in der realen Welt begegnen. Trägt man Merkur-Bilder von Sachlichkeit und Rationalität in sich, so stößt man in der Welt auf Sachliches und Rationales in Form von Menschen, Situationen und Dingen. Dies geschieht auch dann, wenn man sich seiner eigenen inneren Merkur-Bilder *nicht* bewußt ist. So wie man es in sich selbst «sieht», so kommt es einem auch zwangsläufig entgegen.

Merkur: unser inneres und äußeres Bild von sowie Einstellung zu

Beweglichkeit, Lernen, Wendigkeit, Sachlichkeit, der näheren Umgebung, Kommunikation, Austausch, Schule, Technik, Handfertigkeit, Information/Informiertsein usw.

Das 3. Haus

Das dritte Haus, ungeachtet des Zeichens an der Häuserspitze oder eventueller Planetenbesetzung, ist immer und grundsätzlich **Zwillings-Boden** und kann nur konkrete raumzeitliche Erscheinungsformen hervorbringen, die das Zwillings-Prinzip verkörpern. Alles also, was auf diesem Boden wächst und konkret in die Erscheinung tritt, ist vom Wesen des Zwillingszeichens, zeigt aber die spezifischen Eigenschaften des Zeichenprinzips an der Häuserspitze. Steht beispielsweise das Zeichen Steinbock an der Spitze des dritten Hauses, so weisen die konkreten Erscheinungsformen des Zwillings-Prinzips in diesem Haus Steinbock-Eigenschaften wie Konzentriertheit, Verbindlichkeit, Kargheit, Korrektheit, Starrheit, Maßstäblichkeit usw. auf.

Die Häuser werden nach ihrer Stellung im Quadranten unterschieden. Die vier *dritten* Häuser der Quadranten (3., 6. 9. und 12. Haus) werden als **Fallhäuser** bezeichnet und haben veränderlichen Charakter analog den Zeichen Zwillinge, Jungfrau, Schütze und Fische. Das heißt, sie zeigen an, wie sich das, was in den ersten beiden Häusern des Quadranten zustande kam, zur Umwelt in Beziehung setzt. Wenn diese Häuser mit Planeten besetzt sind, werden sie besonders hervorgehoben.

Am dritten Haus ist abzulesen, auf welche Art und Weise der Mensch sich als Einzelwesen in der Umwelt darstellt und in ihr bewegt bzw. funktioniert. Alle konkreten Fähigkeiten mitsamt dem ihnen entsprechenden körperlichen und technischen Instrumentarium, die der Mensch braucht, um mit der Umwelt in Beziehung zu treten und sich mit ihr auszutauschen, sind Angelegenheiten des dritten Hauses. So kann er über den Intellekt die Umwelt bildlich erfassen, um sich eine innere und äußere «Landkarte» von ihr (insbesondere der unmittelbaren Umgebung) zu machen und die körperlichen Beziehungen der Dinge zu sich und zueinander festzustellen. Dazu gehören sämtliche Kommunikations- und Austauschfähigkeiten wie Sprechen, Lesen und Schreiben, aber auch die Beschaffenheit der Stimme, die Zunge als Werkzeug der Sprache oder die Geschicklichkeit der Hände. Auch die Beine als Mittel der Bewegung und Beweglichkeit sind eine Entsprechung des dritten Hauses.

Die vom dritten Haus symbolisierte Entwicklungsphase ist noch *vor*subjektiv, d. h., das Seelische, die Empfindungsfähigkeit hat sich noch nicht herausgebildet. Daher wird hier die Umwelt sachlich und emotionslos ausgekundschaftet und erfaßt.

Die Art des Interesses an der Umwelt sowie die Neugierde und die Mechanismen zu ihrer Befriedigung sind ebenfalls Analogien des dritten Hauses. Sowohl Interesse als auch Neugierde sind unterstützende Wesenszüge, die dafür sorgen, daß der Mensch überhaupt bereit ist, Kontakt mit seiner Umwelt aufzunehmen.

Beispiele: Mit Steinbock an der Spitze dieses Hauses wendet sich der Mensch seiner Umwelt mit Distanz und Korrektheit zu. Er tut sich vielleicht schwer, mit anderen Kontakt aufzunehmen und wirkt wortkarg bis schweigsam, oder aber er flüchtet sich als Kompensation in die Geschwätzigkeit. Seine Stimme ist vielleicht dunkel und tief. In anderer Ausprägung äußert sich Steinbock im Dritten als klares Unterscheidungsvermögen oder präzise, vielleicht auch modellhafte «Hochsprache». Aufgrund von Schwierigkeiten mit der eigenen Selbstdarstellung pflegt man nur die nötigsten Kontakte.

Thema IV:
Krebs – Mond – 4. Haus

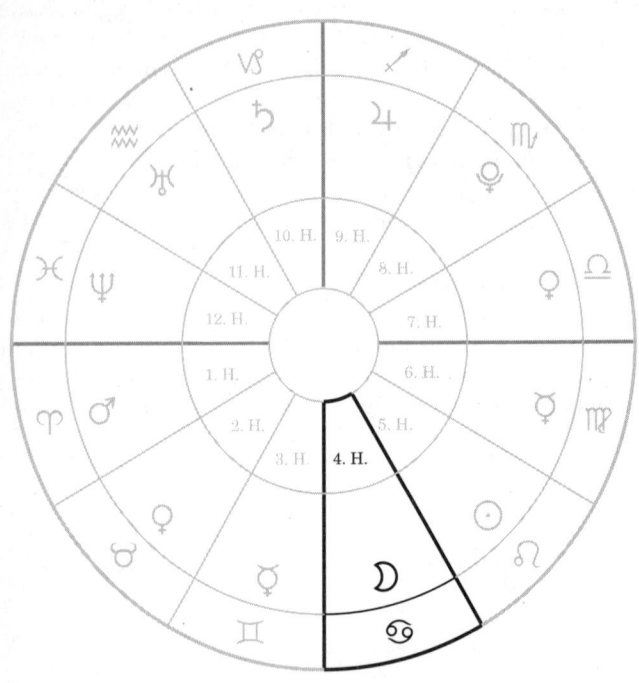

♋ Das Zeichen Krebs

das *kardinale*,
«**weiblich-passive**» (↓),
nach innen gerichtete (←)
Wasserzeichen
22. Juni – 22. Juli

Krebs-Analogien

- *Unmittelbare prinzipielle Krebs-Analogien:* **Der Ursprung**
  Das Weibliche, das Urgründige, das Wesenhafte, das Seelische, das Inhaltliche, das Empfangende, das Hervorbringende, das Tiefe, das Dunkle, das Fließende, das Empfindende, das Beeindruckbare, das Aufnehmende, das Ernährende, das Zyklische, das Passive, das Fruchtbare, das Emotionale, das Nachgebende, das Weiche, das Mütterliche, das Stärkende, das Bergende, das (zyklisch) Wechselhafte, das Regenerierende, das Leidensfähige, das Theoretische.

☽ Der Mond*

Über den ☽ als menschliche Wesenskraft stehen sämtliche im Zeichen ♋ gespeicherten Möglichkeiten dem Menschen zur Verfügung.

Der Mond ist der Urtrieb im Menschen, eine eigene abgegrenzte und unterscheidbare Individualität, ein eigenes Wesen, *einen eigenen Inhalt* zu haben. Dieser eigene Inhalt ist an der *Empfindungsfähigkeit* sowie an der *Resonanzfähigkeit* zu allen inneren und äußeren Erscheinungsformen und Geschehen zu erkennen. Erst durch diese *Empfindungs- und Resonanzfähigkeit* hat der Mensch die Basis, von der aus er in *ich-bewußte* Beziehung zu den Dingen treten kann. Durch den Zwillings-Merkur wird er zwar zur Unterscheidung zwischen sich und anderem fähig, empfindet sich dabei jedoch noch nicht als ein Ich. (Kinder, beispielsweise, die sich noch in der Zwillings-Phase ihrer Entwicklung befinden, sprechen von sich in der dritten Person: «Katja hat Hunger» wobei mit «Katja» das Kind selbst gemeint ist.) Dabei ist es die Fähigkeit zur Selbstbezogenheit in Beziehungen, die die ureigenste subjektive und ständig im Fluß befindliche Identität – in unendlich vielen Variationsmöglichkeiten – gegenüber allen anderen Menschen ausmacht.

Über den Mond als Symbol des Urseelischen kann sich der Mensch nach innen kehren und das eigene Innenleben entdecken. Dieses Innenleben enthält die unendlich vielen Möglichkeiten des Individuums, sich auf die ihm eigene Weise seelisch und empfindend in die

---

* In der Astrologie gelten Sonne und Mond als Planeten

Welt einzubringen. Alles Potential eines Menschen ist im Mond gespeichert und kann als sein persönlicher Inhalt betrachtet werden, als das, was sein Sosein ausmacht. Im ersten Quadranten bildete sich die Form, d. h. der Körper, heraus, die jetzt mit Inhalt, d. h. Empfindungsfähigkeit/Seele gefüllt werden muß. Ohne den Mond wäre der Mensch wie in einem tiefen Dauerschlaf, wie beispielsweise Bewußtlosigkeit oder Koma: Der körperliche Organismus mag zwar einwandfrei funktionieren, jedoch ist das, was den individuellen Menschen ausmacht, nämlich seine «Seele», seine Identität und sein persönlicher Inhalt nicht (spür- oder erreichbar) vorhanden. Ohne den Mond wäre der Mensch Form (das Männliche) ohne Inhalt (das Weibliche).

Als unerschöpflicher Ursprung des Inhaltlichen im Menschen ist der Mond die Kraftquelle, aus der er sich bei seelischer *und* körperlicher Schwächung oder Erschöpfung wieder regeneriert.

Mond: Wesenskraft und inneres Bedürfnis im Menschen: Beispiele

Der Mond ist die krebshafte Wesenskraft im Menschen und Ursprung aller analogen inneren Bedürfnisse:

Wesenskraft	Bedürfnis (aktiv wie passiv) nach bzw. Fähigkeit zu
Empfindungstrieb:	Zuwendung, Geborgenheit, Fürsorge, seelischer Auseinandersetzung, psychischem Reiz
Regenerationstrieb:	Ruhe, Einsamkeit, Zurückgezogenheit, Stille, Rhythmus, Zyklus, «Privatleben», Zeit zum «Auftanken»
Identifizierungstrieb:	Einfühlsamkeit, Mitleid, Trost, Mitgefühl, Aufopferung, Bemutterung, Ichbezogenheit, eigenem unterscheidbarem Wesen, seelischer Unabhängigkeit
Passivitätstrieb:	Geführtwerden, Geformtwerden, Anlehnung, Anleitung, Förderung, Befruchtung, Schutz, Pflege, Nachgiebigsein, Bewegungslosigkeit, Hingabe

Mond: Die inneren Bilder und äußerlichen Realitäten des Krebs-Prinzips

Der Mond ist der Ursprung im Menschen aller Formen, Empfindungen und Gedanken, d. h. aller «Ebenbilder» des Krebs-Prinzips **«der Ursprung»**. Diese Bilder bestimmen, wie das Prinzip empfunden, wie darüber gedacht sowie wie es in der äußeren Welt wahrgenommen wird. Durch die den Mond-Bildern innewohnende Affinität zur Anziehung gleicher Mond-Analogien in der äußeren Welt bestimmen sie auch die Erscheinungsformen des Mond-Prinzips, die dem Individuum in der realen Welt begegnen. Stellt sich der innere Mond in Bildern von Fürsorglichkeit, Nachgiebigkeit oder Gluckenhaftigkeit dar, so hat man in der Außenwelt eine Affinität für Menschen, die selbst diese Dinge verkörpern oder von einem verlangen. Dies geschieht auch dann, wenn man sich seiner eigenen inneren Mond-Bilder *nicht* bewußt ist. So wie man es in sich selbst «sieht», so kommt es einem auch zwangsläufig entgegen.

Mond: unser inneres und äußeres Bild von sowie Einstellung zu

Mutter, Mütterlichkeit, Frauen, Weichheit, Geborgenheit, Fürsorglichkeit, Rhythmus, Ernährendem, Ruhe, Inhaltlichem, Wesenhaftem, Regenerierendem, Weiblichkeit, Fruchtbarkeit, Schutz, Elternhaus, innerer Kraft, Kraftquelle, Wohnung, Empfindsamkeit, Hunger, «Zuhause».

Das 4. Haus

Das vierte Haus, ungeachtet des Zeichens an der Häuserspitze oder eventueller Planetenbesetzung, ist immer und grundsätzlich **Krebs-Boden** und kann nur konkrete raumzeitliche Erscheinungsformen hervorbringen, die das Krebs-Prinzip verkörpern. Alles also, was auf diesem Boden wächst und konkret in die Erscheinung tritt, ist vom Wesen des Krebses, zeigt aber die spezifischen Eigenschaften des Zeichenprinzips an der Häuserspitze. Steht beispielsweise das Zeichen Zwillinge an der Spitze des vierten Hauses, so weisen die konkreten Erscheinungsformen des Krebs-Prinzips in diesem Haus Merkmale wie Beweglichkeit, Sachlichkeit, Kurzlebigkeit, Wendigkeit, Mitteilungsdrang, Kontaktfreudigkeit usw. auf.

Das vierte Haus zeigt die konkreten Umstände und Bedingungen von Ursprüngen im Leben des Menschen an. Hier ist sowohl die Entstehungsweise und Beschaffenheit von Empfindungen als auch der konkrete familiäre Ursprung, der einen hervorgebracht hat, zu erkennen. So sind Mutter als Person und das reale Umfeld des Elternhauses die Dinge, in denen der Mensch seinen Ursprung hat. Die Bedingungen, unter denen sich das Gefühl der eigenen Identität herausgebildet hat, sind auf dem Boden des vierten Hauses zu suchen; wie auch das gleichgeschlechtliche Elternteil, das quasi als Rollenmodell zur Identitätsbildung diente. Bei Frauen wie Männern ist das vierte Haus die Mutter als Ursprung und «Schoß» (d. h. der Mensch, aus dem man buchstäblich hervorgegangen ist) sowie die weibliche Bezugsperson für die Herausbildung der eigenen weiblichen Identität (Frauen) bzw. die eigene weibliche Seite (Männer). Bei Männern ist das vierte Haus die männliche Bezugsperson (zum Beispiel Vater), die als Vorbild für die eigene (männliche) Identitätsfindung diente. Wie man in seiner Familie (im Elternhaus sowie in der eigenen Familie) gesehen bzw. empfunden wird, zeigt das vierte Haus an.

Definiert man den Charakter als die Gesamtheit der Wesenszüge und -merkmale, des Aktions- und Reaktionspotentials, die einen Menschen von allen anderen Menschen unterscheiden, so kann dieser auch am vierten Haus abgelesen werden. Wie das Körperliche sich im ersten Haus der Welt präsentiert, so präsentiert sich im vierten das Seelische, das Innenleben – das, was den Menschen ausmacht. Das Zeichen an der Spitze des Hauses sowie eine eventuelle Planetenbesetzung sind dem Charakter der Person anzumerken.

Beispiele: Mit dem Zwillingszeichen an der Spitze dieses Hauses stammt der Mensch aus einem intellektuell orientierten Elternhaus, in dem die Umgangsformen unter den Familienmitgliedern von Sachlichkeit und seelischer Kühle gekennzeichnet sind. Man gilt in der Familie als gesprächig, der «Familiensprecher» oder vielleicht als geschickt und redegewandt. Empfindungen werden im Kopf verarbeitet und anschließend klar und deutlich verbalisiert.

Thema V:
Löwe – Sonne – 5. Haus

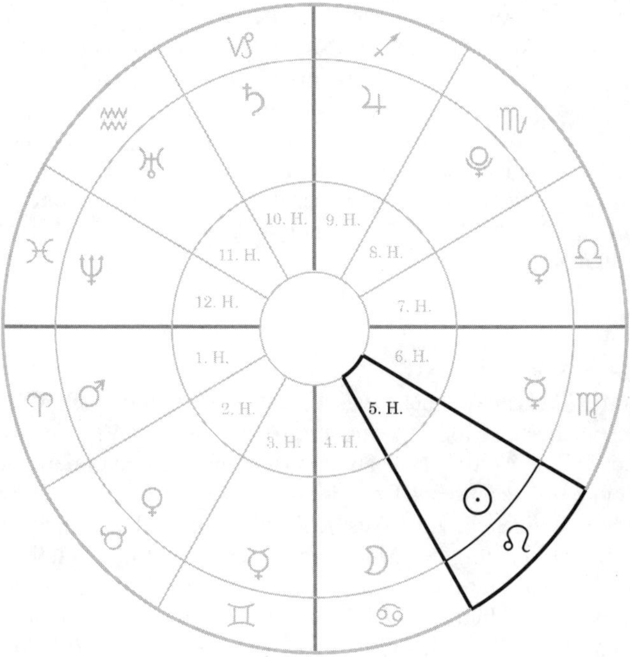

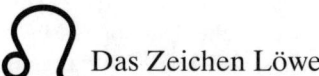

♌ Das Zeichen Löwe

> das *fixe*,
> «**m**ännlich-aktive» (↟),
> nach außen gerichtete (➡) *Feuerzeichen*
> **23. Juli – 22. August**

Löwe-Analogien

- *Unmittelbare prinzipielle Löwe-Analogien:* **Der Lebensausdruck**
Das Männliche, das Leben, das Lebendige, das Unsterbliche, das Gestaltende, das Handelnde, das Übermütige, das Aus-sich-selbst-Lebende, das Um-sich-selbst-Kreisende, das Ursubjektive, die Mitte, das Kreative, das Befruchtende, das Selbstbewußte, das Befehlende, das Königliche, das Mutige, das Einschüchternde, das Sexuelle, das Heldenhafte, das Ich-zentrierte, das Wärmespendende, das Großzügige, das Loyale, das Fruchtende, das Beherrschende, das Eingebildete, das Spielende, das Riskierende, das Romantische, das Wollende, das Wünschende, das Praktische (als real umgesetztes Theoretisches).

 Die Sonne

Über die ☉ als menschliche Wesenskraft stehen sämtliche im Zeichen ♌ gespeicherten Möglichkeiten dem Menschen zur Verfügung.

Die Sonne ist der Urtrieb im Menschen, seine inneren Möglichkeiten, sein seelisches Energiepotential zu gestalten, sichtbar und konkret zu machen, zum Ausdruck zu bringen. Darin besteht die Selbstverwirklichung des Menschen – das ungehinderte Leben und Ausleben alles inneren Potentials, von allem, was man in sich hat; von allem, wozu man fähig ist. Die Sonne ist der Drang, ein einmaliges und sich selbst bewußtes Ich zu sein und dieses Ich in die Welt «hineinzugebären». Als die zentrale und bewußt steuernde Kraft im Menschen ist die Sonne auch in ihrer Eigenschaft als das Verhalten das einzige Tor zur Außenwelt für alle anderen Wesenstriebe. Die Sonne ist Sitz des Willens, des Wollens und des Wunsches, also der Triebkräfte, die den Menschen bewußt handeln lassen, um sich durch die Erreichung seiner Ziele zu verwirklichen.

Als Koordinator, Träger und Gestalter der Äußerungsformen aller Wesenskräfte nimmt die Sonne die Stellung des «primus inter pares» – des Ersten unter Gleichen – ein. Alle anderen Wesenskräfte können nur über den Weg des «primus» Sonne, d. h. des Verhaltens und des Verwirklichungsdrangs im Menschen, in die Welt hinausgelangen – obwohl jeder Planet (Wesenskraft) für sich für menschliches Leben gleichermaßen unentbehrlich ist.

Die Sonne ist die Quelle des Lebens, die, wie auch die *astronomische Sonne*, aus sich selbst und der eigenen unerschöpflichen inneren Kraft heraus lebt. Die Sonne gibt dem Menschen das Gefühl der Unverletzbarkeit und der Unsterblichkeit – was ihn wiederum mutig und unerschrocken vorgehen läßt, um um jeden Preis nach der eigenen Fasson zu handeln und zu leben. Das bedeutet, daß alles menschliche Verhalten ausnahmslos darauf ausgerichtet ist, sich in einem so hohen Maß wie möglich subjektiv zu verwirklichen, und zwar auch dann, wenn das Verhalten von scheinbar so unsonnenhaften Eigenschaften wie Selbstlosigkeit und Nächstenliebe gekennzeichnet ist. Über die Sonne hat immer das Ich, die Subjektivität, in welcher Form auch immer, Vorfahrt.

Sonne: Wesenskraft und inneres Bedürfnis im Menschen: Beispiele

Die Sonne ist die löwenhafte Wesenskraft im Menschen und Ursprung aller analogen inneren Bedürfnisse:

Wesenskraft	Bedürfnis (aktiv wie passiv) nach bzw. Fähigkeit zu
Lebenstrieb:	Autarkie, Selbständigkeit, Unversehrtheit, Freizügigkeit, Handlungs- und Bewegungsfreiheit, Stärke, Selbstzentriertheit, sexueller Aktivität
Ausdruckstrieb:	Bewunderung, Anerkennung, Inspiration, Kreativsein, «Publikum», Erfolg, Spontaneität, Freiheit, freiem sexuellem Ausdruck, «Rampenlicht», Unabhängigkeit
Verwirklichungstrieb:	Mut, Willenskraft, Zielstrebigkeit, Unbeirrbarkeit, Handlungsraum, Handlungsfreiheit, Selbstsicherheit, Selbstbewußtsein, Herausforderung, Standhaftigkeit, Stärke, Abenteuer, Selbstvertrauen, Selbstüberzeugung,
Gestaltungstrieb:	produktiver Tätigkeit, innerem Antrieb, Entscheidungsfreiheit, Erziehung, formbarem «Arbeitsmaterial», Führungsstellung, Autonomie

Sonne: Die inneren Bilder und äußerlichen Realitäten des Löwe-Prinzips

Die Sonne ist der Ursprung im Menschen aller Formen, Empfindungen und Gedanken, d. h. aller «Ebenbilder» des Löwe-Prinzips «Lebensausdruck». Diese Bilder bestimmen, wie das Prinzip empfunden, wie darüber gedacht sowie wie es in der äußeren Welt wahrgenommen wird. Durch die den Sonnen-Bildern innewohnende Affinität zur Anziehung gleicher Sonnen-Bilder in der äußeren Welt bestimmen sie auch die Erscheinungsformen des Prinzips, die dem Individuum in der realen Welt begegnen. Trägt man Sonnen-Bilder von Selbstbewußtsein oder Selbstherrlichkeit in sich, so erscheint man der Welt als selbstbewußt und selbstherrlich, oder aber man beobachtet diese Eigenschaften ständig in anderen. Dies geschieht auch dann, wenn man sich seiner eigenen inneren Sonnen-Bilder *nicht* bewußt ist. So wie man es in sich selbst «sieht», so kommt es einem auch zwangsläufig entgegen.

Sonne: unser inneres und äußeres Bild von sowie Einstellung zu

Handlungsstärke, Kreativität, Vater, Männlichkeit, Stärke, Mut, Selbstverwirklichung, Eltern, Erfolg, Selbstherrlichkeit, Erziehung, Lebendigkeit, Mann, Führungseigenschaften, Kindern, Kindsein, Leben usw.

Das 5. Haus

Das fünfte Haus, ungeachtet des Zeichens an der Häuserspitze oder eventueller Planetenbesetzung, ist immer und grundsätzlich **Löwe-Boden** und kann nur konkrete raumzeitliche Erscheinungsformen hervorbringen, die das Löwe-Prinzip verkörpern. Alles also, was auf diesem Boden wächst und konkret in die Erscheinung tritt, ist vom Wesen des Löwen, zeigt aber die spezifischen Eigenschaften des Zeichenprinzips an der Häuserspitze. Steht beispielsweise das Zeichen Wassermann an der Spitze des fünften Hauses, so weisen die konkreten Erscheinungsformen des Löwe-Prinzips in diesem Haus Merkmale wie Originalität, Eigenwilligkeit, Unkonventionalität, Humor, Leidenschaftslosigkeit, Emotionslosigkeit usw. auf.

Am fünften Haus sind die konkreten Bedingungen der Kindheit

und der Erziehung zu erkennen. Die Art und Weise, wie beide Eltern (insbesondere der Vater) als die Personen, die die «Frucht» Kind hervorbrachten, erlebt und gesehen werden, ist auch Erscheinungsform des 5. Hauses. Aber auch die vom Kind empfundene Einstellung der Eltern zu ihm ist hier durch das Zeichen an der Häuserspitze und eventuelle Planetenbesetzung zu erkennen. Da die Erscheinungsformen der Häuser sowohl aktiv als auch passiv erlebt werden, zeigt das 5. Haus auch an, wie man selber eigene wie fremde Kinder erzieht bzw. sieht.

Was dem Menschen ganz besonders Spaß macht, das, wodurch er sich verwirklicht, was er gern tut und wie er dabei vorgeht – das ist alles Angelegenheit des 5. Hauses. Hier sind die Dinge, durch die man brilliert und sich ins Rampenlicht stellt oder durch die man sich eine Führungsposition verschafft. Das sind die Quellen der Lebenskraft und -freude sowie der Lebendigkeit, die dazu angetan sind, einen sich unbesiegbar und unübertreffbar vorkommen zu lassen.

Nicht zuletzt zeigt das fünfte Hause die konkrete Ausdrucksform der Sexualität als Äußerung der eigenen Lebensenergie wie auch der Energie, die neues Leben hervorruft. Hier auf dem Löwe-Boden des Tierkreises findet man den Geschlechtsakt als Mittel des Ausdrucks des unerschöpflichen seelischen Reichtums des Menschen, des Spieltriebs und des Bedürfnisses nach freudigem Erleben.

Beispiele: Mit Wassermann an der Spitze des fünften Hauses hat der Mensch eine unkonventionelle, vielleicht «antiautoritäre» Erziehung genossen, mit einer freundschaftlichen und gleichberechtigten Beziehung zu den Eltern. Oder aber die Erziehung erfolgte in einer Atmosphäre des abstrakten Intellektualismus, der seelischen Ausdruck von seiten der Eltern vermissen ließ. Der Geschlechtstrieb hat eine ausgefallene Orientierung, vielleicht in Richtung Sexualität als Ausdruck der Freundschaft. Was man selber will (5. H.), orientiert sich am Willen anderer (Wassermann). Man hat eine individualistische Verhaltensweise und vielleicht einen ausgefallenen Sinn für Spaß und Humor.

Thema VI:
Jungfrau – Merkur – 6. Haus

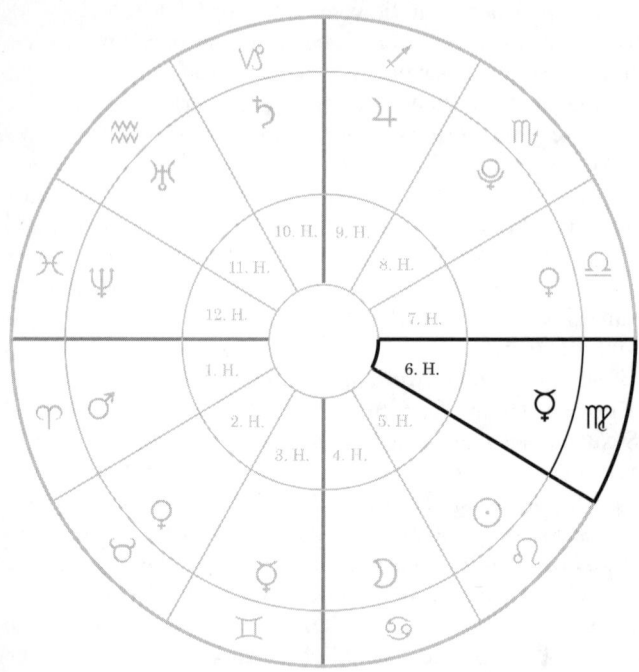

Ⅶ Das Zeichen Jungfrau

das *veränderliche*,
«weiblich-passive» (↓),
nach innen gerichtete (←)
Erdzeichen
23. August – 22. September

Jungfrau-Analogien

• *Unmittelbare prinzipielle Jungfrau-Analogien:* **Selbsterhaltung**
Das Lebenserhaltende, das Einbindende, das Vernünftige, das Adäquate, das Maßvolle, das Anpassungsfähige, das Lebenssichernde, das Eingliederungswillige, das Bewußte, das Abwägende, das Berechnende, das Sich-unterordnende, das Sparsame, das Unauffällige, das Aussteuernde, das Wahrnehmende, das Bescheidene, das Opportunistische, das Kritische, das Pingelige, das Detaillierte, das Aufmerksame, das Erklärende, das Eigennützige, das Verwertende, das Ängstliche, das Warnende, das Sich-selbst-Bändigende.

 Der Planet Merkur*

Über den Planeten ☿ als menschliche Wesenskraft stehen sämtliche im Zeichen ♍ gespeicherten Möglichkeiten dem Menschen zur Verfügung.

Der Jungfrau-Merkur ist der Urtrieb im Menschen, sich jetzt auch seelisch zu seiner unmittelbaren Umwelt, zu seinen Lebensbedingungen in Beziehung zu setzen. Analog dem Zwillings-Merkur, der den Menschen dazu antreibt, gemäß seiner *physischen* Eigenart körperlich in der Welt zu funktionieren, will der Merkur in seinem anderen, Jungfrau-Aspekt den Menschen nach seiner *seelischen* Eigenart sich sozialisieren, d. h. sich gemäß seines Wesens in die Umwelt einbinden und *seelisch* funktionieren sehen. Sowie man durch den Zwillings-Merkur von allen anderen Menschen *physisch* unterscheidbar wird, wird man durch den Jungfrau-Merkur vom Innenleben her, also *seelisch* unterscheidbar. Während es sich beim körperlichen Funktionieren in der Welt um einen *vor*bewußten noch nicht subjektbezogenen Vorgang handelt, ist die seelische Eingliederung in die Umwelt ein voll bewußter, streng subjektbezogener Vorgang, der dem Zweck dient, den Fortbestand des subjektiven Lebens in der Welt zu sichern. Der Jungfrau-Merkur ist der Sitz des Selbsterhaltungstriebes im sich

---

* Zwecks Übersichtlichkeit wird der Zwillings-Merkur als von dem Jungfrau-Merkur getrennter und unabhängiger Planet betrachtet, obwohl er grundsätzlich alle Eigenschaften beider Zeichen verkörpert.

seiner selbst bewußt gewordenen Menschen. Für den Zwillings-Merkur standen die physischen Dinge der Umwelt im Mittelpunkt des Interesses, für den Jungfrau-Merkur steht der einzelne Mensch im Mittelpunkt des eigenen Interesses. Über den Jungfrau-Aspekt dieses Planeten bekommt der Mensch die Fähigkeit, bewußt im eigenen Sinne und zum Eigenvorteil zu handeln, um um jeden Preis den eigenen Fortbestand zu gewährleisten. Im Jungfrau-Merkur ist Eigennutz als Werkzeug der Selbsterhaltung zu finden.

Um der Aufgabe der Selbsterhaltung durch die seelische Eingliederung in die Umwelt gerecht werden zu können, muß der Jungfrau-Merkur auch Ursprung aller Fähigkeiten sein, die ein umwelt- bzw. situationsgerechtes Verhalten gewährleisten. Hierzu gehört die der präzisen Sinneswahrnehmung, um die Erfordernisse des Augenblicks überhaupt erst erkennen zu können. Dies setzt wiederum eine hochentwickelte Beobachtungsgabe und einen Sinn für kleinste Einzelheiten voraus. Diese Fähigkeiten werden eingesetzt, um das Verhalten so den Bedingungen anzupassen, daß für das eigene Leben keine Gefahr entsteht.

Die beiden Aspekte des Planeten Merkur – der Zwillings- und der Jungfrau-Aspekt – sind immer gleichzeitig und unzertrennlich im Planeten vorhanden. Welcher der Aspekte hervorgehoben wird, richtet sich lediglich danach, welches Prinzip – Zwillinge oder Jungfrau – gerade untersucht wird oder von aktuellem Interesse ist.

Merkur: Wesenskraft und inneres Bedürfnis im Menschen: Beispiele

Merkur ist die jungfrauhafte Wesenskraft im Menschen und Ursprung aller analogen inneren Bedürfnisse:

Wesenskraft	Bedürfnis (aktiv wie passiv) nach bzw. Fähigkeit zu
Selbsterhaltungstrieb:	Überblick, Sicherheit, Vorsicht, Wachsamkeit, Bewußtheit, Information, Übersichtlichkeit, Berechenbarkeit, Skepsis, Überzeugtwerden
Lebenserhaltungstrieb:	Mäßigung, Sparsamkeit, Wirtschaftlichkeit, Seelenruhe, Vernunft, Besonnenheit, Gesundheit, Überblick

Einbindungstrieb:	psychologischer Sicherheit, Nützlichsein, Angenommensein, Bescheidenheit, Anpassung, Zugehörigkeit, Unauffälligkeit, Konformismus, Flexibilität
Wahrnehmungstrieb:	Informiertsein, Detailliertheit, Analyse, Klarheit, Sinnesreizen, Kategorisierung, Eindeutigkeit, Selektivität, Beobachtung, Beurteilung, Zuordnung, Erklärbarkeit, gründlicher Untersuchung

Merkur: Die inneren Bilder und äußerlichen Realitäten des Jungfrau-Prinzips

Merkur ist der Ursprung im Menschen aller Formen, Empfindungen und Gedanken, d. h. aller «Ebenbilder» des Jungfrau-Prinzips **«die Selbsterhaltung»**. Diese Bilder bestimmen, wie das Prinzip empfunden, wie darüber gedacht sowie wie es in der äußeren Welt wahrgenommen wird. Durch die den Jungfrau-Merkur-Bildern innewohnende Affinität zur Anziehung gleicher Jungfrau-Merkur-Analogien in der äußeren Welt bestimmen sie auch die Erscheinungsformen des Jungfrau-Merkur-Prinzips, die dem Individuum in der realen Welt begegnen. Betonen die eigenen inneren Jungfrau-Bilder Analogien wie zum Beispiel Gesundheit, Ängstlichkeit oder Anpassungsfähigkeit, spiegelt man diese Qualitäten in die Welt hinaus und sieht sie auch in anderen reflektiert. Dies geschieht auch dann, wenn man sich seiner eigenen inneren Merkur-Bilder *nicht* bewußt ist. So wie man es in sich selbst «sieht», so kommt es einem auch zwangsläufig entgegen.

Merkur: unser inneres und äußeres Bild von sowie Einstellung zu

Sicherheit, lebenssichernder Ordnung, Bewußtheit, Gesundheit, Bescheidenheit, Dienstbarkeit, Anpassung, Angepaßtheit, Übersichtlichkeit, Kritik, Berechnung, Scharfsinn, Eigeninteresse, Beängstigendem, sozialer Eingliederung usw.

Das 6. Haus

Das sechste Haus, ungeachtet des Zeichens an der Häuserspitze oder eventueller Planetenbesetzung, ist immer und grundsätzlich **Jungfrau-Boden** und kann nur konkrete raumzeitliche Erscheinungsformen hervorbringen, die das Jungfrau-Prinzip verkörpern. Alles also, was auf diesem Boden wächst und konkret in die Erscheinung tritt, ist vom Wesen der Jungfrau, zeigt aber die spezifischen Eigenschaften des Zeichenprinzips an der Häuserspitze. Steht beispielsweise das Zeichen Fische an der Spitze des sechsten Hauses, so weisen die konkreten Erscheinungsformen des Jungfrau-Prinzips in diesem Haus Merkmale wie Flüchtigkeit, Schwäche, Minderwertigkeit, Selbstlosigkeit, Hintergründigkeit, Ungreifbarkeit, Indirektheit, Unbegrenztheit, Unbeschreibbarkeit usw. auf.

Auf dem Jungfrau-Boden des sechsten Hauses sind alle konkreten Erscheinungsformen beheimatet, durch die sich der Mensch in seiner subjektiven Eigenart – dem ihm eigenen Zusammenspiel zwischen Körper (1. Quadrant) und Seele (2. Quadrant) – zu seiner Umwelt und Lebensbedingungen in Beziehung setzt und die seiner subjektiven Selbsterhaltung dienen. Dazu gehören beispielsweise die gesundheitliche Konstitution sowie alles, was dieser förderlich oder abträglich ist. Der Beruf im Sinne der konkreten Umstände der Erwerbstätigkeit als der Art und Weise, wie sich der Mensch seiner individuellen Eigenart gemäß für seinen Lebenserhalt/-unterhalt sorgt. «Kollegen» sind deshalb eine Entsprechung des 6. Hauses, weil diese eben Teil der konkreten Bedingungen des Broterwerbs sind.

Die Sinneswahrnehmung und Bewußtheit als Funktionen der Selbsterhaltung konkretisieren sich ebenfalls auf diesem Jungfrau-Boden. Das, was die Aufmerksamkeit besonders erregt; das, was einem besonders auffällt sowie der individuelle Mechanismus, wie einem Dinge bewußt werden – all dies zeigt sich im 6. Haus nach Art des zuständigen Zeichens und gegebenenfalls der Planetenbesetzung. Dieses Haus gibt auch darüber Auskunft, zu welchen konkreten Mitteln der Mensch greift, um sich nützlich zu machen, sich situationsgerecht anzupassen und zu verhalten. Es zeigt auch die Kriterien, nach denen Beobachtetes und Wahrgenommenes beurteilt, ein- und zugeordnet wird.

Das Zeichen an der Spitze des 6. Hauses weist auf die Mecha-

148

nismen hin, derer sich der Mensch bedient, um sich im Einklang mit seiner Wesensart in die Gemeinschaft einzubinden und nach Möglichkeit den eigenen Vorteil zu sichern. Angesichts einer Bedrohung oder sonstigen Gefahr werden dieselben Mittel als Deckung oder Tarnung eingesetzt, um Bedrohlichem oder Gefährlichem zu entkommen.

Beispiele: Mit den Fischen an der Spitze des sechsten Hauses besitzt der Mensch die Fähigkeit, noch Unsichtbares, Unausgesprochenes wahrzunehmen. Er zieht es vor, still und unauffällig vom Hintergrund aus die Dinge zu beobachten. Er bindet sich wesensgemäß in die Gemeinschaft durch Hilfs- und Opferbereitschaft. Er ist gesundheitlich labil, spricht aber auf sanfte, alternative Formen der Medizin gut an. Kritik und Skepsis werden subtil und indirekt geäußert.

Thema VII:
Waage – Venus – 7. Haus

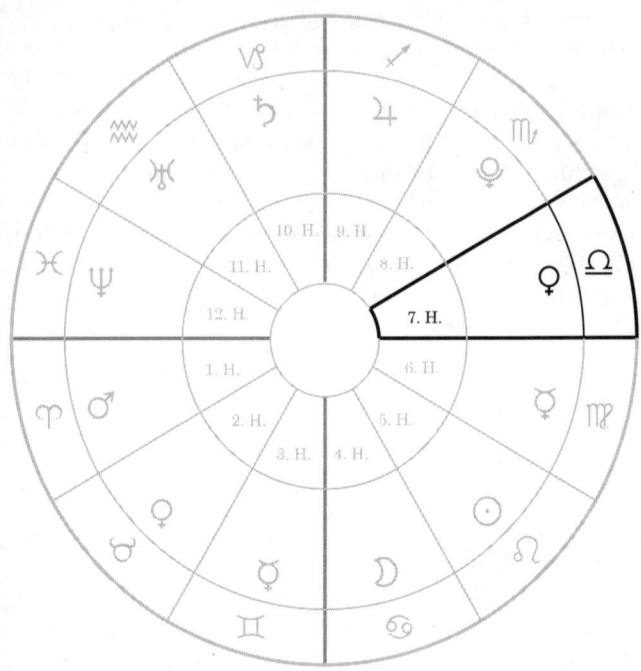

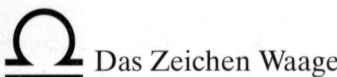 Das Zeichen Waage

> das *kardinale*,
> «**m**ännlich-aktive» (↑),
> nach außen gerichtete (➡) *Luftzeichen*
> **23. September – 22. Oktober**

Waage-Analogien

- *Unmittelbare prinzipielle Waage-Analogien: **Die Bilderzeugung***
Das Andere, das Gleichwertige, das Ergänzende, das Ausgleichende, das Impotente, das Friedensstiftende, das Begegnende, das Bildhafte, das Gefällige, das Schönfärbende, das Denkende, das Handlungsschwache, das Vergleichende, das Abwägende, das Zaghafte, das Gerechte, das Eitle, das Vermittelnde, das Beschwichtigende, das Wankelmütige, das Beschönigende, das Entgegengesetzte, das Anmutige, das Ausgewogene, das Harmonische, das Unentschiedene, das Gegenüberstehende, das Charakterlose.

♀ Der Planet Venus*

Über den Planeten ♀ als menschliche Wesenskraft stehen sämtliche im Zeichen ♎ gespeicherten Möglichkeiten dem Menschen zur Verfügung.

Die Waage-Venus ist der Urtrieb im Menschen, nach Herausbildung und Absicherung des Ichs und dessen physischer und seelischer Integration in die Umwelt, sich von sich selbst ab- und dem Du, d. h. dem Nicht-Ich zuzuwenden. (Als *Du* gilt alles, was nicht zum eigenen Ich gehört.) Diese Wesenskraft verkörpert also die Bereitschaft, die beseelte wie die unbeseelte Außenwelt über selbst produzierte innere Bilder von ihr in sich aufkommen zu lassen. Über diese Bilder tritt der Mensch als seiner selbst bewußtes Subjekt mit anderen Subjekten in Beziehung. Diese Bereitschaft zur Begegnung mit der Außenwelt setzt den Willen zum Ausgleich, zur Gleichberechtigung, Harmonie und zum Frieden voraus. Das heißt, daß das Ich bereit sein muß, zugunsten des Nicht-Ich zurückzustehen und das andere gelten zu lassen. Der Waage-Venus-Anteil im Menschen verleiht ihm die Fähigkeit, allem anderen eine eigene Daseinsberechtigung zuzugestehen und dadurch mit allem anderen auf der Basis der Gleichheit auszukommen. Die kollektiv orientierte Waage-Venus-Wesenskraft ergänzt die individuell orientierte Selbstdurchsetzungskraft des Mars.

* Zwecks Übersichtlichkeit wird die Waage-Venus als von der Stier-Venus getrennter und unabhängiger Planet betrachtet.

151

Da jede Art der Auseinandersetzung mit der Welt des Nicht-Ich, d. h. der Außenwelt, über die inneren Bilder des einzelnen stattfindet, kann die Waage-Venus auch als die Wesenskraft im Menschen gekennzeichnet werden, die ihn denken (= eigene innere Bilder produzieren) und dadurch ein eigenes Weltbild bilden läßt. Jede Begegnung mit der Außenwelt erfolgt nicht unmittelbar, sondern nur mittelbar über unsere Bilder der Dinge. Von ein und demselben Objekt macht sich jeder sein eigenes, persönliches Bild, das bestimmt, wie das Objekt gesehen und wie darauf reagiert wird. So sind wir durch den Planeten Venus imstande, über eigene Belange hinaus und gemäß unserer *Sicht* der Dinge uns auf das einzulassen, was uns in der Welt entgegenkommt.

So wie der Mars-Anteil im Menschen das (noch *vor*bewußte) Ich-Gefühl vermittelt, vermittelt die Waage-Venus das Du- bzw. Wir-(Ich und Du)Gefühl. Das Ich muß zwecks Selbstbehauptung in der Welt in den Anfangsphasen seines Daseins zwangsläufig individualistisch «egoistisch», «aggressiv» und «rücksichtslos» sein. Soll aber das Du bzw. Wir ent- und bestehen können, müssen die einzelnen Ichs bereit sein, sich mit dem Du zu arrangieren. Alle Instrumente des Arrangements – Begegnungswille, Ausgleichsbestreben, Friedfertigkeit, Ausgewogenheit usw. – stehen dem Menschen über die Waage-Venus zur Verfügung.

Die beiden Aspekte des Planeten Venus – der Stier- und der Waage-Aspekt – sind immer gleichzeitig und unzertrennlich im Planeten vorhanden. Welcher der Aspekte hervorgehoben wird, richtet sich lediglich danach, welches Prinzip – Stier oder Waage – gerade untersucht wird oder von aktuellem Interesse ist.

**Venus: Wesenskraft und inneres Bedürfnis
im Menschen: Beispiele**

Venus ist die waagehafte Wesenskraft im Menschen und Ursprung aller analogen inneren Bedürfnisse:

Wesenskraft	Bedürfnis (aktiv wie passiv) nach bzw. Fähigkeit zu
Begegnungstrieb:	Begegnung, Akzeptanz, Sympathie, Geselligkeit, Partnerschaft, Gesellschaft, Zustimmung, Umgang, Austausch, Stimulierung

Ausgleichstrieb:	Frieden, Harmonie, Eintracht, Aus-gewogenheit, Fairneß, Rücksichtnahme, Ausge-glichenheit, Aufgeschlossenheit, Unparteilich-keit, Gerechtigkeit, Entgegenkommen
Denktrieb:	geistiger Anregung, Denk- und Planaufgaben, geistigem «Kräftemessen», Bildhaftigkeit, Vielfalt, Problemlösung, Denk- und Mei-nungsfreiheit, Weltbild, eigener Meinung
Ergänzungstrieb:	einem Gegenüber, Verzierung, Partnerschaft, Ornamenten, Begleitung, Vervollständigung durch anderes, «Sich-schmücken»

Venus: Die inneren Bilder und äußerlichen Realitäten des Waage-Prinzips

Venus ist der Ursprung im Menschen aller Formen, Empfindungen und Gedanken, d. h. aller «Ebenbilder» des Waage-Prinzips **«Bilder-zeugung»**. Diese Bilder bestimmen, wie das Prinzip empfunden, wie darüber gedacht sowie wie es in der äußeren Welt wahrgenommen wird. Durch die in den Waage-Venus-Bildern innewohnende Affinität zur Anziehung gleicher Waage-Venus-Bilder in der äußeren Welt be-stimmen sie auch die Erscheinungsformen des Waage-Prinzips, die dem Individuum in der realen Welt begegnen. Hebt der Venus-Anteil von uns Themen wie Eitelkeit, Verträglichkeit oder Intellektualität hervor, so finden wir uns von eitlen aber verträglichen Intellektuellen umgeben und werden auch gleichzeitig für einen solchen gehalten. Dies geschieht auch dann, wenn man sich seiner eigenen inneren Waage-Venus-Bilder *nicht* bewußt ist. So wie man es in sich selbst «sieht», so kommt es einem auch zwangsläufig entgegen.

Venus: unser inneres und äußeres Bild von sowie Einstellung zu

Sympathie/Antipathie, Geselligkeit, der (Um)Welt, Intellekt, Frie-den, Schönheit, Gerechtigkeit, Fairneß, Harmonie, Ergänzung, gesell-schaftlichem Verkehr usw.

153

Das 7. Haus

Das siebte Haus, ungeachtet des Zeichens an der Häuserspitze oder eventueller Planetenbesetzung, ist immer und grundsätzlich **Waage-Boden** und kann nur konkrete raumzeitliche Erscheinungsformen hervorbringen, die das Waage-Prinzip verkörpern. Alles also, was auf diesem Boden wächst und konkret in die Erscheinung tritt, ist vom Wesen der Waage, zeigt aber die spezifischen Eigenschaften des Zeichenprinzips an der Häuserspitze. Steht beispielsweise das Zeichen Widder an der Spitze des siebten Hauses, so weisen die konkreten Erscheinungsformen des Waage-Prinzips in diesem Haus Merkmale wie Heftigkeit, Spontaneität, Direktheit, Frische, Kurzlebigkeit usw. auf.

Im siebten Haus ist all das anzutreffen, was dem Menschen an beseeltem und unbeseeltem anderem und an Ergänzung entgegenkommt: die Begegnung mit der Welt des Nicht-Ich. Die Bilder, die man in sich erzeugt, nehmen nach Art dieses Waage-Bodens, unter Einbeziehung des Zeichens an der Häuserspitze und eventueller Planetenbesetzung, konkrete Form an. Die Denkweise oder die Art der Bilder, in denen man die Welt sieht; die Menschen, Situationen und Dinge, denen man begegnet; die Art und Weise, wie man auf andere zugeht bzw. wie sie auf einen zukommen; das, dessen Gesellschaft man sucht und wodurch man sich ergänzt fühlt – alles das ist Angelegenheit des Waagehauses der Begegnung. Hier sieht man, wie der Mensch vorgeht, wenn es gilt, ausgleichend oder friedensstiftend zu wirken. Das Haus und das Zeichen an der Häuserspitze funktionieren zusammen als Objektiv, durch das man die Welt «sieht», die einem «entgegenkommt»; das dem Denken seine Färbung gibt; das die Affinitäten zur Außenwelt bestimmt. Hier erkennt man auch die Vorgehensweise bei der Meinungsbildung.

Von besonderem Interesse sind die partnerschaftlichen Erscheinungsformen des 7. Hauses. Hier ist Partnerschaft im weitesten Sinne zu verstehen und umfaßt jegliche Art von Begegnung mit Beseeltem wie Unbeseeltem, von der flüchtigen Bekanntschaft bis hin zur intimsten Zweisamkeit. Im Sinne des siebten Hauses ist jeder «Partner», der einem als Ergänzung, auf welcher Ebene auch immer, entgegenkommt. Ins 7. Haus fällt einfach alles, was einem an Dus begegnet. Hier geht es lediglich um die *Begegnung* und nicht um die *Beziehung* – die erst aus der Begegnung hervorgeht. Daher sind hier im

Waage-Revier die Kandidaten sowohl für Geschäfts- als auch Ehepartner zu suchen.

Beispiele: Mit Widder an der Spitze des siebten Hauses empfindet man dynamische, aggressive Menschen als Ergänzung. Man ist ein schneller Denker und hat neue Ideen und Einfälle. Man stellt durch Offenheit und Initiative das Gleichgewicht wieder her. Die Welt schickt einem viel Aggressives und Kriegerisches entgegen. Man fühlt sich von naiven oder gar «primitiven» Menschen angezogen und hat selber ebensolche Meinungen und Ansichten. Die Denkweise ist ursprünglich und unverdorben. Man ziert sich gern mit Schmuck aus «primitiven» Kulturen.

Thema VIII:
Skorpion – Pluto – 8. Haus

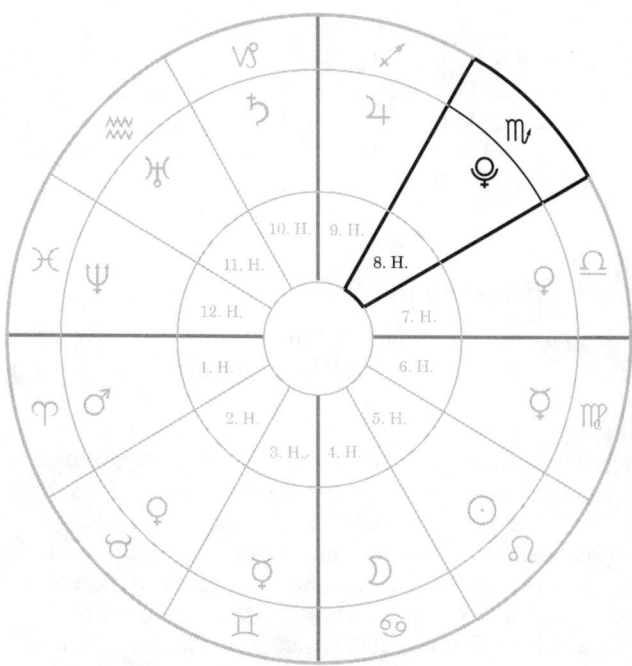

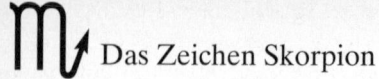 Das Zeichen Skorpion

das *fixe*,
«weiblich-passive» (↓),
nach innen gerichtete (←)
Wasserzeichen
23. Oktober – 22. November

Skorpion-Analogien

• *Unmittelbare prinzipielle Skorpion-Analogien:* **Das Bildgefüge**
Das Verbindende, das Vereinigende, das Musterhafte, das Strukturierende, das Verschmelzende, das Vernichtende, das Liebende,
das Verwandelnde, das Anziehende, das Geheime, das (Er)Zwin-
gende, das Erotische, das Zerstörende, das Unerbittliche, das Unbeirrbare, das Böse, das Mächtige, das Arterhaltende, das Treue,
das selbstlos Liebende, das Unaussprechliche (Tabuisierte), das
Fanatische, das Bedrohliche, das Tiefgründige, das Artreine, das
Krisenhafte, das Verbindliche, das Katastrophale, das Erneuernde,
das Dunkle, das Verborgene, das Bindende, das Negative, das Intensive, das Undurchdringliche, das Zusammenhaltende, das Dogmatische, das Zuverlässige, das Aufopfernde.

 Der Planet Pluto

Über den Planeten ♀ als menschliche Wesenskraft stehen sämtliche
im Zeichen ♏ gespeicherten Möglichkeiten dem Menschen zur Verfügung.

Pluto ist der Urtrieb im Menschen, die vielfältigen, losen «Bilder»
der Begegnung zu festen Bildgefügen zusammenzuschweißen, um dadurch einen eigenen Vorrat, ein eigenes Potential an Erfahrungsmustern der Welt anzulegen. So hat der Mensch die Möglichkeit, diese
Muster auf neue Erfahrungen und Begegnungen aller Art mit der
Außenwelt anzuwenden. Dies ist sowohl die große Stärke als auch die
lebensvernichtende Kehrseite der Pluto-Kraft im Menschen.

Pluto läßt den Menschen auf festgefügte erstarrte Erfahrungsbilder von dem, womit man bereits in Berührung gekommen ist, zurückgreifen. Diese Bildkürzel, die sowohl als «Vorstellungen» als auch «Wissen» zu bezeichnen sind, speichern die Essenz, den konzentrierten Auszug aus dem, was in der Welt der Bilder erfahren wird, und können bei erneuter Begegnung wieder abgerufen werden, um als Grundlage für das Erleben zu dienen. So müssen Erfahrungen mit der realen Welt nicht immer wieder neu gemacht werden: Man stellt sich vor bzw. man «weiß», wie es schon einmal war, und überträgt in der Vorstellung zurückliegende Erfahrungen auf die vorliegende gleiche oder ähnliche Situation. Bei Bedarf können sozusagen vorgefertigte Erlebens-, Verhaltens- und Reaktionsmuster bewußt oder unbewußt abgerufen werden. Pluto ist die Erfahrung als musterhaft gespeichertes erstarrtes Erleben. Die plutonische Kraft, mit der die Bestandteile einer Vorstellung, d. h. die von der Venus hervorgebrachten Bilder, zusammengehalten werden, ist wohl die stärkste Kraft, die es in der Realität gibt. Sie ist beispielsweise das, was die Bestandteile eines Atoms zusammenhält. Wie ungeheuer groß sie sein muß, ist erst dann zu erkennen, wenn sie in einer atomaren Explosion entfesselt wird. Die Vorstellungskraft von Pluto ist ebenso ungeheuer – und schwer zu brechen.

Die plutonische Vorstellungskraft dürfte statistisch gesehen meistens dafür eingesetzt werden, um Bildgefüge von bereits Erlebtem als Grundlage für erneutes Handeln abzurufen. Durch Pluto kann der Mensch aber auch Bildgefüge zu Vorstellungen von Dingen zusammenstellen, denen er noch nicht begegnet ist beziehungsweise die er noch nicht kennengelernt hat. Die wichtigste dieser Art der Vorstellung ist diejenige, die mit Über- oder Außermenschlichem zu tun hat. Mit anderen Worten: Pluto macht den Menschen religionsfähig dadurch, indem er ihn über die Vorstellungskraft bildlich Dinge erahnen und erspüren – und erleben – läßt, zu denen er keinen direkten intellektuellen oder gedanklichen Zugang hat. So könnte man die Pluto-Wesenskraft als die «Stellvertreterin Gottes» im Menschen bezeichnen.

Paradoxerweise ist Pluto aber auch der Inbegriff des «Bösen» im Menschen, wobei von folgender Definition des Bösen ausgegangen wird: «Böse» ist alles – hinter welcher Bemäntelung auch immer –, was durch das Aufzwingen von Vorstellungen anderes oder auch *eigenes* Leben und das Lebendige verhindert. Es wird der Versuch gemacht, das Leben der Vorstellung und nicht seinen eigenen individuellen Gesetzmäßigkeiten zu unterwerfen. Im Sinne dieses Ziels wird das Lebendige sowohl im bildlichen wie im wörtlichen Sinne vernichtet. Fanatismus jeglicher Couleur ist ein Beispiel für Böses: Was sich dem vorgefertigten und festgefügten Bild dessen, was für «richtig» halten wird, nicht unterwirft, wird rücksichtslos verfolgt, unterdrückt und –wenn es sein muß – tatsächlich vernichtet.

Die Fähigkeit, Bilder zu Bildgefügen und Vorstellungen «zusammenzuschweißen» ist die Grundlage der Erotik. Über die Wesenskraft Pluto kann man das Du anziehen, vom Du angezogen werden und, je nach Art und Ebene der Beziehung, sich ihm restlos verpflichten. Oder man kann mit ihm im erotischen Sinne verschmelzen und dabei das eigene Ich «sterben» lassen. Die Wesenskraft Pluto befähigt den Menschen zur festen und dauerhaften Beziehung zum Du. So macht uns erst unser Pluto – und nicht schon unsere Venus – ehefähig.

Die plutonische Wesenskraft ist auch die, die dem Menschen seine Liebesfähigkeit im Realen verleiht und in ihm das Bedürfnis nach Liebe aufkommen läßt. Liebe wird hier verstanden als die restlose Verpflichtung an das Wohl des anderen bis zur völligen Selbstaufgabe. Ein und dieselbe Wesenskraft – Pluto – befähigt den Menschen gleichzeitig zu «Liebe und Himmlischem» wie zu «Haß und Höllischem».

Pluto: Wesenskraft und inneres Bedürfnis
im Menschen: Beispiele
Pluto ist die skorpionische Wesenskraft im Menschen und Ursprung aller analogen inneren Bedürfnisse:

Wesenskraft	Bedürfnis (aktiv wie passiv) nach bzw. Fähigkeit zu
Machttrieb:	Beherrschung, totaler (Selbst)Kontrolle, Gewaltanwendung, Manipulation, Geheimnis, Anwendung von Zwangsmitteln und -maßnahmen, Zerstörung, Macht, Unterdrückung, Wissen («Wissen ist Macht»)
Überwindungstrieb:	Gefahr, Selbstüberwindung, Opposition, Krise, Gegnern, Bedrohung, Durchhalten, Standhaftigkeit, (Selbst)Unterdrückung
Verpflichtungsdrang:	seelischer Gemeinschaft, Dogma, fester

Erotik:	Beziehung, Selbstaufopferung, festen Vorstellungen, Treue, Teilen mit dem Du, Leitbildern, Ritual, Liebe körperlicher/seelischer Vereinigung mit dem Du, intensiver Beziehung, Innigkeit, Hingabe, (vollkommener) Nähe, Intimität, Selbstaufgabe, Werbung, Treue, Leidenschaft

Pluto: Die inneren Bilder und äußerlichen Realitäten des Skorpion-Prinzips

Pluto ist der Ursprung im Menschen aller Formen, Empfindungen und Gedanken, d. h. aller «Ebenbilder» des Skorpion-Prinzips **«Bildgefüge»**. Diese Bilder bestimmen, wie das Prinzip empfunden, wie darüber gedacht sowie wie es in der äußeren Welt wahrgenommen wird. Durch die in den Pluto-Bildern innewohnende Affinität zur Anziehung gleicher Bilder in der äußeren Welt bestimmen sie auch die Erscheinungsformen des Skorpion-Prinzips, die dem Individuum in der realen Welt begegnen. Ist der eigene Pluto von Liebe, Haß, Treue oder Zwanghaftigkeit gekennzeichnet, so liefert einem die Umwelt analog plutonische Menschen, Situationen und Dinge. Dies geschieht auch dann, wenn man sich seiner eigenen inneren Skorpion-Bilder *nicht* bewußt ist. So wie man es in sich selbst «sieht», so kommt es einem auch zwangsläufig entgegen.

Pluto: unser inneres und äußeres Bild von sowie Einstellung zu

Treue, Verpflichtung, Erotik/Erotischem, Tabu, Seelengemeinschaft, Liebe, Macht, Hingabe, Anziehungskraft, Gewalt, Krise, Haß, Vollkommenheit, Zwang, «Gott»

Das 8. Haus

Das achte Haus, ungeachtet des Zeichens an der Häuserspitze oder eventueller Planetenbesetzung, ist immer und grundsätzlich **Skorpion-Boden** und kann nur konkrete raumzeitliche Erscheinungsformen hervorbringen, die das Skorpion-Prinzip verkörpern. Alles also, was auf diesem Boden wächst und konkret in die Erscheinung tritt, ist vom Wesen des Skorpions, zeigt aber die spezifischen Eigenschaften des Zeichenprinzips an der Häuserspitze. Steht beispielsweise das Zeichen Jungfrau an der Spitze des achten Hauses, so weisen die konkreten Erscheinungsformen des Skorpion-Prinzips in diesem Haus Merkmale wie Bescheidenheit, Ängstlichkeit, Gründlichkeit, Eigennützigkeit, Ordentlichkeit, Sauberkeit, Pingeligkeit usw. auf.

Nachdem im siebten Haus konkrete Begegnungen mit der Welt über die eigenen inneren Bilder von ihr stattgefunden haben, fügen sich die Begegnungen zu festen Beziehungen im achten Haus. Hier ist also alles zu suchen, wovon man sich besonders angezogen fühlt oder wodurch man auf andere eine Anziehungskraft ausübt. Das ist die Erotik als Inbegriff des Anziehenden, die im Menschen so geartet ist wie das Zeichen an der Spitze seines achten Hauses. Das aus der unendlichen Vielfalt der Welt, womit man eine feste Bindung eingehen, wozu man sich verpflichten will, zeigt sich auf diesem skorpionischen Boden. Was man für Vor- und Leitbilder hat beziehungsweise die Art, auf die man für andere als solches dient, d. h. wie man für andere den «Inbegriff» darstellt, finden wir im achten Haus.

Das Zeichen an der Spitze dieses Skorpion-Hauses bestimmt konkret, wie Macht ausgeübt wird oder für was für Mittel der Macht und Manipulation man selber anfällig ist; oder was für Bedingungen gegeben sein müssen, damit erotische oder Liebesgefühle aufkommen können. Zu den weiteren Angelegenheiten des Hauses gehören: der vorstellungsmäßige Zugang zu bereits Erlebtem, zu noch nicht Erlebtem sowie zu außer- und übermenschlichen Erlebnisbereichen («Gott»); die Art, feste Beziehungen einzugehen, insbesondere intime oder eheähnliche Beziehungen; die Art mit Krisen umzugehen sowie die Mittel zu deren Bewältigung; die Kapazität für zwischenmenschliche Liebe, Verpflichtung und Treue, aber auch Haß, Gewalt und Zerstörung.

Jeder Mensch hat bestimmte Dinge in seinem Leben, die er, aus welchen Gründen auch immer, geheimhalten will; zu denen kein anderer Zugang haben darf. Oder es sind Dinge, die man in sich hat und vielleicht Tabu sind, weil man sie für böse oder zerstörerisch hält und sie unterdrückt, damit sie unter Kontrolle gehalten werden können. Es können aber auch Dinge der Außenwelt sein, die als gefährlich oder bedrohlich erscheinen, weil sie mit Zerstörung und Tod in Verbindung gebracht werden. Man ist sehr darauf bedacht, mit aller

Macht diese Dinge zu beherrschen, sie zu unterdrücken, zu «binden», damit sie nicht ausufern und Unheil anrichten können. Das achte Haus ist die Heimat unserer tatsächlichen oder nur vermeintlichen/unterstellten «dunklen Seite».

Beispiele: Mit Jungfrau an der Spitze des achten Hauses empfindet man Kritik als etwas Bedrohliches oder Gefährliches. Man ist besonders fasziniert (angezogen) von ordentlichen oder gesundheitsbewußten Menschen. Bescheidenheit hat eine erotische Wirkung auf einen und man findet eher unterwürfige Partner sehr anziehend oder wirkt durch Unterwürfigkeit auf andere anziehend. Man hat etwas Berechnendes an sich oder vielleicht einen Hang zu vernichtender Kritik – Eigenschaften, die um jeden Preis unterdrückt werden müssen. Man verpflichtet sich dem Partner durch dienende Treue oder die Bereitschaft, niemals das Rampenlicht für sich selbst zu suchen, sondern es dem Partner zu überlassen.

Thema IX:
Schütze – Jupiter – 9. Haus

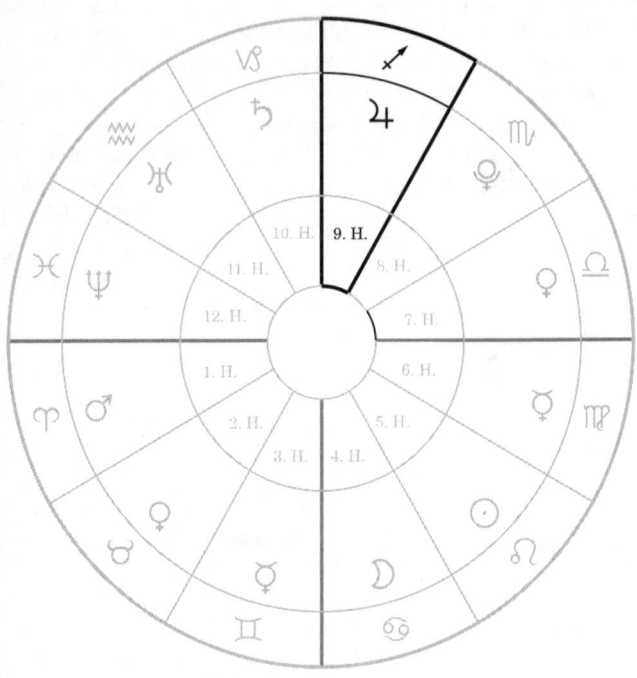

 Das Zeichen Schütze

das *veränderliche*,
«**m**ännlich-aktive» (↑),
nach außen gerichtete (→) *Feuerzeichen*
23. November – 20. Dezember

• *Unmittelbare prinzipielle Schütze-Analogien:* **Die Erkenntnis**
Das Expandierende, das Tolerante, das Erweiternde, das Übertreibende, das Ahnende, das Weite, das Mittelbare, das Symbolische, das Allgegenwärtige, das Ferne, das Bildende, das Religiöse, das Maßlose, das Lehrende, das Weltanschauliche, das Exzessive, das Missionierende, das In-Bewegung-Seiende, das Sinngebende, das Visionäre, das Verstehende, das Erklärende, das Aufgeschlossene, das «Aufgeblasene», das Allegorische, das Begreifende, das Ganzheitliche, das Offenbarende, das Gute, das Beglückende, das Optimistische, das Pompöse, das Helle, das Prophetische, das Verkündende, das Zukünftige, das Übertreibende/Übertriebene.

♃ Der Planet Jupiter

Über den ♃ als menschliche Wesenskraft stehen sämtliche im Zeichen ♐ gespeicherten Möglichkeiten dem Menschen zur Verfügung.

Jupiter ist der Urtrieb im Menschen, sich geistig, d. h. über das Denken/Bilderzeugung zu seiner unmittelbaren Umwelt in Beziehung zu setzen. Die durch Pluto erzeugten Bildgefüge als Erfahrungskürzel kommen zur Funktion; sie werden durch die Jupiter-Wesenskraft auf die Welt angewandt in Form der «Weltanschauung» – der Art, sich geistig mit der Welt auseinanderzusetzen, sie für sich und andere verständlich und erklärbar zu machen. Der Jupiter-Anteil im Menschen läßt ihn «erkennen», wie die Dinge zueinander stehen, wie sie miteinander zusammenhängen, welchen «Sinn» sie haben, was sie füreinander bedeuten. So ist das Bedürfnis nach Erkenntnis und Sinn(haftigkeit) fester Bestandteil des menschlichen Wesens. Der Mensch hat durch den Jupiter ein natürliches Verlangen nach Antworten auf die Fragen «Warum?», «Was hat das alles zu bedeuten?», «Wozu ist das gut?», «Wozu bin ich da?».

Zur Beantwortung solcher und anderer philosophischer Fragen müssen zunächst einmal das Wissen und die Erfahrungen der Menschheit als Grundlage der Antwortfindung zusammengetragen werden. Dies äußert sich im Drang des Menschen nach Bildung als Quelle seines Verstehens und seines Verständnisses. Er muß im wörtlichen wie auch im übertragenen Sinne ständig «unterwegs» sein, um neue Informationen und Eindrücke zu sammeln, wenn er hinter den Sinn der Dinge kommen soll. Und da es dabei einzig und allein um das Erklären und Verstehen der Welt geht, werden die Dinge mit Offenheit und Toleranz angegangen, um eigene persönliche Meinungen und Haltungen die Einsicht nicht verhindern, die Sicht nicht versperren zu lassen.

Diese allgemein aufgeschlossene und tolerante Einstellung ist die wichtigste Bedingung für die Empfänglichkeit für neue Eindrücke. Über Jupiter besitzt der Mensch die Fähigkeit, anderem fremdem Leben gegenüber völlig offen zu sein, sich in fremde Lagen hineinzuversetzen und sie zu verstehen und zu akzeptieren. Über seine Jupiter-Wesenskraft ist der Mensch zu Gemütsverfassungen wie Begeisterung und Optimismus fähig. Die Begeisterungsfähigkeit ist Funktion der Offenheit allem Fremden gegenüber. Der Drang zum Optimismus ergibt sich aus den gewonnenen Einsichten in die Zusammenhänge, die jenseits des Offensichtlichen liegen; Einsichten, die einen erkennen lassen, daß hinter den Dingen doch immer ein höherer Plan steht und daß es letztendlich keinen Grund gibt, sich Sorgen zu machen.

Schließlich ist Jupiter das Bedürfnis im Menschen, über die eigene Subjektivität und rein persönliche Belange hinauszuwachsen. Dabei stellt er fest, daß er Teil eines großen Ganzen ist, der von allem anderen, was es gibt, abhängig ist und von dem alles andere auch abhängig ist. Daraus entwickelt er seine weltanschauliche, philosophische oder religiöse Haltung, auf die er sich für seine Erklärung der Welt verläßt.

Jupiter: Wesenskraft und inneres Bedürfnis im Menschen: Beispiele

Jupiter ist die schützehafte Wesenskraft im Menschen und Ursprung aller analogen inneren Bedürfnisse:

Wesenskraft	Bedürfnis (aktiv wie passiv) nach bzw. Fähigkeit zu
Erkenntnistrieb:	Begreifen von Zusammenhängen, Einsicht, Bildung, neuen Eindrücken, Sinn(haftigkeit), Verstehen, Weitsicht, geistiger Anregung, Bewegungsfreiheit

| Expansionstrieb: | Wachstum, Ausdehnung, «geistiger Nahrung», Auslauf, Bewegung, neuen Erfahrungsräumen, «Unterwegssein», neuen Horizonten, Übersich-Hinauswachsen, Weisheit |
| Glaubenstrieb: | Religion, Philosophie, Weltanschauung, Eingebettetsein in ein großes Außersubjektives, transzendenter Dimension, Zuversicht, Glaubenssätzen, Glaubenssystem, Deutung, «Gott», Symbolen |

Jupiter: Die inneren Bilder und äußerlichen Realitäten des Schütze-Prinzips

Jupiter ist der Ursprung im Menschen aller Formen, Empfindungen und Gedanken, d. h. aller «Ebenbilder» des Schütze-Prinzips **«die Erkenntnis»**. Diese Bilder bestimmen, wie das Prinzip empfunden, wie darüber gedacht sowie wie es in der äußeren Welt wahrgenommen wird. Durch die in den Jupiter-Bildern innewohnende Affinität zur Anziehung gleicher Bilder in der äußeren Welt bestimmen sie auch die Erscheinungsformen des Jupiter-Prinzips, die dem Individuum in der realen Welt begegnen. Gestaltet man seinen Jupiter bildlich als Aufgeschlossenheit, Exzeß oder Religiosität, so wird die Umwelt die dazu passenden äußeren Bilder liefern. Dies geschieht auch dann, wenn man sich seiner eigenen inneren Jupiter-Bilder *nicht* bewußt ist. So wie man es in sich selbst «sieht», so kommt es einem auch zwangsläufig entgegen.

Jupiter: unser inneres und äußeres Bild von sowie Einstellung zu

Bildung, Lehrer, Religion, Ausland, Sinnvollem, Erbauendem, Großzügigkeit, Größe, Gott, Sinnhaftigkeit, Mentor, Glück, Erfolg, Optimismus, Zusammenarbeit, Weltanschauung, Toleranz, Wachstumsförderndem

Das 9. Haus

Das neunte Haus, ungeachtet des Zeichens an der Häuserspitze oder eventueller Planetenbesetzung, ist immer und grundsätzlich **Schütze-Boden** und kann nur konkrete raumzeitliche Erscheinungsformen hervorbringen, die das Schütze-Prinzip verkörpern. Alles also, was auf diesem Boden wächst und konkret in die Erscheinung tritt, ist vom Wesen des Schützen, zeigt aber die spezifischen Eigenschaften des Zeichenprinzips an der Häuserspitze. Steht beispielsweise das Zeichen Stier an der Spitze des neunten Hauses, so weisen die konkreten Erscheinungsformen des Schütze-Prinzips in diesem Haus Merkmale wie Gruppenorientierung, Materialismus, Erdverbundenheit, Stabilität, Sanftheit, Behäbigkeit usw. auf.

Im neunten Haus finden sich alle konkreten Ausdrucksformen der Dinge, die zur Vervollkommnung des subjektiven Menschseins beitragen und den Menschen über seine eigenen persönlich begrenzten Lebens- und Denkräume hinauswachsen lassen. Hauptsäule dieses Wachstums sind die Erkenntnisse, die der Mensch durch die intensive und tiefgründige Auseinandersetzung mit dem Du in der Skorpion-Phase gewonnen hat. Dadurch, daß er mit dem Nicht-ich verschmolz und mit ihm «eins» wurde, besitzt er jetzt aus eigener Erfahrung tiefste Kenntnis von der Welt und allem, was darin ist. Nach dieser Auseinandersetzung mit den Dingen der realen Welt auf der tiefsten phänomenalen Ebene gilt es jetzt, wieder hochzusteigen und alles, was man jetzt weiß, selbst in die Praxis umzusetzen und anderen zu verkünden. Das neunte Haus zeigt an, wie der Mensch dies konkret tut. Die Fähigkeit, neue Eindrücke und Informationen aufzunehmen und zu verarbeiten sowie das Begriffsvermögen und die Intelligenz im allgemeinen sind an diesem Haus abzulesen. Hier erkennt man Bildungsweg, -umstände und -inhalte.

Religion, Philosophie und Weltanschauung sind im neunten Haus zu finden – Systeme zur Funktion gekommener Bilder, durch die sich der Mensch sich selbst und seine Welt erklärt und die seinem Leben Sinn verleihen. Das persönliche Gottesbild bzw. die wichtigsten Attribute Gottes, wie er vom einzelnen Menschen gemäß dem Zeichen an der Häuserspitze gesehen wird, vermittelt das neunte Haus. Sofern die Zugehörigkeit zu einer Glaubensgemeinde oder die Anhängerschaft einer Weltanschauung Thema ist, sucht sich der Mensch eine Gemeinde, eine Weltanschauung aus, die die Merkmale des Zeichens aufweist, in dem das neunte Haus beginnt.

Wie jedes dritte Haus in einem Quadranten bereitet auch das neunte Haus den Übergang in den neuen Erfahrungsbereich – diesmal den vierten Quadranten – vor.

Beispiele: Mit Skorpion an der Spitze dieses Hauses fühlt man sich von einer Religion angezogen, die ein strenges Dogma vertritt und die absolute Hingabe und Unterwerfung des Individuums verlangt. Oder aber eine, für die die Nächstenliebe und die Verpflichtung an das Wohlergehen anderer höchstes Gut darstellen. Man wächst an Krisen und lernt viel aus ihnen. Auf der Suche nach dem allertiefsten Sinn der Dinge erforscht man diese bis auf ihren Grund, um letzte Erkenntnisse zu erlangen. Man hat eine Vorliebe für erotische Literatur.

Thema X:
Steinbock – Saturn – 10. Haus

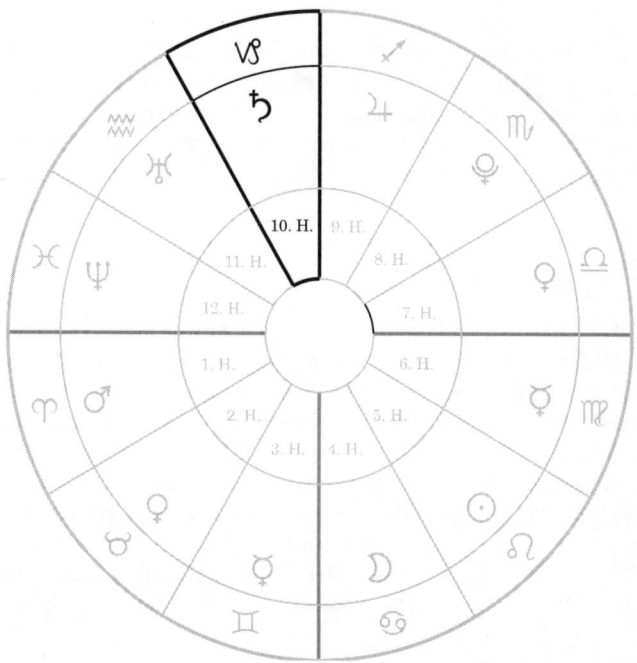

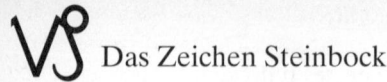 Das Zeichen Steinbock

das *kardinale*,
«weiblich-passive» (↓),
nach innen gerichtete (←) *Erdzeichen*
21. Dezember – 19. Januar

Steinbock-Analogien

● *Unmittelbare prinzipielle Steinbock-Analogien:* **Die Wirklichkeit**
Das Wirkliche, das Trennende, das Klärende, das Drückende, das
Wahre, das Einschränkende, das Wesentliche, das Ehrgeizige, das
Erstrebenswerte, das Säubernde, das Regelnde, das «Saubere», das
Höchste, das Korrigierende, das Regelnde, das Hemmende, das
Ewige, das Ungeschminkte, das Unparteiische, das Autoritäre, das
Überpersönliche, das Außerpersönliche, das Harte, das Autori-
tative, das Notwendige, das Aufrichtige, das Unvergängliche, das
Karge, das Unerbittliche, das Allgemeingültige, das Kalte, das Un-
bestechliche, das Unnachgiebige, das Gerechte, das Blockierende,
das Orientierende, das Maßstäbliche.

♄ Der Planet Saturn

Über den ♄ als menschliche Wesenskraft stehen sämtliche im Zeichen
♑ gespeicherten Möglichkeiten dem Menschen zur Verfügung.

Saturn ist der Urtrieb im Menschen, das anzustreben, wozu er eigentlich geboren wurde. Es ist das Bedürfnis eines jeden Menschen,
die eigene objektive Wirklichkeit zu erkennen und diese zu erreichen,
unter Ablegung und Ablehnung alles eigenen und fremden subjektiven Meinens, Wähnens und Urteilens. Saturn ist der Ehrgeiz und der
Antrieb, das zu verwirklichen, wozu man sich im tiefsten Innern berufen fühlt oder weiß. Alles, was der Erreichung dieses Zieles abträglich ist, wird erschwert bis unmöglich gemacht; auch dann, wenn der
Mensch bewußt (jedoch aus Unwissenheit) von seinem wahren Kurs
abweichen will. Hierauf ist die im allgemeinen fast durchweg
«schlechte Presse» des Saturns zurückzuführen. Saturn ist der We-

sensanteil in uns, der unerbittlich und um jeden Preis dafür sorgt, daß wir uns selbst gegenüber wahr bleiben beziehungsweise werden, mag das auch noch so viel Frustration und Leid verursachen. Da aber die wahre Funktion dieser Wesenskraft von Menschen, die an subjektiven und vielfach irrigen Zielen orientiert sind, in der Regel völlig verkannt wird, wird die Saturn-Kraft als vereitelnd, hemmend, erschwerend, verhindernd und überhaupt feindselig erlebt.

Der vom Saturn symbolisierte Wesensanteil befähigt/zwingt uns, über persönliche subjektive Belange hinauszuwachsen, uns in erster Linie für die Allgemeinheit verantwortlich zu fühlen und Subjektives im Sinne übergeordneter Instanzen und Zielsetzungen zu disziplinieren. So macht uns Saturn empfänglich für Recht, Ordnung und Autorität. Alles Streben nach Klarheit, Einfachheit, Echtheit und im weitesten Sinne «Wahrheit» verdanken wir unserem Saturn-Anteil.

Das dem Menschen angeborene Bedürfnis nach Stabilität, Dauerhaftigkeit, Kontinuität und Verwurzelung in etwas, was nicht der Vergänglichkeit unterliegt, ist Ausdruck unseres Saturn-Anteils. So vermittelt uns Saturn unser Empfinden für Zeit und Dauer sowie die Sehnsucht danach, in etwas gegründet zu sein, was jenseits von Zeit und Raum liegt. Saturn läßt uns nach dem Ewigen streben, das jenseits vom menschlichen Zugriff liegt, jedoch sich in jedem von uns in individueller Weise zum Ausdruck bringt.

Wie auf der physischen Ebene der Körper nur dann erstarken kann, wenn er physischen Widerständen ausgesetzt wird und diese überwindet, so müssen auch auf der psychischen Ebene subjektive seelische Hindernisse zur Weiterentwicklung des inneren Menschen überwunden werden – ein Konzept, das nicht sehr viel Anklang finden kann bei allen, die meinen, Schwierigkeiten müßten auf ein absolutes Minimum gehalten werden. Um innerlich zu erstarken und das eigene höchste Ziel erreichen zu können, sehnt sich der Mensch nach den «Hindernissen», die ihn läutern und nach seiner Art «wirklich» werden lassen. Der Saturn in uns ist der Ursprung dieser Sehnsucht. Er befähigt uns zu harter Arbeit und dem Durchhaltevermögen, die wir den subjektiven Widrigkeiten des Daseins entgegensetzen, um daraus als geläuterte Sieger hervorzugehen. Ohne einen Saturn, der den Menschen über sich selbst hinaus*treibt* oder gar «*hinausprügelt*», wäre es ihm unmöglich, sich aus dem rein menschlich Vergänglichen zu seinem Ewigen und Unvergänglichen emporzuheben.

Saturn: Wesenskraft und inneres Bedürfnis im Menschen: Beispiele

Saturn ist die steinböckische Wesenskraft im Menschen und Ursprung aller analogen inneren Bedürfnisse:

Wesenskraft	Bedürfnis (aktiv wie passiv) nach bzw. Fähigkeit zu
Wirklichkeitstrieb:	Klarheit, Objektivität, Wesentlichem, Wahrem, Unverfälschtem, Echtheit
Ehrgeiz:	Leistung, Anerkennung, Respekt, Ansehen, Autorität, «Hindernissen», «Prüfungen», Widerstand, Zielen
Fortbestandstrieb:	Dauerhaftigkeit, Zuverlässigkeit, Kontinuität, Unvergänglichkeit, Tradition, Reife
Selbstregelungstrieb:	Aufrichtigkeit, Wahrhaftigkeit, Ethik, Moral, Verhaltensregelung, einem Gewissen, Rechtschaffenheit, Disziplin, (eigenen inneren) Maßstäben und Regeln, Verantwortung
Orientierungstrieb:	(von außen vorgegebenen) «höheren» Regeln, Maßstäben, Normen, Leitlinien, Gesetzen, Gesetzmäßigkeit, einer «höheren» Instanz

Saturn: Die inneren Bilder und äußerlichen Realitäten des Steinbock-Prinzips

Saturn ist der Ursprung im Menschen aller Formen, Empfindungen und Gedanken, d. h. aller «Ebenbilder» des Steinbock-Prinzips **«Wirklichkeit»**. Diese Bilder bestimmen, wie das Prinzip empfunden, wie darüber gedacht sowie wie es in der äußeren Welt wahrgenommen wird. Durch die in den Bildern innewohnende Affinität zur Anziehung gleicher Bilder in der äußeren Welt bestimmen sie auch die Erscheinungsformen des Prinzips, die dem Individuum in der realen Welt begegnen. Gestaltet sich der Saturn in einem als Rechtschaffenheit, Rechtgläubigkeit oder Rechthaberei, so erlebt man diese Phänomene in der gleichen Güte ständig um sich herum. Dies geschieht auch dann, wenn man sich seiner eigenen inneren Saturn-Bilder *nicht* bewußt ist. So wie man es in sich selbst «sieht», so kommt es einem auch zwangsläufig entgegen.

Saturn: unser inneres und äußeres Bild von sowie Einstellung zu

Konzentration, Zeit, Wahrheit, Recht, Gesetz, Staat, Autorität, Härte, Einschränkendem, Moral, Tradition, Wesentlichem, Alter, Strenge, Erfolg, Ausdauer, Last, Hindernis, Kontinuität, Schwierigkeit, Wirklichkeit

Das 10. Haus

Das zehnte Haus, ungeachtet des Zeichens an der Häuserspitze oder eventueller Planetenbesetzung, ist immer und grundsätzlich **Steinbock-Boden** und kann nur konkrete raumzeitliche Erscheinungsformen hervorbringen, die das Steinbock-Prinzip verkörpern. Alles also, was auf diesem Boden wächst und konkret in die Erscheinung tritt, ist vom Wesen des Steinbocks, zeigt aber die spezifischen Eigenschaften des Zeichenprinzips an der Häuserspitze. Steht beispielsweise das Zeichen Schütze an der Spitze des zehnten Hauses, so weisen die konkreten Erscheinungsformen des Steinbock-Prinzips in diesem Haus Merkmale wie Liberalität, Weitsichtigkeit, Offenheit, Extravaganz, Heiterkeit, Religiosität usw. auf.

In den ersten drei Quadranten des Tierkreises ging es um die körperliche Entstehung und Entwicklung des körperlichen Menschen (1. Quadrant), die Entstehung und Herausbildung seiner seelischen (psychischen) Eigenart und deren Integration mit dem Körperlichen (2. Quadrant) sowie um die Begegnung und das Zusammenleben mit dem Du/Nicht-ich (3. Quadrant). Auf dem Schütze-Boden des neunten Hauses ist die subjektive Menschwerdung abgeschlossen und die höchste Form des Menschseins erreicht. Im neunten Haus hat der Mensch begonnen, noch im Bereich des Realen über sich selbst hinauszublicken, um größere Zusammenhänge zu erkennen und die Rolle des «Teils» (d. h. des einzelnen) in einem übergeordneten «Ganzen» zu entdecken. Man hat begonnen, dieses übergeordnete und vor allen Dingen nicht mehr vom menschlich Subjektiven zu beeinflussende oder zu bestimmende Ganze zu ahnen und daran zu «glauben» (Religion, Weltanschauung, Philosophie).

Im zehnten Haus findet die erste konkrete und bewußte Begegnung mit dem statt, was im Thema IX geahnt wurde; was nicht mehr dem subjektiven menschlichen Handeln, Fühlen und Denken unterliegt, was überhaupt über das rein individualistisch Menschliche der ersten drei Quadranten hinausgeht, darüber steht und davon unberührt bleibt. Es ist die für alles einheitlich gültige «Wirklichkeit», die den reinen Urstoff darstellt, aus dem Reales in restlos allen Erscheinungsformen hervorgeht und der für all diese Formen gleichermaßen zuständig und verantwortlich ist. Eine Entsprechung des zehnten Hauses ist beispielsweise der Begriff «Staat». Der Staat ist (zumindest theoretisch) das, worin alle Bürger, Gesellschaftsformen und Institutionen gründen. Er ist als unerbittlich unparteiische Autorität für alle da, ohne Ansehen der Person. Er handelt im übergeordneten «wahren» Interesse aller, auch dann, wenn die Wahrung übergeordneter Interessen die (nach wie vor unparteiische und leidenschaftslose) Zerstörung von Leben im Sinne des Allgemeinwohls erforderlich macht.

All die Dinge, die der Mensch für erstrebenswert hält, manifestieren sich in seinem zehnten Haus. Das, worauf er sich intuitiv als seine höchste Bestimmung hin entwickelt, sind die Erscheinungsformen des zehnten Hauses. Dieses Saturn-Territorium ist der Entstehungsort konkreter Träger dessen, was der Mensch als letzte Wirklichkeit und Wahrheit betrachtet – Dinge, die jenseits von Meinungen und persönlichem oder subjektivem Glauben liegen und nicht mehr in Zweifel gezogen werden. Hierzu gehört beispielsweise das, worin man den höchsten Maßstab oder die letzte Instanz sieht, aber auch das, wodurch der Mensch sich selbst Autorität, Respekt und Ansehen verschafft. Sofern sich der Beruf mit der Berufung, also mit dem deckt, was aus dem Menschen letztendlich werden soll, ist er eine Entsprechung dieses Hauses. Hier finden sich auch all die Dinge, die als Erschwernis, Hindernis und Last empfunden und konkret erlebt werden, weil sie die Ziele des rein subjektiven Wünschens und Wollens vereiteln, die nicht dazu geeignet wären, den Menschen – und durch ihn die ganze Menschheit – zu seiner höchsten Bestimmung zu führen.

Alles im Leben, was dem Menschen dazu verhilft, einen klaren Blick für Wesentliches zu entwickeln, entspringt dem Steinbock-Boden des zehnten Hauses. Das ergibt sich daraus, daß die Dinge dieses Hauses immer auf ihr Wesentliches reduziert erscheinen und daher von Einfachheit und Schlichtheit gekennzeichnet sind.

Beispiele: Mit Stier an der Spitze des zehnten Hauses kann der

Ehrgeiz des Menschen darin bestehen, zum Maßstab beispielsweise für materiellen Wohlstand, Organisationstalent oder Bodenständigkeit zu werden. Man sieht in der klaren und deutlichen Abgrenzung von anderen sein höchstes Ziel. Oder man hat einen untrüglichen Blick für das, was wirklich wertvoll ist, und stellt diese Fähigkeit in den Dienst des übergeordneten Allgemeinwohls. Das, was die «Gruppe» oder «Schicht», der man angehört, für gut und wertvoll hält, gilt für einen als Orientierungsmaßstab.

Thema XI:
Wassermann – Uranus – 11. Haus

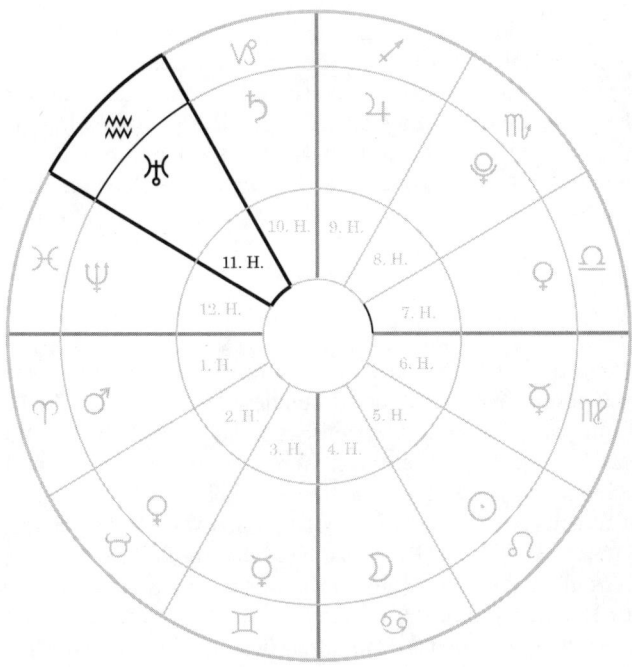

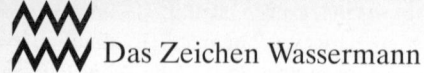 Das Zeichen Wassermann

das *fixe*,
«**männlich-aktive**» (↑),
nach außen gerichtete (→) *Luftzeichen*
20. Januar – 18. Februar

Wassermann-Analogien

● *Unmittelbare prinzipielle Wassermann-Analogien:*
Die reine Urform
Das Reine, das Unbefleckte, das Originelle, das Originäre, das Leidenschaftslose, das Arrogante, das Humanitäre, das Brüderliche, das Freundschaftliche, das Gleichgeartete, das Unberechenbare, das Unlogische, das Lustige, das Provozierende, das Elitäre, das Freie (Befreite), das Befreiende, das Geniale, das Empfindungslose, das Göttliche, das Innovative, das Schöpferische, das Platonische, das Rahmensprengende, das Auffällige, das Komische, das Herablassende, das Revolutionäre, das Absonderliche, das Fanatische, das «Ausgeflippte», das Skurrile, das Hochmütige, das Himmlische.

♅ Der Planet Uranus

Über den ♅ als menschliche Wesenskraft stehen sämtliche im Zeichen ♒ gespeicherten Möglichkeiten dem Menschen zur Verfügung.

Uranus ist der Urtrieb im Menschen, das im Steinbock entdeckte höchste Wirklichkeitspotential konkrete Form annehmen zu lassen, um sich in *Reinform* zu erleben, um «ganz bei sich» zu sein. Durch unseren Uranus-Anteil sind wir imstande, uns von allen fremden Einflüssen zu befreien und Begrenzungen und Hindernisse zu überwinden. Uranus kann sowohl als Verbündeter als auch als Gegner der Saturn-Kraft auftreten: Orientiert sich die Saturn-Kraft ausschließlich am reinen Wirklichkeitspotential des Individuums, so wird Uranus als Verbündeter zum formgebenden «Behälter» für dieses höchste Potential oder Inhalt, der das Individuum absolut einzigartig macht in der Schöpfung. Uranus macht das Wirklichkeitspotential des einzelnen sicht- und brauchbar. Orientiert sich jedoch die Saturn-Kraft nicht an den eigenen persönlichen höchsten, sondern an von wem auch immer subjektiv gefärbten Maßstäben und «Wirklichkeiten», wird Uranus zum Gegenspieler der Saturn-Kraft, indem er gegen subjektive und daher fremde Maßstäbe rebelliert und sich diesen durch Ausbrechen und «Befreiungskämpfe» widersetzt. So erkennt man die Uranus-Kraft im Menschen daran, daß er sich die Freiheit herausnimmt, der zu sein, der er ist; eigene Wege auch dann zu gehen, wenn er geltenden Maßstäben und Regeln zuwiderhandelt. Die Uranus-Kraft läßt den Menschen rebellieren, Rahmen sprengen und anders als andere sein wollen. Das kann sich in allen Schattierungen äußern – vom selbstsicheren, oft als arrogant empfundenen Einzelgänger zum auffallsüchtigen Rebell oder Clown.

Paradoxerweise ist der Vereinzelungstrieb der Uranus-Kraft gleichzeitig Ursprung des Bedürfnisses im Menschen, sich zu anderen Gleichgesinnten zu gesellen und sich mit solchen zu umgeben. Dieses Paradox erklärt sich zunächst einmal dadurch, daß der Uranus-Anteil im Menschen ein Prinzip des Elements Luft vertritt. Dadurch hat er, wie die beiden anderen Luft-Prinzipien Zwillinge und Waage auch, mit dem Umgang und der Auseinandersetzung mit dem Nicht-ich bzw. dem Du zu tun: Im Zwillingszeichen entsteht die Fähigkeit, zwischen den Dingen überhaupt zu unterscheiden und Anderssein festzustellen. In der Waage entsteht aufgrund des vorangegangenen Unterscheidungsschrittes die erste bewußte Begegnung und Ausgleich zwischen Ich und Nicht-ich beziehungsweise Du. Im Wassermann werden die festgestellten Unterschiede insofern aufgehoben, als erkannt wird, daß all die scheinbar sich voneinander unterscheidenden Dinge doch aus derselben Quelle hervorgegangen sind und vom tiefsten Wesen her alle aus einem «Urstoff» (Steinbock) sind. So wird diese grundsätzliche Gleichheit gesucht und zur Basis für die Begegnung mit dem Nicht-ich gemacht.

Die Uranus-Stellung im Horoskop zeigt den Lebensbereich an, in dem es für den Menschen eminent wichtig ist, keiner Fremdbestimmung zu unterliegen, von eigenen oder fremden subjektiven Empfindungen «rein» und «unverschmutzt» zu bleiben. Daraus kann sich eine Unberührbarkeit ergeben, die den Menschen beispielsweise nur sehr schwer Nähe ertragen läßt und ihn unnahbar macht. Um «rein» zu bleiben, muß man sich von allem anderen fernhalten, sich aus allem heraushalten.

Wie jedes der drei Prinzipien, die im vierten Quadranten zu Hause sind, verkörpert auch Uranus ein transzendentes menschliches Bedürfnis: das jenseits von aller Subjektivität Höchste und Reinste zu sein, wozu der einzelne überhaupt fähig ist: der individuelle Ausdruck, d. h. das «Ebenbild» Gottes. Somit ist Uranus der Drang, «Gott» in der einzigen, dem Menschen zugänglichen Form zu erleben: in der einzigartigen und persönlichen Ebenbildlichkeit, die man selbst ist.

Uranus: Wesenskraft und inneres Bedürfnis im Menschen: Beispiele
Uranus ist die wassermannhafte Wesenskraft im Menschen und Ursprung aller analogen inneren Bedürfnisse:

Wesenskraft	Bedürfnis (aktiv wie passiv) nach bzw. Fähigkeit zu
Freiheitstrieb:	Individualität, Eigenständigkeit, Flexibilität, Einzigartigkeit, Unbeeinflußbarkeit, Schöpfertum, Höhenflug, Offenheit, Freizügigkeit, Ungebundensein, Unlogik, Komik
Reinheitstrieb:	(seelischer) Unberührtheit, Leidenschaftslosigkeit, Einzelgängertum, erhabenem Abstand, Enthaltsamkeit, Außenseitertum
Freundschaftstrieb:	Gesinnungsgenossen, Seelen- und Wesensverwandtschaft, Artgleichheit, platonischer Beziehung, seelischer Unverbindlichkeit
transzendenter Erfahrungstrieb:	«außersubjektiver» Erfahrung, Gotteserfahrung

Uranus: Die inneren Bilder und äußerlichen Realitäten des Wassermann-Prinzips
Uranus ist der Ursprung im Menschen aller Formen, Empfindungen und Gedanken, d. h. aller «Ebenbilder» des Wassermann-Prinzips **«reine Urform»**. Diese Bilder bestimmen, wie das Prinzip empfunden, wie darüber gedacht sowie wie es in der äußeren Welt wahrgenommen wird. Durch die in den Bildern innewohnende Affinität zur

176

Anziehung gleicher Bilder in der äußeren Welt bestimmen sie auch die Erscheinungsformen des Prinzips, die dem Individuum in der realen Welt begegnen. Gestaltet sich der Uranus zu inneren Bildern der Originalität, der Überheblichkeit oder der Freundlichkeit, ziehen diese Gleichgeartetes um einen herum an. Dies geschieht auch dann, wenn man sich seiner eigenen inneren Uranus-Bilder *nicht* bewußt ist. So wie man es in sich selbst «sieht», so kommt es einem auch zwangsläufig entgegen.

Uranus: unser inneres und äußeres Bild von
sowie Einstellung zu
Originalität, Individualität, Freiheit, Freundschaft, Freund, «Gott», Reinheit, Schöpfertum, «Himmel», Gleichgesinnung, Seelenverwandtschaft, Humor, Arroganz

Das 11. Haus

Das elfte Haus, ungeachtet des Zeichens an der Häuserspitze oder eventueller Planetenbesetzung, ist immer und grundsätzlich **Wassermann-Boden** und kann nur konkrete raumzeitliche Erscheinungsformen hervorbringen, die das Wassermann-Prinzip verkörpern. Alles also, was auf diesem Boden wächst und konkret in die Erscheinung tritt, ist vom Wesen des Wassermanns, zeigt aber die spezifischen Eigenschaften des Zeichenprinzips an der Häuserspitze. Steht beispielsweise das Zeichen Waage an der Spitze des elften Hauses, so weisen die konkreten Erscheinungsformen des Wassermann-Prinzips in diesem Haus Merkmale wie Ausgewogenheit, Unentschiedenheit, Sanftheit, Bildhaftigkeit usw. auf.

Im elften Haus finden sich all die Dinge und Eigenschaften, durch die sich die Individualität des Menschen zum Ausdruck bringt. Alles, was an ihm einmalig ist und ihn von allen anderen Menschen unterscheidet, ist hier zu finden. Hier sind auch die Mechanismen und Verhaltensweisen, derer sich der Mensch bedient, um alles, was die freie Entfaltung seiner Individualität hindert, zu sprengen und abzuschütteln. Was geeignet ist, den Menschen von fremdem Einfluß, Druck und Beschränkungen zu befreien, entsteht auf dem Boden dieses Stammhauses des Wassermanns.

Das Wassermann-Prinzip läßt erkennen, daß die beobachtbaren

Unterschiede zwischen den Dingen und den Menschen letztendlich nur Oberflächenerscheinungen sind und daß hinter der Vielfalt eine grundsätzliche Einheit existiert. Die Phänomene der sichtbaren Welt, in denen man diese Wesensverwandtschaft erspürt oder bewußt erkennt, sind am elften Haus abzulesen. Das sind beispielsweise die anderen Menschen, zu denen man sich in freundschaftlicher platonischer Beziehung hingezogen fühlt. Das sind aber auch Dinge, Situationen oder Umgebungen, die einem so vorkommen, als ob sie mit einem «etwas zu tun» hätten und zu denen man eine natürliche Affinität spürt, weil man sich wie im eigenen ureigensten Element vorkommt.

Dadurch, daß Wassermann das Paradox der Gleichheit in der Unterschiedlichkeit erkennen läßt, wird die Logik der realen Welt aufgehoben, außer Kraft gesetzt. Diese Aufhebung der konventionellen Logik und Denkweise erzeugt das, was wir Komik und komisch nennen. Am elften Haus ist der individuelle Sinn für das Komische zu erkennen sowie die spezifischen Dinge und Situationen, die einen zum Lachen reizen oder durch die man andere zum Lachen bringt. Auch das persönliche Verhältnis zu Albernheit und Blödsinn geht aus dem elften Haus hervor.

Das Bedürfnis nach inneren Erfahrungen, die über das Realmenschliche hinausgehen, konkretisiert sich auf dem Boden des Wassermann-Stammhauses. Die Umstände, Bedingungen und Situationen, die solche inneren Erfahrungen der eigenen Ebenbildlichkeit «Gottes» hervorrufen können, sind am Zeichen an der Spitze des Hauses abzulesen.

Beispiele: Mit Waage an der Spitze dieses Hauses fühlt man sich mit Menschen wesensverwandt, die rücksichtsvoll sind und Ausgeglichenheit ausstrahlen. Mit Charme und Diplomatie kann man jeden Übergriff auf die eigene Freiheit und Individualität abwehren. Mit Ironie und Scharfsinn spielt man den Clown oder zieht die Dinge ins Lächerliche. Man erfährt «Gott» als den reinen Frieden und die Harmonie.

Thema XII:
Fische – Neptun – 12. Haus

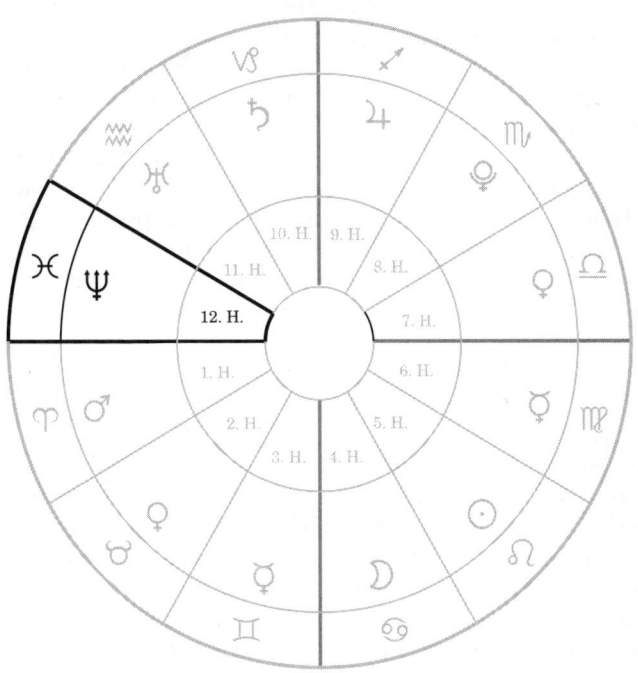

♓ Das Zeichen Fische

das *veränderliche*,
«weiblich-passive» (↓),
nach innen gerichtete (←)
Wasserzeichen
19. Februar – 20. März

Fische-Analogien

- *Unmittelbare prinzipielle Fische-Analogien:*
  Der gestalt- und namenlose Urgrund
  Das Mögliche, das Hintergründige, das Gestaltlose, das Schwache, das Potentielle, das Verschwommene, das Helfende, das Hilflose, das Schwächende, das Lähmende, das Unwandelbare, das Abseitsstehende, das Ausgestoßene, das Nicht-anerkannte, das Wohlwollende, das Unvernünftige, das Unendliche, das Nicht-greifbare, das Vertrauende, das Falsche, das Erlösende, das Abgeschiedene, das Gelassene, das Vertrauenswürdige, das Betrügerische, das Auflösende, das Unerschöpfliche, das Schemenhafte, das Verlogene, das Unbegreifbare, das Grenzenlose, das Ewige, das Täuschende, das Vortäuschende, das Unaussprechliche, das Unausgesprochene, das Verzichtende.

♆ Der Planet Neptun

Über den ♆ als menschliche Wesenskraft stehen sämtliche im Zeichen ♓ gespeicherten Möglichkeiten dem Menschen zur Verfügung.

Neptun ist der Urtrieb im Menschen, sich vom außerpersönlichen bzw. «transzendenten» Standpunkt her zu seiner unmittelbaren Umwelt in Beziehung zu setzen. Hinter allem, was direkt oder indirekt damit zu tun hat oder dazu dient, steht der Neptun-Anteil. So ist die vertrauensvolle Hinnahme der Dinge und das «tatenlose» Einverstandensein mit der Welt und der Umwelt in allen Ausformungen Urtrieb und Urbedürfnis eines jeden Menschen.

Neptun symbolisiert das innere Bedürfnis des Menschen nach Zerfließen in einem Größeren, nach dem willenlosen Mitgerissenwerden vom Lauf der Dinge; nach Aufopferung des eigenen Selbst und Verschwinden in der Anonymität. Die Neptun-Kraft will geschehen und gewähren lassen, ohne daß der Mensch selber eingreift und sich persönlich um irgend etwas kümmert. Sie will sich dem Realen entziehen oder vor ihm zurückziehen, um sich nicht mehr mit dem konkreten Leben auseinandersetzen, um nicht mehr «dazugehören» zu müssen. Wenn sich alle realen Möglichkeiten erschöpft haben und man nicht mehr weiter weiß, läßt uns der Neptun uns in vollem Vertrauen der

Richtigkeit des Laufs der Dinge anheimstellen und uns jeglicher Sorge entheben. Er ist die Fähigkeit zur Hoffnung. Der Neptun-Anteil an unserem Wesen ist das, wodurch wir fähig sind, Erlösung vom Irdischen und Hilfe und Rettung aus dem Urquell der Dinge zu erfahren.

Handelt es sich um das Bedürfnis nach Stille und Ruhe in der Abgeschiedenheit, hat man es mit seinem Neptun-Anteil zu tun. Es gilt, die Flucht vor (unerträglichen) Realitäten zu ergreifen und sich in jeder Hinsicht ziellos treiben zu lassen, ohne Schwere, Form oder feste Verwurzelung. Man leistet den Dingen keinen Widerstand mehr, man kann abseits stehen und tatenlos zuschauen. Oder aber man geht vertrauensvoll Wege, die vom Standpunkt des realen Daseins «unsinnig» sind und nicht mehr verstanden oder begriffen werden können. Aufgrund seiner Neptun-Kraft ist der Mensch in der Lage, auf alles Konkrete und Reale zu verzichten und nach außermenschlichen oder außersubjektiven Kriterien mit der realen Welt in Beziehung zu treten. Sein Verhältnis zur Welt wird nicht mehr durch «reale» (in der realen Welt gründende), sondern durch «wirkliche» Kriterien bestimmt. «Wirkliche» Kriterien sind solche, die in dem gründen, was jenseits alles subjektiven Denkens, Fühlens, Handelns und Glaubens/Meinens liegt – im Großen Meer des Ununterschiedenen, wo die ganze Schöpfung als reine, noch nicht gestaltgewordene Möglichkeit vorhanden ist.

Neptun: Wesenskraft und inneres Bedürfnis im Menschen: Beispiele

Neptun ist die Fische-Wesenskraft im Menschen und Ursprung aller analogen inneren Bedürfnisse:

Wesenskraft	Bedürfnis (aktiv wie passiv) nach bzw. Fähigkeit zu
Fluchttrieb:	Illusion, Täuschung, Realitätsflucht, Sich-treiben-Lassen, Sich-zurückziehen, Unsichtbar-sein-Können, Grenzenlosigkeit, Verschwinden-können, Idealisierung
Erlösungstrieb:	Errettung, Hilfe, Helfen, totaler Passivität, Hinnahme, Gnade, Widerstandslosigkeit
Aufopferungstrieb:	Selbstaufgabe, Sich-ausliefern-Können, Verzichten-können

Vertrauenstrieb: Gewißheit, Vertrauen-können, Hoffnung/Hoffen-können, Geschehen-und-gewähren-lassen-Können, Schwach-sein-Können, Eingebettet-sein-in-ein-Ganzes

Neptun: Die inneren Bilder und äußerlichen Realitäten des Fische-Prinzips

Neptun ist der Ursprung im Menschen aller Formen, Empfindungen und Gedanken, d. h. aller «Ebenbilder» des Fische-Prinzips **«gestalt- und namenloser Urgrund»**. Diese Bilder bestimmen, wie das Prinzip empfunden, wie darüber gedacht sowie wie es in der äußeren Welt wahrgenommen wird. Durch die in den Bildern innewohnende Affinität zur Anziehung gleicher Bilder in der äußeren Welt bestimmen sie auch die Erscheinungsformen des Prinzips, die dem Individuum in der realen Welt begegnen. Trägt man Bilder des Opferseins, der unbegrenzten Möglichkeiten oder der Hoffnung in sich, so wird man selber Opfer sein oder mit solchen konfrontiert werden. Man wird immer wieder neue Möglichkeiten entdecken, um aus schwierigen Situationen herauszukommen. Oder man wird für andere eine Quelle der Hoffnung in der Not. Dies geschieht auch dann, wenn man sich seiner eigenen inneren Fische-Bilder *nicht* bewußt ist. So wie man es in sich selbst «sieht», so kommt es einem auch zwangsläufig entgegen.

Neptun: unser inneres und äußeres Bild von sowie Einstellung zu

Schwäche, Passivität, Lüge, Unechtheit, Phantasie, Hilfe/Helfen, Vertrauen, Leid, Gewißheit, Krankheit, Aufgehoben-sein-im-Ganzen, Minderheitsdasein, Ausgestoßenheit, Minderwertigkeit usw.

Das 12. Haus

Das zwölfte Haus, ungeachtet des Zeichens an der Häuserspitze oder eventueller Planetenbesetzung, ist immer und grundsätzlich **Fische-Boden** und kann nur konkrete raumzeitliche Erscheinungsformen hervorbringen, die das Fische-Prinzip verkörpern. Alles also, was auf diesem Boden wächst und konkret in die Erscheinung tritt, ist vom Wesen des Fisches, zeigt aber die spezifischen Eigenschaften des

Zeichenprinzips an der Häuserspitze. Steht beispielsweise das Zeichen Schütze an der Spitze des zwölften Hauses, so weisen die konkreten Erscheinungsformen des Fische-Prinzips in diesem Haus Merkmale wie Religiosität, Großzügigkeit, Optimismus, Weitsicht, Zukunftsorientierung usw. auf.

In zwölften Haus konkretisiert sich vieles, mit dem sich der Mensch lieber nicht konfrontieren möchte: Abgeschiedenheit, Einsamkeit, Schwäche, Lähmung, Krankheit – in der Tat scheinbar recht unerfreuliche Erscheinungen. Auf den ersten Blick. Das zwölfte Haus bringt all die Dinge hervor, die geeignet sind, den Menschen auf sich selbst besinnen zu lassen. Das ist dann notwendig, wenn man sich aus dem engen «Griff» der realen Welt befreien soll, indem man unfähig wird oder es einem unmöglich gemacht wird, weiterhin «mitzumachen». Man wird «gelähmt» und funktions- und handlungsunfähig gemacht. Alles, was diese Wirkung auf den Menschen haben kann, entsteht im zwölften Haus. Befindet man sich beispielsweise in einer ungeeigneten Lebenssituation, kann dadurch eine Krankheit ausgelöst werden, die einen zwingt, die Situation zu verlassen. Sowohl die Krankheit selbst als auch der Ort der Hilfe gegen Krankheit (Krankenhaus) sind Entsprechungen des zwölften Hauses. Das gleiche gilt für die außerpersönliche Hilfe und Pflege, die einem im Krankenhaus zuteil werden.

Die Erscheinungsformen des zwölften Hauses führen alle in irgendeine Form der Abgeschiedenheit oder des Außenseitertums, damit man nicht mehr zum normalen realen Lauf der Dinge gehören kann. Das trifft z. B. dann zu, wenn man einer Minderheit angehört, die aus sowohl als «positiv» als auch als «negativ» empfundenen Gründen abseits steht, ein Schattendasein führt, nicht anerkannt wird oder ein als «alternativ» geltendes Leben führt. Auch «Gefängnis» als die Herberge der «Nichtgesellschaftsfähigen» gehört ins zwölfte Haus. Trotz des Scheins (auch eine Fische-Haus-12-Entsprechung!) haben alle Phänomene des zwölften Hauses die Funktion, den Menschen gegenüber der subjektiv-realen Welt zu lähmen und das Leben in ihr leidvoll zu machen, das einen sich auf die Suche nach Erlösung begeben und dadurch zum eigenen tiefsten Ursprung zurückfinden läßt. Alles, was sich dabei als Hilfe und Unterstützung erweist, aus dem man Hoffnung schöpft und was einen auf einen erfolgreichen Ausgang vertrauen läßt und die Gewißheit letztendlicher «Erlösung vom

Übel» der Welt gibt – findet seine Konkretisierung im Stammhaus des Fische-Prinzips.

Beispiele: Mit Schütze an der Spitze des zwölften Hauses schöpft man Trost und Vertrauen aus seiner Religion, die schließlich zur Quelle der Erlösung vom Leid und den Widrigkeiten der Welt wird. Man setzt den Schwierigkeiten des Lebens einen Optimismus entgegen, durch den man alle Bedrängnis meistern kann. Eine Weltanschauung kann Quelle des Leids sein, beispielsweise dadurch, daß man sich ihretwegen ausgestoßen fühlt oder tatsächlich ausgestoßen wird. Man genießt aufgrund seines Bildungsstandes den Status einer angesehenen Minderheit.

Kapitel VII

Das Verhältnis zwischen den Zeichen eines Elementes

Analog dem logisch ableitbaren und zyklischen Verhältnis aller 12 Tierkreiszeichen untereinander stellt auch das Verhältnis aller Zeichen innerhalb eines Elements eine logische und in sich schlüssige Progression dar. Die Reihenfolge der ersten Erscheinung der Elemente ist bestimmend für die Grundfunktion eines jeden Elementes: Feuer als erstes Element (Widder) hat grundsätzlich die Funktion der Sichtbarmachung und Konkretisierung; Erde als zweites Element (Stier) erfüllt die Funktion der Stabilisierung, Festigung und Beständigmachung; Luft als drittes Element (Zwillinge) dient der Unterscheidung, dem Funktionieren und der Interaktion mit der Umwelt; Wasser als viertes und letztes Element (Krebs) fungiert grundsätzlich als Depot oder Behälter von noch nicht sichtbar gewordenem, jedoch das Wesen der Dinge ausmachendem Inhalt, Potential und Möglichkeiten. Die Stadien (kardinal, fix, veränderlich; *siehe Kapitel I, Die 3 Stadien*) stellen die drei verschiedenen Ebenen oder Vorgehensweisen dar, auf denen bzw. auf die die Elemente ihre jeweilige gemeinsame Funktion erfüllen können. Die Elemente werden in dem Stadium eingeführt, das für die Phase des Entwicklungsablaufs gerade erforderlich ist. So muß das Element Feuer erstmalig im kardinalen Stadium erscheinen, weil Konkret-reales *eingeführt* werden soll. Darauf muß Erde erstmalig nicht im kardinalen, sondern im *fixen* Stadium erscheinen, um bereits Eingeleitetes zu fixieren. Dann bringt das erstmalig erscheinende Element Luft im veränderlichen Stadium das Fixierte zur Funktion und setzt es physisch zur Umwelt in Beziehung. Nach Fertigstellung der körperlichen Form, «des Behälters», er-

185

scheint erstmalig das Element Wasser im kardinalen Zeichen Krebs. Es gilt, etwas Neues – den Inhalt für die Form – einzuführen. Die Tatsache, daß Wasser erst im zweiten Quadranten eingeführt wird, ist ein Hinweis darauf, daß das Element auf einer anderen Ebene als die anderen drei Elemente liegt. Das ist auch insofern der Fall, als Wasser das Element ist, das alles andere hervorbringt, aus dem alles andere hervorgeht. Diese Sonderstellung des Elements Wasser als der Urgrund der Dinge auf drei verschiedenen Ebenen läßt analog auf eine Sonderstellung des Weiblichen schließen, das vom Element Wasser symbolisiert wird. Darauf wird im Abschnitt *Die Wassertriade* näher eingegangen.

Die Feuertriade
Widder/Löwe/Schütze

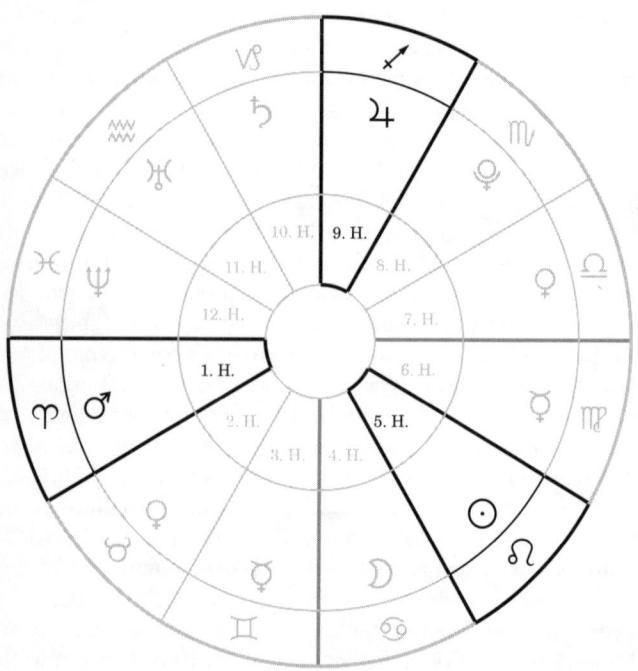

Die allen Feuerzeichen gemeinsame Funktion: *die energische und dynamische Sichtbarmachung und Konkretisierung eines im vorangegangenen Wasserzeichen enthaltenen Potentials*

♈: **Kardinales Feuer** – Als erstes Zeichen im ersten Quadranten bewirkt das kardinale Feuerzeichen Widder durch die dynamische und energische *Einführung/Einleitung* (Kardinalität) die Sichtbarmachung und Konkretisierung zwar noch chaotischer und ungeordneter, jedoch *konkret-realer, sichtbarer Form* (Feuer). Diese vom Widder erzeugten konkreten Formen waren als Potential im Meer der unendlichen Möglichkeiten des vorangegangenen Zeichens Fische vorhanden. Die Energie als Grundlage der sichtbaren Körperlichkeit (z. B. des menschlichen Körpers) ist das Thema des ersten Quadranten. Jedoch müssen die Angelegenheiten eines jeden Hauses – in welchem Quadranten auch immer –, das unter der Herrschaft des Widders steht, sich gemäß dem Prinzip der sichtbaren und konkreten Körperlichkeit des kardinalen Feuers verwirklichen.

♌: **Fixes Feuer** – Als zweites Zeichen im zweiten Quadranten bewirkt das fixe Feuerzeichen Löwe durch die dynamische und energische Festigung und Stabilisierung dessen, was im vorangegangenen kardinalen (einführenden) Wasserzeichen (Krebs) bereits eingeleitet/eingeführt wurde, die Sichtbarmachung und Konkretisierung seelischer/wesenhafter Inhalte. Der Löwe läßt seelische Inhalte zum «Verhalten», zum «Willen» «erstarren», um dadurch sichtbar und konkret zu werden. Löwe ist durch Verdichtung und Formung sichtbar gemachte Seele. Die Energie als Grundlage zur Sichtbarkeit erstarrten und stabilisierten Inhalts (z. B. der menschlichen Seele) bildet die fixe Phase des zweiten Quadranten. Die Angelegenheiten eines jeden Hauses – in welchem Quadranten auch immer –, das unter der Herrschaft des Löwen steht, müssen sich gemäß dem Prinzip der Sichtbarmachung von Inhaltlichem/Wesenhaftem des fixen Feuers verwirklichen.

♐: **Veränderliches Feuer** – Als drittes Zeichen im dritten Quadranten läßt das veränderliche Feuerzeichen Schütze durch Dynamik und energischen Schwung das, was im vorangegangenen fixen Wasserzeichen Skorpion bereits stabilisiert und gefestigt wurde, zur Funktion kommen und in Beziehung zur Umwelt treten. Die losen Bilder der Waage, die im Skorpion zu festen Vorstellungen, Erfahrungen und Wissen «erstarrten», kommen im Schützen zur praktischen Anwendung (Funktion) in der Umwelt. Ohne den Schützen wären alle Vorstellungen, Erfahrungen und Wissen lediglich «Theorie» ohne praktische und nützliche Umsetzung. Die Energie als Grundlage der Sichtbarmachung und Konkretisierung von Vorstellungsbildern und Erfahrungen bildet die veränderliche Phase des dritten Quadranten. Die Angelegenheiten eines jeden Hauses – in welchem Quadranten auch immer –, das unter der Herrschaft des Schützen steht, müssen sich gemäß dem Prinzip der sichtbaren und konkreten Umsetzung von Ideen (Prinzipien) und Erfahrung verwirklichen.

Zu den Feuerzeichen: Anhand der gemeinsamen Funktion aller Feuerzeichen ist zu erkennen, daß nicht – wie vielfach angenommen – das Element Erde, sondern das Element *Feuer* für die Entstehung konkreter Formen zuständig ist. Anders ausgedrückt: Potential (Wasser) konkretisiert sich immer zunächst einmal in Form von Energie (Feuer). Das Element Erde stabilisiert bereits durch Feuer Konkretgewordenes. Das Verhältnis Wasser/Feuer/Erde entspricht analog dem Verhältnis Zeichen (Potential)/Planeten (erste energetische Erscheinungsform)/Haus (das Irdische, «Fleischgewordene»).

Die Erdtriade
Stier/Jungfrau/Steinbock

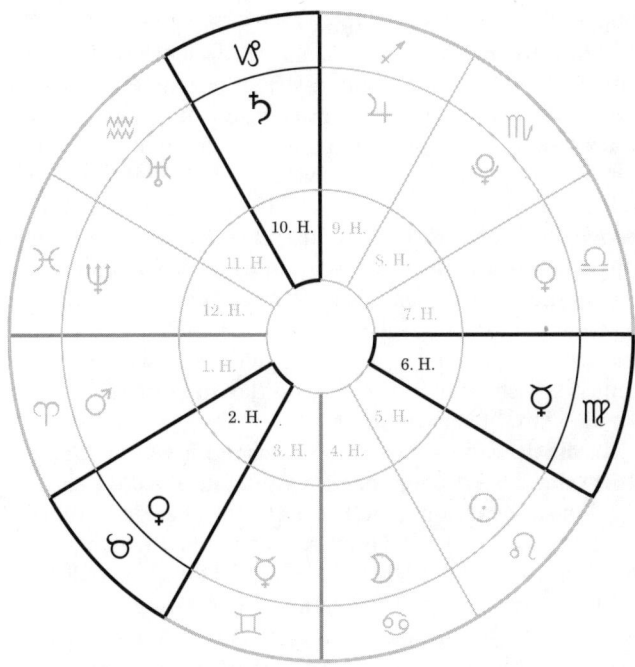

Die allen Erdzeichen gemeinsame Funktion: *die Sammlung, Stabilisierung und Festigung, also die «Fixierung» dessen, was in chaotischer und «flüchtiger» Form vom vorangegangenen Feuerzeichen konkret und sichtbar gemacht wurde.*

♉: **Fixe Erde** – Als erstes Erdzeichen und zweites Zeichen im ersten Quadranten bewirkt der Stier durch «Einsammeln», Verdichtung und «Einfriedung» die Stabilisierung und Festigung des Körperlichkonkreten, das vom vorangegangenen Feuerzeichen Widder sichtbar gemacht wurde. Der Stier setzt lose körperlich-physische Teile/Energie zu einer stabilen und beständigen Form (Organismus) mit festen Grenzen und Konturen zusammen und bildet somit die fixe Phase des ersten, körperlichen Quadranten. Die Angelegenheiten eines jeden

Hauses – in welchem Quadranten auch immer –, das unter der Herrschaft des Stiers steht, müssen sich gemäß dem Prinzip der Stabilisierung und Festigung von Körperlich-konkretem der fixen Erde verwirklichen.

♍: **Veränderliche Erde** – Als zweites Erdzeichen und drittes Zeichen im zweiten Quadranten stabilisiert und festigt die Jungfrau den feurigen und ungebändigten Lebenstrieb und -ausdruck des vorangegangenen Löwen, indem sie ihn in die Umwelt einbettet, ihn bändigt und ihm Verhaltensgrenzen setzt. Die Jungfrau ist insofern lebenserhaltend, als sie verhindert, daß sich der Lebenstrieb durch Hemmungslosigkeit energetisch erschöpft – wie der Stier die Erschöpfung der körperlichen Energie verhindert. Das stabilisierende Element Erde bildet die veränderliche Phase des zweiten seelisch-inhaltlichen Quadranten. Die Angelegenheiten eines jeden Hauses – in welchem Quadranten auch immer –, das unter der Herrschaft der Jungfrau steht, müssen sich gemäß dem Prinzip der stabilisierenden Einbindung in die Umwelt verwirklichen.

♑: **Kardinale Erde** – Als erstes Zeichen im vierten Quadranten stabilisiert und festigt Steinbock als kardinale Erde durch die *Einführung/Einleitung* (Kardinalität) des Prinzips der außersubjektiven Wirklichkeit, in der jedes Phänomen wurzelt und die sich jedem subjektiven Zugriff entzieht. Hier will Wirklichkeit heißen: das, was an jedem Menschen, an jedem Phänomen nach Ausschalten alles subjektiven Meinens, Wähnens, Glaubens oder Fürwahrhaltens übrigbleibt. Dieses «Wirkliche» an einer Sache ist das, was ihrer Wahrheit entspricht und sie bestehen läßt, ihr Halt gibt, ihre wirklichen Grenzen definiert und sie vor dem Auseinandergerissenwerden durch eigene oder fremde Subjektivität bewahrt. So stabilisiert Steinbock auch die durch Schütze sichtbar und funktionsfähig gemachten Erkenntnisse: Was an ihnen wirklich und wahr ist, wird erhalten, wird in wesentlicher, konzentrierter Form beständig. Was an ihnen nur subjektiv ist, wird abgetrennt. Diese vom Steinbock subjektiv unberührbare und unveränderbare Wirklichkeit bestimmt die Thematik des vierten Quadranten. Jedoch müssen die Angelegenheiten eines jeden Hauses – in welchem Quadranten auch immer –, das unter der Herrschaft des Steinbocks steht, sich gemäß dem Prinzip der außersubjektiven Wirklichkeit der kardinalen Erde verwirklichen.

Die Lufttriade
Zwillinge/Waage/Wassermann

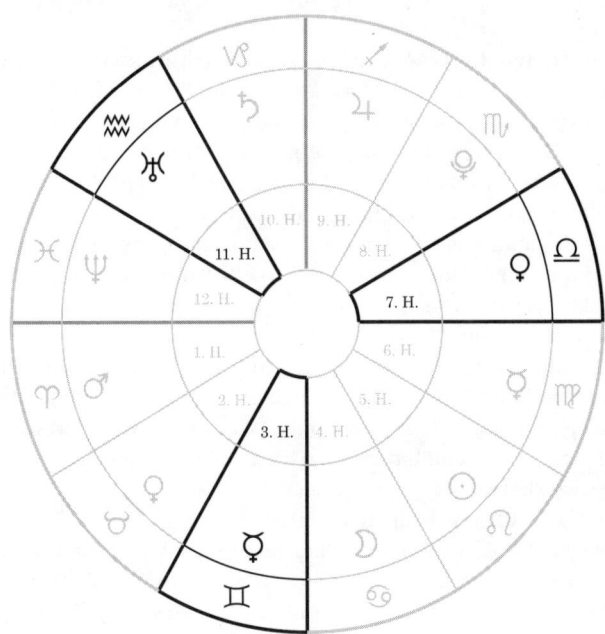

Die allen Luftzeichen gemeinsame Funktion: *das, was im vorangegangenen Erdzeichen stabilisiert wurde, Kontakt zur Umwelt, zum
Nicht-ich aufnehmen und mit ihnen in Beziehung treten zu lassen.*

♊: **Veränderliche Luft** – Als erstes Luftzeichen und drittes Zeichen im ersten Quadranten lassen die Zwillinge den vom Stier stabilisierten und gefestigten körperlichen Organismus über die physische
Funktion Kontakt zur Umwelt aufnehmen. Die Aufmerksamkeit dessen, was in dieser Phase des ersten Quadranten seine körperliche
Vollständigkeit erreicht hat, wendet sich jetzt mit Neugierde und Interesse der Umwelt zu. Durch die Beweglichkeit kann mit der Umgebung Kontakt aufgenommen und der Austausch gepflegt werden. Das
beziehungsfördernde Element Luft bildet also die veränderliche
Phase des ersten physischen Quadranten. Die Angelegenheiten eines

jeden Hauses – in welchem Quadranten auch immer –, das unter der Herrschaft des Zwillingszeichens steht, müssen sich gemäß dem Prinzip der körperlichen Beziehung zur und Austausch mit der Umwelt verwirklichen.

♎: **Kardinale Luft** – Als erstes Zeichen im dritten Quadranten leitet das kardinale Luftzeichen Waage das Bedürfnis ein, sich nicht nur über den physischen Kontakt und Austausch die Umwelt zu erleben, sondern seelisch-bewußt dem belebten wie nicht-belebten Du (Nicht-ich) zu begegnen und mit ihm den Ausgleich zu suchen, damit man mit allem Nicht-ich auskommen und das friedliche Nebeneinander ermöglichen kann, das für den Fortbestand der Dinge unerläßlich ist. Diese Begegnung kann sowohl körperlicher als jetzt auch bildlich-gedanklicher Natur sein, d. h. die Beziehung zur Umwelt kann auch über Vorstellungsinhalte erfolgen. Das Bedürfnis nach bewußter Begegnung und Ausgleich mit der Umwelt ist das Thema des dritten Quadranten. Jedoch müssen die Angelegenheiten eines jeden Hauses – in welchem Quadranten auch immer –, das unter der Herrschaft der Waage steht, sich gemäß diesem Aspekt des Prinzips der kardinalen Luft verwirklichen.

♒ : **Fixe Luft** – Als drittes Luftzeichen und zweites Zeichen im vierten Quadranten stabilisiert und festigt der Wassermann die vom Steinbock im ungeordneten Zustand eingeleitete Wirklichkeit. So wie der Stier die losen körperlich-physischen Bestandteile zu einem festen Ganzen zusammensetzt, so setzt Wassermann sämtliche Elemente und Aspekte der einem Phänomen zugrunde liegenden Wirklichkeit zur Bildung eines geformten und funktionsfähigen Ganzen zusammen, das nichts Fremdes mehr an sich hat, sondern sich im reinsten Höchstzustand befindet. Von diesem Reinheitszustand aus wendet sich jetzt der Wassermann der Umwelt zu und erkennt in jedem Du, in allem Nicht-ich einen individuellen Ausdruck der reinen undifferenzierten Wirklichkeit, die den einheitlichen Kern bildet, um den herum sich alle Vielfalt bildet. Das Du wird als ein Gleiches betrachtet und behandelt, die Unterschiede in der Vielfalt werden als unwesentlich und oberflächlich durchschaut und «aufgehoben». Die Angelegenheiten eines jeden Hauses – in welchem Quadranten auch immer –, das unter der Herrschaft des Wassermanns steht, müssen sich gemäß dem Prinzip der grundsätzlichen Gleichheit, Reinheit und Freiheit der Dinge von allem fremden Einfluß verwirklichen.

Die Wassertriade
Krebs/Skorpion/Fische

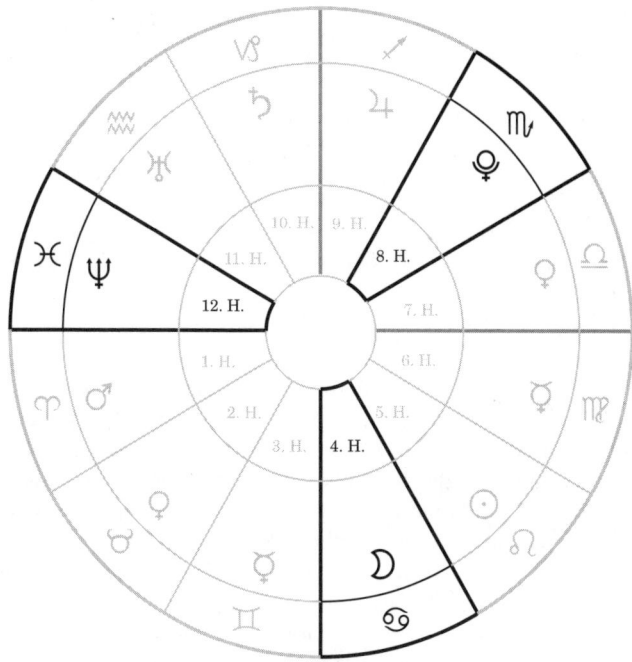

Die allen Wasserzeichen gemeinsame Funktion: *«Depot» und «Behälter» sein für alle latent vorhandenen, nicht verwirklichten Potentiale und Möglichkeiten, die einem Phänomen innewohnen und sein Wesen ausmachen. Die Wasserzeichen können als das große, nicht greifbare «Nichts» betrachtet werden, aus dem alle sichtbaren und konkreten Erscheinungsformen (das Element Feuer) hervorgehen.*

♋: **Kardinales Wasser** – Als erstes Zeichen im zweiten Quadranten führt das kardinale Wasserzeichen Krebs durch die sturzbachartige Entdeckung der Innerlichkeit und das chaotische Aufwallen der Empfindungsfähigkeit die Möglichkeit der realen Identitätsbildung ein. Alles, was einem Menschen oder einer Sache an Potential und Möglichkeiten innewohnt, wird vom Krebs eingeleitet. Alles, was aus einem/etwas wird oder werden könnte, ist im Krebs enthalten, wie auch Ursprung und Herkunft. Das innere Potential als Grundlage des sich selbst bewußten subjektiven Lebens/Daseins (z. B. des menschlichen Lebens) ist das Thema des zweiten Quadranten. Jedoch müssen die Angelegenheiten eines jeden Hauses – in welchem Quadranten auch immer –, das unter der Herrschaft des Krebses steht, sich gemäß dem Prinzip der Entdeckung des dem Phänomen innewohnenden Potentials des kardinalen Wassers verwirklichen.

♏: **Fixes Wasser** – Als zweites Wasserzeichen und zweites Zeichen im dritten Quadranten stabilisiert und festigt der Skorpion die von der Waage im ungeordneten Zustand eingeleiteten Bilder (= Gedanken = Vorstellungsinhalte). So wie der Löwe die losen seelischen Bestandteile zu einem festen Ganzen – dem Verhalten – zusammensetzt, schweißt Skorpion die losen Waage-Bilder zu festen Bild-, Vorstellungs- und Erfahrungsmustern zusammen. Die Gesamtheit dieser Bildgefüge enthält als Potential oder Möglichkeit alles, was es in der Welt schon einmal gegeben hat, gibt und geben wird. Waren im Krebs sämtliche Potentiale und Möglichkeiten des einzelnen enthalten, so sind im Skorpion die der individuellen Sippe, der ganzen menschlichen Art und – im größten Rahmen – der Erde/Welt enthalten. Krebs ist das Unterbewußtsein des einzelnen, Skorpion das («kollektive Unterbewußtsein») der Art, der Sippe, der Welt. Alles also, was es an Entwicklungsabläufen, Ereignissen Erfahrungen und Artungen auf der Welt geben kann, ist im Skorpion «fixiert» und als Möglichkeit festgehalten. Die Angelegenheiten eines jeden Hauses – in welchem Quadranten auch immer –, das unter der Herrschaft des Skorpions steht, müssen sich gemäß dem Prinzip der fixierten Musterhaftigkeit, nach dem die Dinge sich zu entwickeln haben und von dem nicht abgewichen werden darf, verwirklichen.

♓: **Veränderliches Wasser** – Als drittes Zeichen im vierten Quadranten läßt das veränderliche Wasserzeichen Fische den Menschen mittels einer Haltung der Widerstandslosigkeit und Hinnahmebereitschaft gegenüber allen Möglichkeiten zur Umwelt in Beziehung treten. Diese Haltung ergibt sich daraus, daß in den Fischen die Möglichkeiten der ganzen Schöpfung enthalten sind, so daß der Mensch intuitiv spürt, daß ihm alles zur Verfügung steht. Es gibt also keinen Grund zur Sorge. Man ist nicht mehr nur an Reales gebunden, man ist bereit, «geschehen und gewähren» zu lassen, ohne Widerstand zu leisten. Der Mensch ist jetzt Außenseiter, Abseitsstehender. Diese passive Hingabe an die unendliche Fülle der Möglichkeiten in der Schöpfung bildet die veränderliche Phase des vierten Quadranten. Die Angelegenheiten eines jeden Hauses – in welchem Quadranten auch immer –, das unter der Herrschaft der Fische steht, müssen sich gemäß dem Prinzip der Widerstandslosigkeit und des untätigen Geschehen-und-gewähren-Lassens verwirklichen.

Zu den Wasserzeichen: Unter der Besprechung der Sonne als Wesenskraft wurde festgestellt, daß dieser Planet als Koordinator, Träger und Gestalter der Äußerungsformen aller Wesenskräfte die Stellung des «primus inter pares» – des Ersten unter Gleichen – einnimmt. Unter den Elementen besteht ein ähnliches Verhältnis. Wie aus den Funktionen der verschiedenen Elemente zu ersehen ist, stehen sie in einem Verhältnis der ausgewogenen gegenseitigen Abhängigkeit voneinander. Und doch gehen alle Elemente aus dem Element Wasser hervor. Krebs ist der Ursprung des einzelnen im Realen, Skorpion der Art, und die Fische sind der Urgrund der Schöpfung schlechthin. Allerdings ohne die anderen Elemente könnte Wasser nichts hervorbringen, und die Schöpfung müßte nichtverwirklichtes Potential bleiben. Es käme nichts zustande, es gäbe nichts. Also bringt das Wasser selbst das hervor, wovon es selbst für seine Existenz und seinen Ausdruck abhängig ist. So geht Widder aus den Fischen, Löwe aus dem Krebs und Schütze aus dem Skorpion hervor.

Als Inbegriff des Weiblichen muß alles, was auf das Element Wasser zutrifft, auch analog auf das manifestierte Weibliche zutreffen. Das Beispiel der sexuellen Fortpflanzung kann dies veranschaulichen: Um neues Leben hervorbringen zu können, muß das Weibliche (das Ei) vom Männlichen (dem Samen) befruchtet werden. Fehlt entweder Ei oder Samen, kann kein neues Leben entstehen. Es besteht also zwischen Weiblichem und Männlichem eine ausgewogene gegenseitige Abhängigkeit, eine Gleichheit. Jedoch innerhalb dieser Gleichheit besteht paradoxerweise auch die Ungleichheit: Obwohl Weibliches und Männliches voneinander abhängig sind und sich gegenseitig bedingen, kann in der Tat nur das *Weibliche* das neue Leben hervorbringen, niemals aber das Männliche. Das bedeutet, daß das Weibliche in Wirklichkeit ein *primus inter pares* sein muß, da bei aller Abhängigkeit vom Männlichen *nur das Weibliche gebären kann.*

Die Elementenfolge in den Quadranten

Sowohl die Elementenfolge in den Quadranten als auch das in jedem Quadranten jeweils fehlende Element sind Ausdruck der inneren Logik des Tierkreises, von der die Entstehung und der Fortbestand der Dinge abhängt. Die gegebene Reihenfolge der Elemente ist also für den Lauf der Dinge auf allen Ebenen, in allen Formen, unabdingbar.

Die Elemente des 1. Quadranten

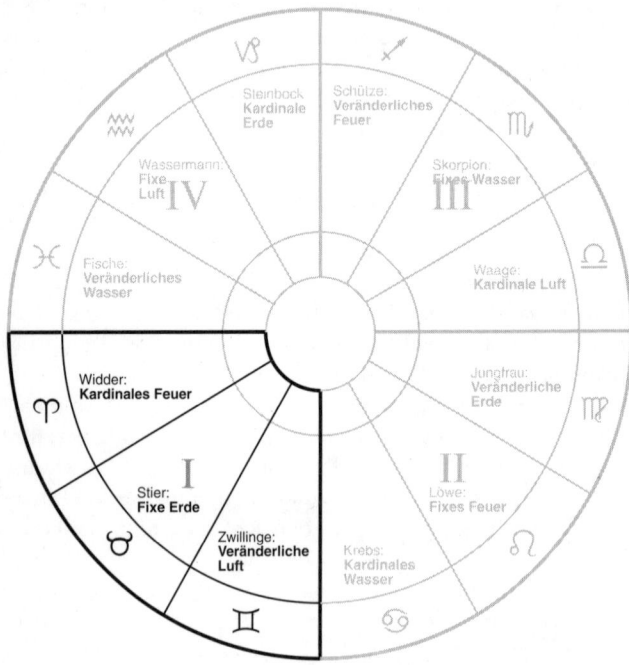

Es ist beispielsweise eine zwingende Notwendigkeit, daß in der Richtung gegen den Uhrzeigersinn im Entwicklungszyklus das kardinale Feuer (Widder) zunächst einmal vorhandene Potentiale und Möglichkeiten (Fische) sichtbar und konkret machen muß, damit überhaupt etwas *da* ist, was sich im Realen weiterentwickeln kann. Da jedoch die sichtbarmachende Energie des Widders ein Phänomen nur physisch erscheinen lassen, nicht aber organisieren kann, muß auf kardinales Feuer fixe Erde – der Stier – folgen. Der Stier ist für die Erdung, das Organisieren, die Abgrenzung und das Beständigmachen vollständig vorhandener, physisch-konkreter *Bestandteile*. Darauf muß die Funktion veränderlicher Luft wirksam werden: Das nunmehr vorhandene, organisierte Phänomen muß durch die ihm eigene Funktion zur Umwelt in Beziehung treten.

Das veränderliche Luftzeichen Zwillinge bereitet auf das Element vor, das die Thematik des zweiten Quadranten bestimmt: Wasser. Eben dieses Element muß im 1. Quadranten fehlen, weil es hier um die Etablierung von Äußerem in der physischen Umwelt geht. Jegliche Hinwendung zu oder Auseinandersetzung mit Innerem, also der Thematik des nächsten Quadranten, müßte zwangsläufig von der Aufgabe dieses Feuerquadranten ablenken und eine erfolgreiche Entwicklung gefährden.

Die Elemente des 2. Quadranten

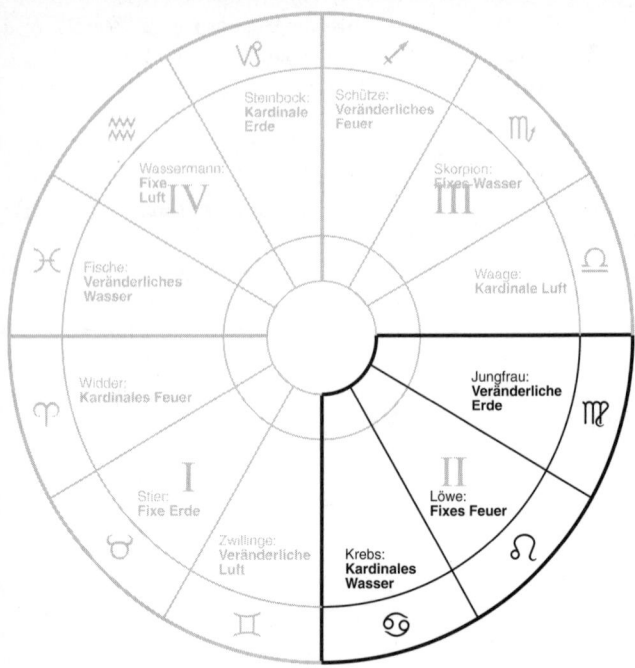

Erst bei der Überschreitung der Grenze zwischen dem ersten und dem zweiten Quadranten wird klar, daß es sich bei dem Körperlich-konkreten des ersten Quadranten um einen «Behälter» für das handelt, was sich im 2. Quadranten entwickelt. In diesem neuen Abschnitt des Entwicklungszyklus erscheint ein neues Element, das im 1. Quadranten fehlt: Wasser, im Zeichen Krebs. Wie bei allen Wasserzeichen geht es auch beim Krebs um Inneres, Inhaltliches, Wesenhaftes, Potentielles, Mögliches. Inhalt (das Element Wasser) kann sich nur mittels Form (das Element Feuer) zum Ausdruck bringen. Das gleiche Verhältnis kann auf die Quadranten angewandt werden: Ein Feuerquadrant ist ein Form-, ein Wasserquadrant ein Inhalts-Quadrant. Der erste (Feuer)Quadrant dient als Form/Behälter für den zweiten (Wasser)Quadranten. Der erste Quadrant verhält sich zum zweiten wie Form zu Inhalt: In den fertigen Krug muß jetzt etwas hineingegossen werden. Der Leib wird beseelt. Es leuchtet auch ein, daß die Form als Vehikel zuerst vorhanden sein muß, damit Inhaltliches/Wesenhaftes eine Ausdrucksmöglichkeit hat. Der erste Quadrant ohne den zweiten würde einem Menschen entsprechen, der im tiefen Koma liegt. Der lebendige und funktionsfähige «Behälter» ist zwar vollständig vorhanden; jedoch der «Inhalt», nämlich das, was den Menschen ausmacht, sein Wesen, ist nicht mehr vorhanden. Es bleibt nur noch die Hülle, die Form. Ein zweiter Quadrant ohne einen ersten ist unvorstellbar, da sich Inhalt nur über Form bemerkbar und erfahrbar machen kann. Fehlt die Form, ist der Inhalt praktisch nicht existent.

Mit Wasser im kardinalen Stadium sind jetzt alle Elemente eingeführt und die Grundfolge der Elemente abgeschlossen. Die Folge wird erneut mit fixem Feuer eingeleitet. Das unsichtbare Potential im Krebs, das bereits eingeleitet wurde, muß nun sichtbar gemacht und gleichzeitig in eine stabile Form gebracht werden. In der Jungfrau sorgt dann Erde dafür, daß sichtbar gewordene Seele = Verhalten sich in die Umwelt einbindet, daß sich der Mensch nicht nur körperlich in die Herde integriert, sondern sich jetzt auch vom Verhalten her integriert oder «sozialisiert».

Das veränderliche Erdzeichen bereitet auf die Thematik des dritten, Luftquadranten vor: nach Herausbildung des Ich jetzt die Hinwendung zum Du/Nicht-ich. Durch veränderliche Erde wurde die Fähigkeit erworben, sich einzubinden, zu sozialisieren, sich anzupassen – alles Voraussetzungen zur Erfüllung der Aufgabe des dritten Quadranten, nämlich die bewußte Begegnung mit der Welt und allem, was darin ist. Da es im zweiten, Wasserquadranten darum geht, das Inhaltliche und das Wesenhafte an einem Phänomen zu etablieren, muß das Element Luft im zweiten Quadranten fehlen, weil es von der Herausbildung des eigenen Inhalts (des Ich), der Aufgabe des Wasserquadranten, ablenken und dadurch den Zyklus stören würde.

Die Elemente des 3. Quadranten

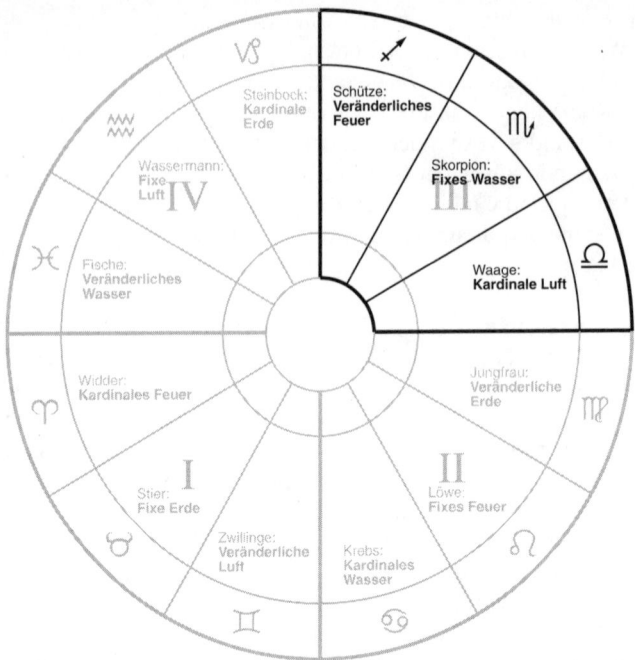

Das kardinale Luftzeichen Waage gibt an, worum es im dritten Luftquadranten geht: die flexible und auf Ausgleich gerichtete Auseinandersetzung mit der Welt, der Umwelt und dem Du/Nicht-ich. Erst nach der Vorbereitung hierauf durch das Erdelement bestand überhaupt die Fähigkeit dazu. Obwohl das kardinale Zeichen Waage das zweite Luftzeichen ist, ist es erst ab diesem Punkt möglich, mit vollem Bewußtsein (sofern es sich um einen Menschen handelt) des Unterschiedes zwischen Ich und Nicht-ich der Welt zu begegnen. Im veränderlichen Zeichen Zwillinge, dem ersten Luftzeichen, ging es lediglich darum zu lernen, auf dieser vorbewußten Ebene die Unterschiedlichkeit der Dinge einfach an ihren Formen und Funktionen festzustellen, um sich körperlich unter ihnen bewegen zu können, und nicht darum, die bewußte Begegnung mit ihnen zu suchen. Es besteht in den Zwillingen noch gar kein Ich, das sich zu einem Du in Beziehung setzen oder mit ihm den Ausgleich suchen könnte.

Nach Einführung der Begegnungsfähigkeit durch kardinale Luft muß das fixe Wasser des Skorpions, die losen Luftbilder zu festen Bildgefügen oder Bildergruppen zusammenschweißen, damit es nicht bei der losen Begegnungsfähigkeit bleibt, sondern zur Fähigkeit zu festgefügten Beziehungen kommen kann. Wie immer macht Luft – in diesem Fall die Waage – flexibel, offen und empfänglich für die unendlichfältigen Möglichkeiten, die im darauf folgenden Wasserzeichen angelegt und enthalten sind. Im Skorpion sind es die nichtgreifbaren festen Bildmuster, in denen alle Beziehungen und Zusammenhänge, die in der Welt, der Art und der Sippe möglich sind, enthalten sind. Es sind sowohl vom Individuum selbst zusammengestellte als auch der Welt und der Art zugrunde liegende gemeinsame Bildstrukturen, die sich aus Geschichte, Erfahrungen und Artung ergeben. So wie Krebs das Reservoir der Möglichkeiten des einzelnen darstellt, ist Skorpion das Reservoir der Möglichkeiten der stofflichen Schöpfung.

Auf das fixe Wasser des Skorpion-Potentials folgt das veränderliche Feuer des Schützen, durch das die verborgenen Vorstellungsbilder, Strukturen und Zusammenhänge sichtbar und auf die reale Welt konkret anwendbar werden. Das Ergebnis dieser Sichtbarmachung sind bewußte Einblicke in tiefere Zusammenhänge, Erkenntnis und Begreifen der Dinge, Verständnis für anderes, Sinnerkennung.

Das veränderliche Feuerzeichen bereitet auf das Element vor, das die Thematik des vierten Quadranten bestimmt: Erde, das Element des Organisierens, der Sicherung und der Verwurzelung. Aufgabe des dritten, Luftquadranten ist es, offen, flexibel und empfänglich für alles Nicht-ich (Du) zu machen. Aus diesem Grund muß das Element Erde im 3. Quadranten fehlen, da Erde fest, stationär und unbeweglich macht, was sich mit der im 3. Quadranten erforderlichen Bereitschaft, auf Anderes einzugehen, nicht verträgt und dadurch diese Entwicklungsphase verhindern würde.

Die Elemente des 4. Quadranten

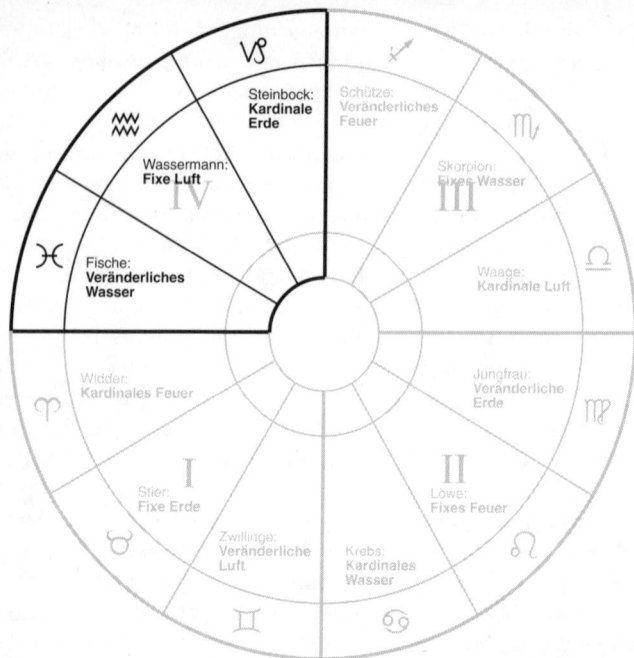

Auch über eine Quadrantengrenze hinweg muß auf dynamisches Feuer stabilisierende, verwurzelnde Erde folgen. So ist der vierte Quadrant der Erdquadrant, dessen Inhalte vom kardinalen Erdzeichen Steinbock bestimmt werden.

Mit der Überschreitung der Grenze zum vierten Quadranten wird nicht nur neues Territorium, sondern auch eine neue Dimension betreten. In den ersten drei Quadranten vollzogen sich die drei Entwicklungsphasen aller konkreten Erscheinungsformen – einschließlich des Menschen – der subjektiv-realen Welt. (Zu den konkreten Erscheinungsformen zählen auch die nicht greifbaren Aspekte des stofflichen Daseins wie z. B. Empfindungen und Gedanken.) Auf das Beispiel Mensch sind die ersten drei Quadranten wie folgt anzuwenden: 1. Quadrant = Körper, 2. Quadrant = Seele, 3. Quadrant =

Geist (d. h. Denkfähigkeit/-vermögen). Die Gesamtheit dieser drei Bereiche machen den konkreten, real existierenden Menschen aus. Nach dem Durchlauf des 3. Quadranten ist der Mensch vollständig und real «fertig». Demnach muß es sich beim 4. Quadranten um einen Bereich handeln, der über die drei realen Bestandteile hinausgeht; einen Bereich, der auch grundsätzlich anders als real-stofflich geartet sein muß. Darauf gibt die Elementenverteilung einen deutlichen Hinweis.

Der reale Entwicklungszyklus gegen den Uhrzeigersinn im Tierkreis beginnt mit dem Element Feuer – ein Hinweis auf die Grundthematik des Elements. Im dritten Zeichen des dritten Quadranten, im Schützen, wird mit der Vervollständigung der Denkfähigkeit die Entwicklung in den drei Bereichen des Realen abgeschlossen – ebenfalls vom Element Feuer. Im darauf folgenden vierten Quadranten fehlt eben dieses Element, weil dort nicht mehr subjektiv Reales, sondern außersubjektiv Wirkliches gefragt ist. Wie es sich bei den ersten drei Quadranten gezeigt hat, fehlt in jedem Quadranten das Element, das der Thematik des Quadranten zuwiderläuft und den Entwicklungszyklus stören würde: im ersten Wasser; im zweiten Luft; im dritten Erde. Im vierten Quadranten fehlt Feuer, das Element, das Real-subjektives konkret und sichtbar macht. Daraus kann gefolgert werden, daß Realkonkretes und Sichtbares im 4. Quadranten keinen Platz hat, weil dort Außersubjektives, Überreales zu Hause ist. Zur Erinnerung: Unter «wirklich» und «Wirklichkeit» wird verstanden: das, was von einem Phänomen übrigbleibt nach dessen Reinigung von allem subjektiven Meinen, Glauben, Wähnen, Deuten und Dafürhalten – das Ding an sich (siehe Vorwort).

Das Element Erde im kardinalen Erdzeichen Steinbock bestimmt die Thematik des vierten Quadranten: die nicht greifbare und nicht subjektiv oder real beeinflußbare *Substanz*, die außerpersönliche Wirklichkeit, in der alles Reale verwurzelt ist (Erde), auf der es basiert und zeit- und raumunabhängigen Bestand bekommt. Kardinale Erde ist das Substantielle, das Wesentliche, der «Urstoff», aus dem die Dinge sind. Sie ist das an einem Phänomen (auch am Menschen), worauf hin dieses sich aus sich selbst heraus entwickelt, seine endgültige und festgelegte Bestimmung, seine *Entelechie*.

Wie bei allen kardinalen Zeichen führt auch das kardinale Erdzeichen diese höchste Bestimmung und Wirklichkeit zwar vollständig, jedoch lose und formlos-chaotisch ein. So muß auf kardinale Erde die fixe Luft des Wassermanns folgen, der das Substantielle, das Wirkliche stabilisiert (fixiert) und zur Umwelt in Beziehung setzt (Luft). Durch fixe Luft erscheint das Phänomen in höchster, reinster Urform, unberührt und unbefleckt von allen fremden Einflüssen oder subjektiven Überlagerungen. Es ist, sofern dies möglich ist, seiner eigenen Einmaligkeit und Freiheit bewußt und präsentiert sich entsprechend dem Du/Nicht-ich.

Wie alle Luftzeichen macht auch die fixe Luft des Wassermanns offen und empfänglich für die unendlichen Potentiale und Möglichkeiten des darauf folgenden Wasserzeichens, in diesem Fall des veränderlichen Wassers der Fische. Nachdem man nun seine eigene reine Wirklichkeit erkannt und verkörpert hat, hat man keinen Grund mehr, der Welt Widerstand zu leisten, mitzumachen oder noch dazuzugehören. Ganz nach den Prinzipien des Wassers im veränderlichen Stadium verhält sich Wassermann zur Umwelt. Die Beziehung zur Welt ist gekennzeichnet von Passivität und einer Einstellung des Geschehen-und-gewähren-Lassens. Die Dinge werden ihrem Lauf, ohne eigenen Eingriff, überlassen. Man steht abseits der Dinge, schaut zu und läßt sich mitreißen. Aufgrund seiner Haltung dem Leben gegenüber wird man nicht mehr von der restlichen Welt verstanden, und man kommt sich auch grundsätzlich unverstanden vor. Es gibt absolut nichts mehr, was einem fremd wäre oder was man nicht zulassen und bestehen lassen würde. Man steht der Schöpfung völlig aufgeschlossen und widerstandslos gegenüber. Dadurch wird die Basis geschaffen, die reale Schöpfung noch einmal im kardinalen Feuer des Widders wieder entstehen zu lassen.

Kapitel VIII

Die Zeichenverhältnisse

Die ergiebigste Quelle für das Begreifen astrologischer Zusammenhänge sind die Verhältnisse der Zeichen zueinander. Das heißt, wie weit zwei Zeichen voneinander entfernt sind, bestimmt, in welcher festen Beziehung die Prinzipien, die in den Zeichen enthalten sind, zueinander stehen. Solche Beziehungen sind unwandelbar und können voll auf das Verhältnis zwischen den entsprechenden Planeten und Häusern – sogar auf Aspekte – übertragen werden. Wenn man also begriffen hat, wie sich beispielsweise Widder zu Wassermann verhält, kann man sämtliche Aussagen und Analogien, die sich aus diesem Verhältnis ergeben, uneingeschränkt auf das Verhältnis zwischen Mars und Uranus und zwischen Haus I und Haus XI anwenden.

Das Verständnis der Zeichenverhältnisse ist die Grundlage für alle astrologische Analogiebildung und Deutung. Alle astrologischen Analogien basieren auf den Zeichenverhältnissen und können daraus logisch zwingend und spontan abgeleitet werden – ohne die Zuhilfenahme astrologie-fremder Disziplinen, Wissensquellen oder Methoden. Die Erkenntnisse, die aus den Zeichenverhältnissen gewonnen werden, sind völlig systemunabhängig und können im Rahmen jeder astrologischen Schule oder Deutungsmethode angewandt werden.

Numerische Bestimmung und Bezeichnung der Zeichenverhältnisse

Der Ausgangspunkt für die Feststellung der Zeichenverhältnisse ist der Tierkreis in Mundanstellung, d. h. mit Null Grad Widder am östlichen Horizont und jedes Zeichen als Herrscher seines Stammhauses, wobei Null Grad eines Zeichens jeweils auf die Spitze des entsprechenden Hauses fällt. Die Grundmuster für die Zeichenverhältnisse ergeben sich aus den Verhältnissen zwischen Widder und jedem anderen Zeichen. Will man also wissen, in welchem Verhältnis Widder zu Zwillinge steht, so fängt man bei Widder als der Eins an und zählt vorwärts (d. h. gegen den Uhrzeigersinn) bis zum anderen Zeichen, zu dem der Widder in Beziehung gesetzt werden soll. Im Falle Widder/Zwillinge zählt man drei Zeichen von Widder bis Zwillinge, was bedeutet, daß Widder/Zwillinge ein 1:3-Verhältnis ist oder, anders ausgedrückt, Widder steht in einem 1:3-Verhältnis zu den Zwillingen (Widder = 1, Stier = 2, Zwillinge = 3). Zur Jungfrau beispielsweise steht Widder in einem 1:6-Verhältnis (Widder = 1, Stier = 2 usw., Jungfrau = 6). Das erste Zeichen in einem Verhältnis, also die Eins, ist das *Ausgangszeichen*; das zweite Zeichen das *Zielzeichen*.

Jedes Zeichenverhältnis hat ein komplementäres oder umgekehrtes Verhältnis. Das heißt, jedes der beiden Zeichen in einem Verhältnis kann das Ursprungs- oder das Zielzeichen sein. Nehmen wir die beiden obigen Beispiele:

In dem 1:3-Verhältnis Widder/Zwillinge können entweder der Widder *oder* die Zwillinge der Ursprung – die Eins – sein. Ist Widder der Ursprung, dann haben wir ein 1:3-Verhältnis. Ist jedoch das Zwillingszeichen der Ursprung und zählen wir bis zum Widder vorwärts, dann liegt ein 1:11-Verhältnis vor (Zwillinge = 1, Krebs = 2 usw., Widder = 11). Man kann aber auch mit den Zwillingen als Ursprung anfangen und *rückwärts* (also im Uhrzeigersinn) über die 12 zum Widder zählen: Zwillinge = 1, Stier = 12, Widder = 11. Das gleiche gilt für das 1:6-Verhältnis Widder/Jungfrau: Vom Widder ausgehend haben wir ein 1:6-Verhältnis, von der Jungfrau ausgehend ein 1:8-Verhältnis (Jungfrau = 1, Waage = 2 usw., Widder = 8). Dieselben zwei Zeichen stehen also immer in zwei verschiedenen komplementären Verhältnissen zueinander, je nach dem, von welchem der beiden Zeichen ausgegangen wird. Diese Komplementär-Verhältnisse haben *unterschiedliche* Bedeutungen, ergänzen sich aber auf logisch zwingende Weise. Hierauf wird bei der Beschreibung der einzelnen Verhältnisse detailliert eingegangen.

Alle Zeichenverhältnisse, in denen das Zielzeichen eine **gerade** Zahl aufweist, sind Verhältnisse, bei denen die Gegensätzlichkeit der Zeichenpolarität, -elemente, -stadien und -zielsetzungen zunächst einmal zu gegenseitig behindernden Spannungen und Störungen führt. Diese Spannungen und Störungen zu beheben ist Aufgabe der Sonne als des Oberbewußtseins. Die Sonne muß bewußt nach Möglichkeiten suchen, die jedes Prinzip mit jedem anderen ganz gleich wie «konträren» Prinzip kooperieren lassen, zum Wohle des ganzen Menschen. Die in den Zeichen definierten Prinzipien können als sich gegenseitig unbewußt angesehen werden; jedes will nur sich selbst äußern und nimmt andere gar nicht wahr. Also muß die Sonne dafür sorgen, daß jedes Zeichenprinzip sich äußern kann, wobei es dem Prinzip selbst völlig egal ist, *wie* es zum Ausdruck kommt. Hauptsache *daß*. Die Sonne muß hier als «Komponist» fungieren und aus unterschiedlichen musikalischen Elementen eine harmonische Lebenssymphonie zustande bringen, bei der alle Prinzipien ihre Rolle spielen können.

Ein Spannungsverhältnis zwischen zwei Zeichen ist also weder als gut noch als schlecht zu bewerten, sondern als Ausdruck der unverrückbaren und außerpersönlichen Gesetze, die über die Natur von Zeichen, Element, Polarität und Stadium die Beziehungen der Dinge der Schöpfung zueinander regeln, anzusehen. Jedes Prinzip steht in einem festen, unwandelbaren und somit «richtigen» Verhältnis zu jedem anderen Prinzip. Wie diese Prinzipien bewußt von der Sonne miteinander kombiniert werden, bestimmt, wie sie sich im Leben «anfühlen».

Alle Zeichenverhältnisse, in denen das Zielzeichen eine **ungerade** Zahl aufweist, sind Verhältnisse, bei denen die Gleichheit der Zeichenpolarität beziehungsweise der ergänzende Charakter von Zeichenelementen, -stadien und -zielen zu gegenseitiger Unterstützung und Förderung der Belange beider Zeichen führt. Auch diese naturgegebene Verträglichkeit zwischen Ausgangszeichen und Zielzeichen ist weder als gut noch als schlecht zu bewerten. Alle «günstigen» wie «ungünstigen» Verhältnisse sind unverzichtbare Notwendigkeit.

Das Verhältnis 1:1
Grundmuster Ausgangs-/Zielzeichen: ♈/♈
Das Da-seins-Verhältnis
(Komplementär-Verhältnis: Keins)

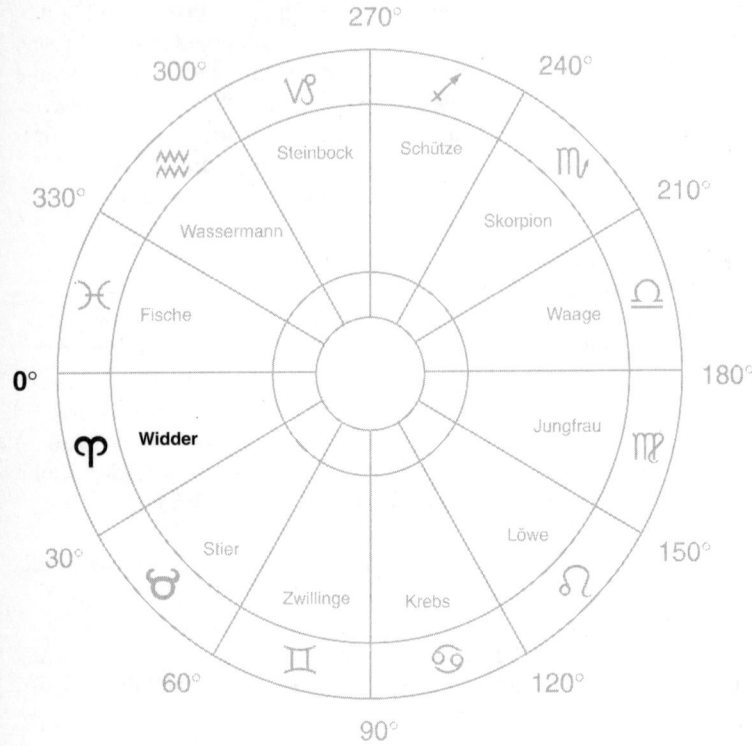

Beim 1:1-Verhältnis handelt es sich um das Verhältnis eines Zeichens zu sich selbst. Es geht um das Da-Sein des Zeichenprinzips, um die Art und Weise, wie das Prinzip *da* ist, wie und was es an sich *ist. Das* 1:1-Verhältnis kommt einer Inhaltsbeschreibung des Zeichens gleich.

Jedes Zeichen steht mit sich selbst in dem 1:1-Verhältnis, das das Wesen des Zeichenprinzips beschreibt.

1:1 Das *Da-Seins*-Verhältnis:

Das Ausgangsprinzip:

seine «Bestandteile»,
wie es sich der Welt präsentiert und sie konfrontiert,
wie es Raum ergreift,
wie es sich durchsetzt,
wie es *da* ist (im Sinne von *Dasein*).

Das Verhältnis 1:2
Grundmuster Ausgangs-/Zielzeichen: ♈/♉
Das Form- und Brauchbarkeits-Verhältnis
(Komplementär-Verhältnis: 1:12 – ♉/♈)

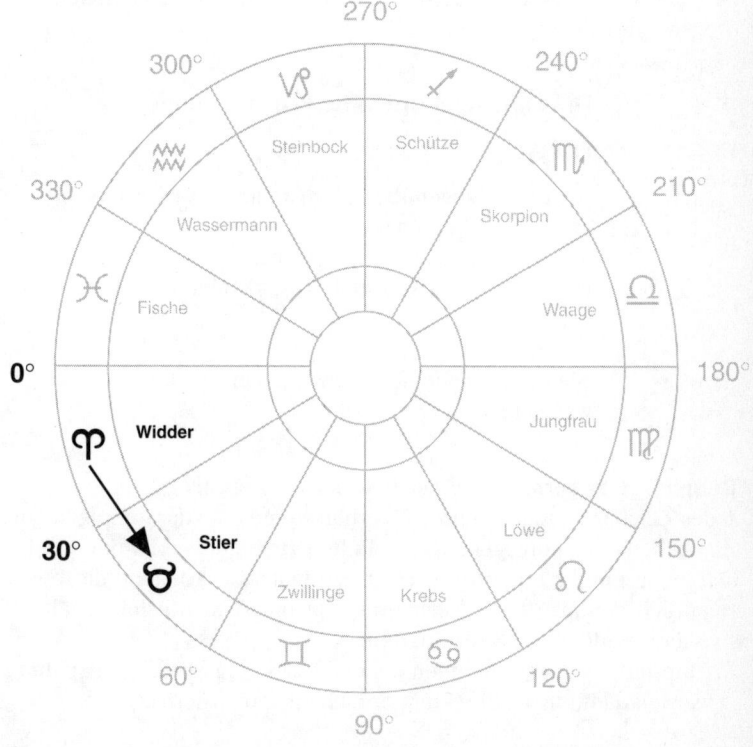

Beim 1:2-Verhältnis ist das Zielzeichen (Stier) das, was dem Ausgangszeichen (Widder) eine beständige, abgegrenzte Form gibt und es dadurch «brauchbar» und «wertvoll» macht.

Der Widder führt das konkret-sichtbare Grundmaterial in chaotischer Formlosigkeit ein. Eine formlose Masse bzw. lose Bestandteile sind zwar vorhanden, es kann damit jedoch noch nichts angefangen werden. In der Widderphase wäre die Elektrizität lediglich zufällig eintreffende Blitzschläge oder Stromstöße, die sich wahllos ins Leere entladen und ihre Energie nutzlos verausgaben und verschwenden. Um brauchbar und wertvoll zu werden, muß diese Energie eingefangen, abgegrenzt, organisiert und geleitet werden. Dazu dienen beispielsweise Stromkabel oder -leitungen, die der Elektrizität eine feste Form geben, sie «organisieren», kanalisieren und lenken. Erst durch diese verschiedenen Arten der Formung wird die Elektrizität brauchbar, einsatzfähig, wertvoll. Erst durch die Formung durch den Stier ist die Energie des Widders nützlich.

1:2   Das Form- und Brauchbarkeits-Verhältnis

Das Ausgangsprinzip:

wie es sich gegenüber allem anderen, was es gibt, abgrenzt, sich begrenzt und stabilisiert,
wie es das eigene Revier schafft,
wie es sich als getrenntes Wesen etabliert und verwurzelt,
wie es aussieht,
wie es den eigenen Lebensraum einrichtet,
was es hat.

Beispiele: Das Form- und Brauchbarkeits-Verhältnis 1:2
Jedes Zeichen steht in einem 1:2-Verhältnis mit dem darauf folgenden Zeichen, das die entgegengesetzte Polung (männlich-aktiv oder weiblich-passiv) und ein konträres («unverträgliches») Element aufweist. Inhaltlich stimmt dieses Verhältnis voll mit dem Musterverhältnis zwischen Widder und Stier überein:

Empfindungen (♋) nehmen im Verhalten (♌) feste Form an und werden dadurch ausdrückbar, brauchbar, kanalisierbar.

Das Leben (♌) wird durch die Einbindung gemäß der Eigenart in die Umwelt (♍) gesichert und beständig gemacht.

Die Liebe (♏) wird stabil und beständig, wenn sie dem Geliebten gegenüber tolerant und aufgeschlossen ist, Verständnis für den anderen aufbringt und ihn nicht verdammt oder verurteilt (♐).

Das Leid/die Krankheit (♓) ist etwas Wertvolles, wenn sie zur Erneuerung und Erstarkung (♈) führt, wie z. B. die «Kinderkrankheiten».

Eine Möglichkeit (♓) wird brauchbar, wenn sie in die Realität umgesetzt wird (♈).

Der Wert der Anpassungsfähigkeit (♍) besteht darin, daß sie das Auskommen mit dem Nicht-ich (♎) möglich macht.

Die Forschung (♏) nimmt dadurch feste Form an, daß sie zum Verständnis von Zusammenhängen (♐) sowie zu Einsichten darin führt, wie die Dinge zusammen funktionieren (♐).

Die Form (♉) ist wertvoll, die ihre Funktion (♊) erfüllt.

Der Krieg (♈) lohnt sich durch die Vereinnahmung und Aneignung von Territorium und Besitz (♉).

Die Begegnung (♎) nimmt in der Beziehung (♏) feste Form an und wird beständig.

«Der Himmel» (♒) ist die Belohnung für das Streben nach der eigenen Bestimmung (♑).

Das Verhältnis 1:3
Grundmuster Ausgangs-/Zielzeichen: ♈/♊
Das Antriebs- und Funktions-Verhältnis
(Komplementär-Verhältnis: 1:11 – ♊/♈)

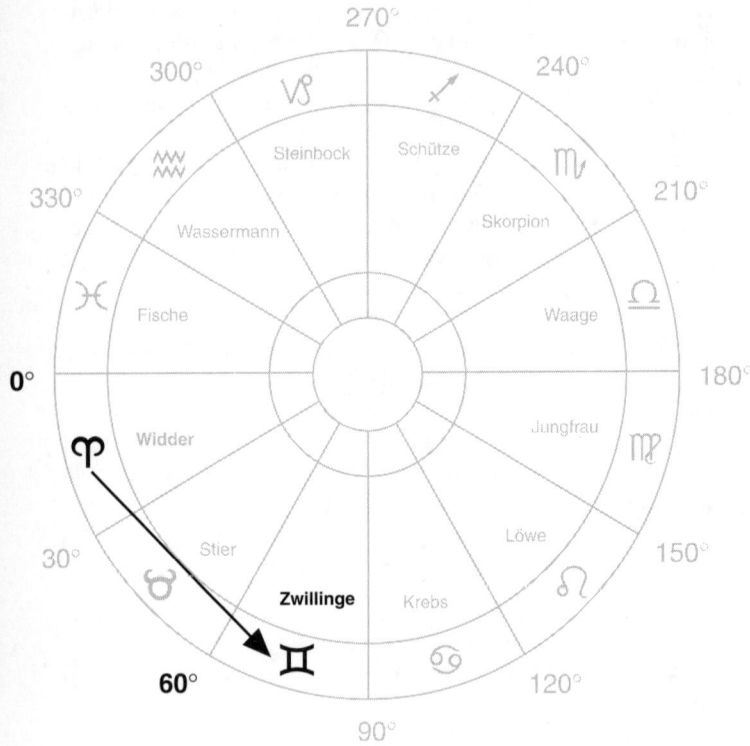

Beim 1:3-Verhältnis ist das Ausgangzeichen (Widder) die Energie-quelle, der Treibstoff, der Antrieb, die die Funktion in allen ihren Aspekten (Zwillinge) in Gang setzen und halten.

Nachdem die Elektrizität (♈) in eine brauchbare Form (♉) ge-bracht wurde, z. B. eine Leitung, kann sie jetzt, je nach Form, zur Funktion (♊) kommen – als das Licht von einer Glühlampe, als An-triebskraft für einen Motor, oder auch Gehen und Sprechen usw. Was im Widder zustande kam, stellt sich im Zwillingszeichen in der Welt dar. Energie, die im Widder erschien, stellt sich in der Welt beispielsweise als Licht oder Bewegung dar; die Teile des menschlichen Körpers als funktionierender menschlicher Organismus, der in Wechselbeziehung zur Umwelt steht.

1:3   Das Antriebs- und Funktions-Verhältnis

Das Ausgangsprinzip:

wie es in der Welt konkret-real funktioniert,
wie es sich selbst in der Welt darstellt,
wie es sich gemäß seiner Funktion mit der Umwelt real in Beziehung setzt,
wie es an der Umwelt Interesse zeigt,
wie es sich bewegt.

Beispiele: Das Antriebs- und Funktions-Verhältnis 1:3
Jedes Zeichen steht in einem 1:3-Verhältnis mit dem übernächsten Zeichen, das die gleiche Polung (männlich-aktiv/weiblich-passiv), jedoch ein komplementäres («verträgliches») Element aufweist. Inhaltlich stimmt dieses Verhältnis voll mit dem Musterverhältnis zwischen Widder und Zwillinge überein:

Die Krise (♍) ist die treibende Kraft hinter der Klärung/Klarheit (♑).

Klarheit (♑) darüber, wie die Dinge «wirklich» sind, äußert sich in der Welt als die vollkommene Gelassenheit (♓).

Die Krise (♍) ist die Kraft, die zur Erreichung der eigenen Wirklichkeit (♑) treibt.

Vertrauen in den Lauf der Dinge (♓) stellt sich als Sicherheit und Stabilität in der Welt (♉) dar.

Die Funktion der Genetik (♍) ist die Verhinderung der Abweichung vom «Urstoff» (♑) der Art.

Die Kunst (♌) kommt in der Erzeugung innerer Bilder (♎) zur Funktion.

Die Funktion der Anpassung (♍) ist die Fähigkeit zur Bildung fester Beziehungen (♍).

Die Gesundheit (♍) ist eine organische Darstellung des Seelenzustandes (♋) in den realen Bedingungen des Lebens (♍).

213

Die Funktion der Beobachtung und Analyse (♍) ist die Erkennung grundlegender Strukturen (♏).

Die Funktion der Abgrenzung gegenüber allem anderen (♉) ist die Herausbildung der eigenen Identität (♋).

Das Verhältnis 1:4
Grundmuster Ausgangs-/Zielzeichen: ♈/♋
Das Ursprungs- und Inhalts-Verhältnis
(Komplementär-Verhältnis: 1:10 – ♋/♈)

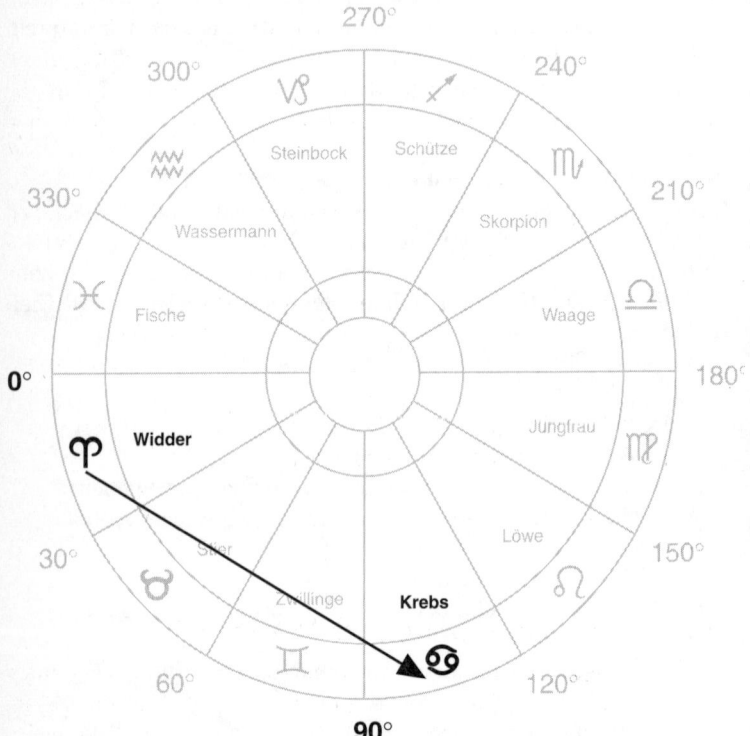

Beim 1:4-Verhältnis ist das Zielzeichen (Krebs) (paradoxerweise) das noch nicht verwirklichte Potential, aus dem das Ausgangszeichen (♈) hervorgeht und sichtbar und konkret wird. Das Zielzeichen ist der Inhalt, für den das Ausgangszeichen als «Behälter» dient. Der Körper bzw. der körperliche Zustand entsteht in der Seele.

Auf den ersten Blick muß das 1:4-Verhältnis unlogisch erscheinen, da das scheinbar Sekundäre (♈) – also die Form – vor dem anscheinend Primären – dem Inhalt – *da* ist. Weil aber Inhalt immer eine Form braucht, in der er wirken kann, muß er paradoxerweise zunächst einmal die Form hervorbringen, von der er für seinen eigenen Selbstausdruck abhängig ist. Auf das 1:4-Verhältnis zwischen Widder und Krebs angewandt: Der Widder ist der «Behälter» (z. B. Körper), den der Inhalt (z. B. Seele) für den eigenen Selbstausdruck braucht. Dieses Verhältnis ist ein weiterer zwingender Hinweis auf die Vorrangigkeit des Weiblichen innerhalb der Gleichheit mit dem Männlichen. Diese Situation spiegelt sich auch in dem Verhältnis zwischen jedem Wasserzeichen und dem darauf folgenden Feuerzeichen. (Siehe auch den Abschnitt *Die Wassertriade: Zu den Wasserzeichen.*)

1:4 Das Ursprung- und Inhalts-Verhältnis:

Das Ausgangsprinzip:

was es inhaltlich ausmacht, was es vom Wesen her ist,
wo es herkommt,
woraus es entstanden ist,
was es empfindet,
wie, womit und wodurch es sich als Einzelwesen empfindet und identifiziert.

Beispiele: Das Ursprungs- und Inhalts-Verhältnis 1:4

Jedes Zeichen steht in einem 1:4-Verhältnis mit dem viertnächsten Zeichen, das die entgegengesetzte Polung (männlich-aktiv oder weiblich-passiv) und ein konträres («unverträgliches») Element aufweist. Inhaltlich stimmt dieses Verhältnis voll mit dem Musterverhältnis zwischen Widder und Krebs überein:

Alles, was es in der Welt gibt, einschließlich sämtlicher Ichs und

Nicht-ichs (♎), entstammt dem nicht greifbaren «Urstoff» (♑).

Das Selbstwertgefühl (♉) ergibt sich aus einem gesunden Ich-Gefühl (♌).

Der Wert eines Menschen (♉) ergibt sich allein schon daraus, daß er lebt (♌).

Die Notwendigkeit der Einbindung/Anpassung (♍) gründet in der Erkenntnis (♐), daß man Teil eines Ganzen (♐) ist.

Das Kind/Leben (♌) entsteht aus der Vereinigung zweier Ichs (♏).

Das Böse (♏) entsteht dann, wenn Empfindungsfähigkeit und seelisches Einfühlungsvermögen «außer Kraft» gesetzt werden (♒).

Der Körper (♈) ist Produkt der Seele (♋).

Erfolg (d. h. Erreichung eines Ziels) (♑) ergibt sich aus Zielstrebigkeit (Unbeirrbarkeit) und Tatendrang (♈).

Der «Himmel» (♒) gebiert sich aus der festen Verwurzelung im Realen (♉), d. h. den «Himmel» erreicht man über den Weg der Verwurzelung im Irdischen.

Optimismus (♐) entsteht aus dem Vertrauen (♓), daß alles seine Richtigkeit hat.

Der Seelenzustand (♋) ist Produkt der Gedanken (♎).

Gesundheit (♍) ergibt sich aus dem Zusammenspiel zwischen Körper, Seele und Geist (♐).

Eine Möglichkeit (♓) entsteht erst dann, wenn sie «ausgemacht» (♊) wird, d. h. wenn sie aus der Verschwommenheit (♓) feste Konturen/klare Umrisse (♊) annimmt.

Wer «Ich» bin (♋), ergibt sich aus der Gegenüberstellung/-Vergleich mit allem «Nicht-ich» (♎).

Die absolute Ruhe (♓) kann dann eintreten, wenn man einen «kühlen Kopf» bewahrt (♊) und seelisch unbeteiligt (♊) bleibt.

Das Verhältnis 1:5
Grundmuster Ausgangs-/Zielzeichen: ♈/♌
Das Kulminationsverhältnis
(Komplementär-Verhältnis: 1:9– ♌/♈)

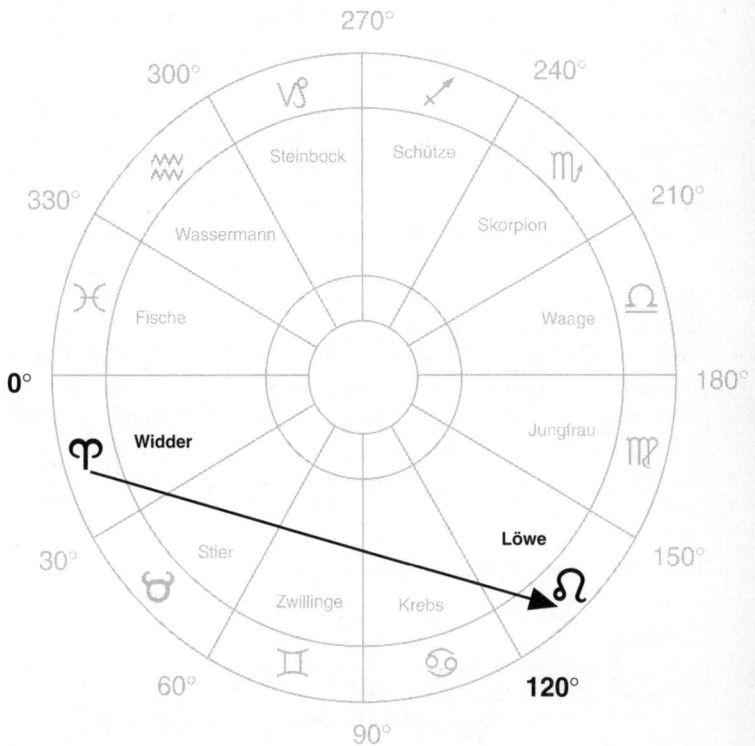

Beim 1:5-Verhältnis hat zum ersten Mal das Ausgangszeichen (♈) mit dem Zielzeichen (♌) Wesensgleiches gemeinsam: das Element oder die Vorgehensweise. Beide Zeichen teilen die Funktion der Sichtbarmachung und Konkretisierung. Der Widder – die Form – hatte zwar von Anfang an einen Inhalt (den er von den Fischen mitgebracht hat), er war sich dessen allerdings noch nicht bewußt. Das ist symbolisch daran zu erkennen, daß das Thema «Inhalt» (Krebs) erst

im zweiten Quadranten, auftaucht, d. h. in einem anderen, und zwar unsichtbaren, verborgenen und für den Widder noch *unbewußten* Bereich. Das Feuerzeichen Löwe hingegen befindet sich im selben Quadranten, auf derselben Ebene und verleiht, nach der Art eines Feuerzeichens, dem Inhalt nicht nur Sichtbarkeit, sondern auch, als fixes Zeichen, konkrete, organisierte, stabile Form. Somit ist der Unterschied zwischen Widder und Löwe der, daß der Löwe nicht nur die sichtbare Form, sondern auch den Behälter seelischen Potentials darstellt, der mit Selbst-Bewußtsein «gefüllt» ist. Der Löwe ist ein Widder, der sich seiner selbst (seines eigenen Inhalts, seiner eigenen Identität, seiner eigenen Herkunft) bewußt geworden ist und zum Ausdruck bringen will. Im Widder – also im Ausgangszeichen – sehen wir das voll betankte Auto, das jetzt nicht mehr «herrenlos» ist, sondern einen lenkenden und bestimmenden Fahrer (Ω) hat. Zur vorbewußten und unbedachten Verausgabung von Energie ist jetzt ein subjektiver, lenkender Wille gekommen.

Dieses Verhältnis wird deshalb als das Kulminationsverhältnis bezeichnet, weil im Löwen der Widder zum selbständigen Subjekt gereift ist und jetzt als selbst-bewußtes Phänomen in voller, frischer Blüte und Formvollendung *da* steht. Die Vermählung von Form und Inhalt gipfelt jetzt in der Frucht, im Gebären des Subjekts, des selbstlenkenden Lebens.

1:5 Das Kulminationsverhältnis:

Das Ausgangsprinzip:

> wie es aussieht, wenn es zur vollen Reife/Blüte kommt,
> die einzigartige Weise, wie es sich ausdrückt,
> wie es aus sich selbst bewußt handelt und agiert,
> wie es sich spontan auslebt,
> was ihm Spaß und Freude macht,
> was es erzeugt/hervorbringt,
> wie es nach vollzogener Gestaltwerdung aussieht,
> wie es seiner Persönlichkeit Ausdruck verleiht.

Beispiele: Das Kulminationsverhältnis 1:5

Jedes Zeichen steht in einem 1:5-Verhältnis mit dem fünftnächsten Zeichen, das die gleiche Polung (männlich-aktiv oder weiblich-passiv) und das gleiche Element aufweist. Inhaltlich stimmt dieses Verhältnis voll mit dem Musterverhältnis zwischen Widder und Löwe überein:

Das Selbstwertgefühl des Menschen (♉) erreicht seine Blüte im Selbsterhaltungstrieb (♍).

Die Anpassungsbereitschaft (♍) hat ihre volle Blüte erreicht, wenn sie sich nur noch an der eigenen höchsten Bestimmung (♑) orientiert.

Die Erotik (♏) erreicht ihren Höhepunkt in der völligen Selbstvergessenheit und -auflösung (♓).

Die Nahrung (♉) ist dann optimal, wenn sie lebenserhaltend und gesundheitsfördernd wirkt (♍).

Die All-Seele (♓) nimmt in der individuellen Menschenseele (♋) ihre fertige Gestalt an.

Die Seele (♋) erreicht ihre Ausdruckshöhe in der Liebe (♏).

In einer voll entwickelten Freundschaft (♒) kann sich jeder so darstellen/«funktionieren» (♊), wie er ist.

Eine Partnerschaft (♎) ist dann am stärksten, wenn sie auch gleichzeitig eine Freundschaft (♒) ist.

Ein Staatswesen (♑) ist optimal, wenn es ein klar abgegrenztes Gebiet (♉) aufweist, seine Bürger materiell versorgen (♉) und ihnen Schutz (♉) bieten kann.

Die Religion (♐) wird in ihrer Hochblüte kriegerisch und aggressiv (♈).

Das Verhältnis 1:6
Grundmuster Ausgangs-/Zielzeichen: ♈/♍
Das Einbindungs- und Selbsterhaltungs-Verhältnis
(Komplementär-Verhältnis: 1:8– ♍/♈)

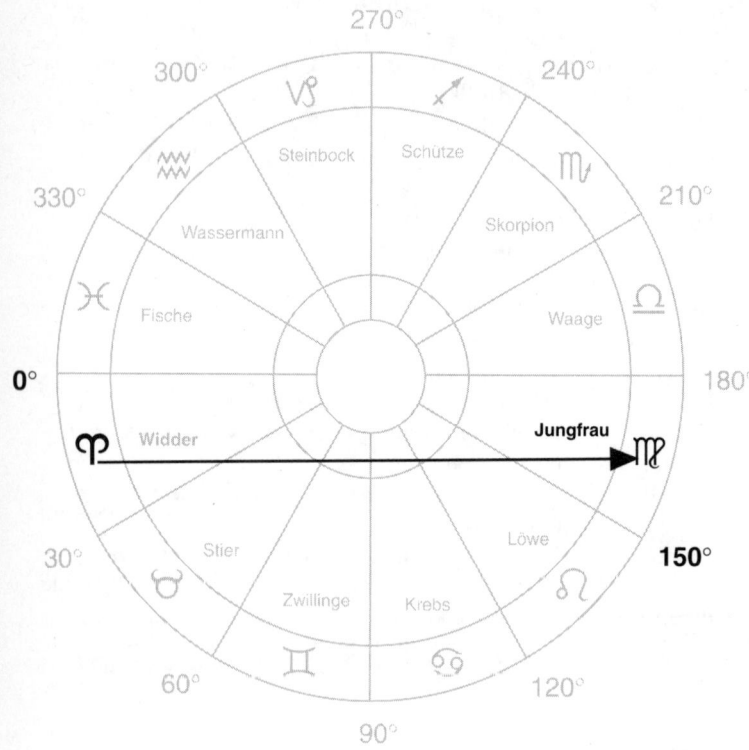

Beim 1:6-Verhältnis ist das Zielzeichen (♍) das, was das Ausgangszeichen (♈) tun muß, um sich gemäß seiner Eigenart in die Umwelt
einzubinden und den Lebensausdruck situationsgerecht zu steuern.
Dadurch wird die Lebensenergie und das (eigene) Leben selbst erhalten. Will der Widder also überleben, muß er sich der Mechanismen
der Jungfrau bedienen – die seinem Wesen diametral entgegengesetzt
sind: erst nach gründlicher Beobachtung und Analyse und mit Vor-

220

sicht und Bedacht handeln; sich an die Umwelt anpassen und nach ihr richten; mit Energie haushalten anstatt sie zu verschwenden; das Leben eher von (bewußter) Vorsicht und Bedachtsamkeit statt von (*vor*bewußter) Unerschrockenheit und Dynamik lenken zu lassen. Tut der Widder diese ihm «verhaßten» Dinge nicht, gefährdet er sein eigenes Da-Sein. Das Zielzeichen ist der Lebenserhaltungstrieb, der das (Über)Leben (Fortbestehen) des Ausgangszeichens sichert.

Nach der astronomischen Definition liegt eine «Opposition» vor, wenn, von der Erde aus gesehen, der Längenunterschied zwischen zwei Gestirnen 180° beträgt, d. h. wenn sie sich genau gegenüberstehen. Richtet man sich jedoch nach dem alltäglichen Verständnis des Wortes, ist eine Opposition eine «*sich in einem entsprechenden Verhalten oder ähnlichem äußernde gegensätzliche Einstellung zu jemandem/etwas; gegen jemanden/etwas empfundener, sich äußernder Widerstand*». In diesem Sinne handelt es sich bei dem 1:6-Verhältnis um eine wahre Opposition. Der Widder ist der krasse Gegensatz zur Jungfrau, wie folgende Begriffspaare zeigen: spontan/vorsichtig bedacht, Mut/Angst, «egozentrisch»/anpassungsbereit, verschwenderisch/wirtschaftlich, führend/folgend. Handelt das Ausgangszeichen im Sinne des Zielzeichens, kann es sich durch Vorsicht, Zweckmäßigkeit und Ökonomie das Leben erhalten. Zuwiderhandlung bedeutet über kurz oder lang den «Tod». So muß sich das Ausgangszeichen den Mantel des Zielzeichens umhängen, um in der Welt gemäß seiner Eigenart überleben zu können. Bei allem Vorwärtsdrang muß der Widder wissen, wann er nachgeben, leiser treten und sich fügen muß. Mut darf nicht in Tollkühnheit ausarten. Bei aller «Egozentrik» darf nicht vergessen werden, daß man sich in bereits bestehende Bedingungen einbinden und sich nach ihnen richten muß. Das ist eine lebens- und überlebensnotwendige Voraussetzung für die bevorstehende bewußte Begegnung mit dem Du/Nicht-ich.

1:6 Das Einbindungs- und Selbsterhaltungs-Verhältnis:

Das Ausgangsprinzip:

wie es sich in die vorliegenden Bedingungen einfügt,
wie es sich bändigt und den Umständen anpaßt,
wie es sich das Leben sichert und erhält,
wie es die Umwelt wahrnimmt,

wie es die eigenen Interessen sichert,
was es tun muß, damit es nicht eingeht bzw. es überleben kann, damit es «gesund» bleibt.

Beispiele: Das Einbindungs- und Selbsterhaltungs-Verhältnis 1:6

Jedes Zeichen steht in einem 1:6-Verhältnis mit dem sechstnächsten
Zeichen, das die entgegengesetzte Polung (männlich-aktiv oder weiblich-passiv) und ein konträres («unverträgliches») Element aufweist.
Inhaltlich stimmt dieses Verhältnis voll mit dem Musterverhältnis
zwischen Widder und Jungfrau überein:

Um produktiv zu sein und «gesund» zu bleiben, muß das Denken
(♎) für alle Möglichkeiten (♓) offen bleiben, ohne Grenzen
oder Widerstand (♓).

Wenn die Herde (♉) überleben soll, müssen die einzelnen Mitglieder bereit sein, den Ausgleich mit allen anderen zu suchen und
friedfertig mit ihnen (♎) zusammenzuleben.

Wenn eine Partnerschaft gesund bleiben soll, müssen die Beteilig-
ten sich selbst vergessen können (♓) und bereit sein, Opfer zu
erbringen und zu verzichten.

Die Kunst (♌) kann nur dann bestehen, wenn sie sich selbst
gegenüber wahr (♑) bleibt und nach eigenen höchsten Gesetzmäßigkeiten (♑) richtet.

Beim gesunden Selbstwertgefühl (♉) kann man auch andere als
gleichwertig gelten und bestehen lassen (♎).

Eine gesunde Erziehung (♌) beinhaltet auch Disziplin, Strenge
und Regeln (♑).

Bei aller Sachlichkeit und Unparteilichkeit (♊) muß man auch in
der Lage sein, einen festen Standpunkt zu beziehen (♍) und
bedingungslos für etwas Partei zu ergreifen und sich einzusetzen.

Um zu überleben, darf die Seele (♋) nicht nur um sich selbst
kreisen, sondern muß Verständnis auch für die Belange fremden
Lebens (♐) entwickeln.

Der Anpassungswille (♍)ist nur dann «gesund», wenn dabei die
eigene Individualität (♒) bewahrt und gelebt wird.

Die Energie (♈) kann sich nur durch wirtschaftlichen Einsatz
(♍) erhalten.

Das Verhältnis 1:7
Grundmuster Ausgangs-/Zielzeichen: ♈/♎
Das Ergänzungs-Verhältnis
(Komplementär-Verhältnis: 1:7– ♎/♈)

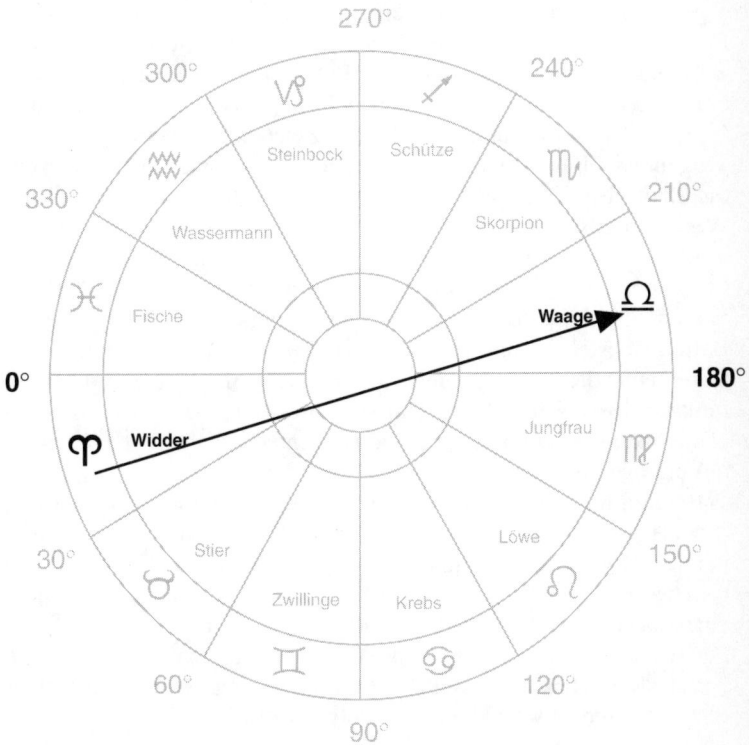

Beim 1:7-Verhältnis liegen sich Ausgangszeichen und Zielzeichen genau gegenüber, d. h., sie liegen in beiden Richtungen gleich weit auseinander. Das eine Zeichen stellt den ergänzenden Pol oder die «andere Hälfte» des jeweils anderen Zeichens dar, ohne den weder das eine noch das andere Zeichen würde bestehen können. Im 1:7-Verhältnis sind die Zeichen die beiden Seiten einer einzigen Münze. (Der Begriff «Gegenpol» wäre hier insofern ungeeignet, als er eher kon-

fliktträchtige «Spannungen» als den Aspekt der friedlichen ergänzenden Spannung in den Vordergrund stellt, die alle Wechselbeziehungen mit dem Du möglich machen.) Daß es sich beim 1:7-Verhältnis um ein Ergänzungs- und kein «Oppositions»-Verhältnis im Sinne der Gegensätzlichkeit handelt, erkennt man daran, daß alle sich direkt gegenüberliegenden Zeichen ergänzenden, jedoch gleich gepolten Elementen (Feuer/Luft [männlich-aktiv], Erde/Wasser [weiblich-passiv]) angehören. Durch die gleiche Polung in unterschiedlichen, sich ergänzenden Elementen besteht Gleichheit der Aktionsrichtung (nach außen bzw. nach innen) beider Zeichen bei sich ergänzenden Vorgehensweisen. Die Spannungen, die hierbei entstehen, sind nicht die (zunächst einmal) Konfliktspannungen, die auf grundsätzliche Wesensunterschiede zurückzuführen sind, wie beispielsweise im 1:6-Verhältnis; sondern es sind solche Spannungen, die die duale Schöpfung «beleben» und aufrechterhalten. Beispiel für diese Art von Spannung ist die, die zwischen dem Plus- und dem Minus-Pol einer Batterie besteht. Ohne diese «Dualität» kann keine Energie, kein Strom entstehen und fließen. Die Batterie wäre nur ein impotenter, funktionsloser Behälter, in dem sich nichts tut. Erst durch die Gegenüberstellung von Plus und Minus kann eine dynamische Wechselbeziehung entstehen.

Bei Plus und Minus kann es sich demnach nicht um ein Gegensatz-, sondern nur um ein Ergänzungsverhältnis innerhalb einer Einheit handeln. Das 1:7-Verhältnis kann dies veranschaulichen: Trotz der gleichen Polung (Widder und Waage sind beide männlich-aktiv) liegt eine sich ergänzende Unterschiedlichkeit zwischen den Elementen Feuer und Luft, die als Plus- und Minus-Pol aufgefaßt werden kann: Feuer, als ein dynamisches, im Sichtbaren wirkendes und selbstorientiertes Element, wird dem Plus-Pol zugeordnet. Luft, als dynamisches, im Unsichtbaren (Mentalen) wirkendes, am Du orientiertes Element, wird dem Minus-Pol zugeordnet. Widder und Waage haben gemeinsam, daß beide *ich*-bezogen sind: Widder kennt nur sich selbst, da für ihn der Rest der Schöpfung noch nicht existiert. In der Waage finden wir die Bilder, die sich das Ich von der Welt macht. Waage stellt also die Welt durch die Augen eines Ichs dar. Oder anders ausgedrückt: Jedes Wir (Ω) muß zwangsläufig ein Ich enthalten. Die Waage ist nicht einfach das Du oder Nicht-ich, wie sie vielfach beschrieben wird, sondern sie ist das Du oder Nicht-ich, sprich die äußere Welt – nicht wie sie in Wirklichkeit *ist*, – sondern wie sie durch die Augen eines Ichs gesehen und erlebt wird.

Das 1:7-Verhältnis zeigt, wodurch ein Zeichen oder Prinzip ergänzt sein muß, um wirksam werden zu können. Handeln (♈) ohne Plan oder Strategie (♎), d. h. ein «gedankenloses» Handeln, bleibt nur ein spontanes, richtungsloses, chaotisches und somit unwirksames Agieren. Gedanken und Strategien (♎) bleiben wirkungslos/unwirksam, wenn sie nicht konkret umgesetzt werden (♈), wenn nicht konkret nach ihnen gehandelt wird. Das Ich (♈) besteht nur «angesichts» alles Nicht-ichs, von dem sich das Ich als Einzelwesen abheben kann.

1:7 Das Ergänzungsverhältnis:

Das Ausgangsprinzip:

wie es auf das Gegenüber zugeht,
wie es sich mit Mitwesen arrangiert,
was es sich für Bilder der Welt macht,
wie es «*denkt*»,
worin es seine Ergänzung sieht bzw. empfindet, was es braucht, um ganz zu sein,
auf welcher Basis es bereit ist, sich mit einem Du einzulassen.

Beispiele: Das Ergänzungs-Verhältnis 1:7

Jedes Zeichen steht in einem 1:7-Verhältnis mit dem gegenüberliegenden Zeichen, das die gleiche Polung (männlich-aktiv oder weiblich-passiv) und ein komplementäres («verträgliches») Element aufweist. Inhaltlich stimmt dieses Verhältnis voll mit dem Musterverhältnis zwischen Widder und Jungfrau überein:

Die Fähigkeit, Einzelheiten zu erkennen (♊), wird durch die Fähigkeit ergänzt, die nun vorliegenden Einzelheiten zu einem Gesamtbild zusammenzusetzen und den Sinn dahinter zu erkennen (♐).

Intuition (♓) und ein scharfer Blick für reale Bedingungen und Umstände (♍) ergänzen sich.

Planung (♎) und Handeln (♈) sind zwei Seiten einer Münze.

Bei aller Verpflichtung an das Wohl anderer (♏) muß man gleichzeitig auf das eigene Wohl (♉) bedacht sein.

Bei allem Vertrauen (♓) ist immer Vor- und Umsicht (♍)geboten.

Strenge (♑) und Nachgiebigkeit (♋) müssen sich die Waage halten.

Kreativität (♌) ohne Originalität (♒) ist nur eine halbe Sache.

Das Verhältnis 1:8
Grundmuster Ausgangs-/Zielzeichen: ♈/♏
Das Todes- und Verwandlungs-Verhältnis
(Komplementär-Verhältnis: 1:6– ♏/♈)

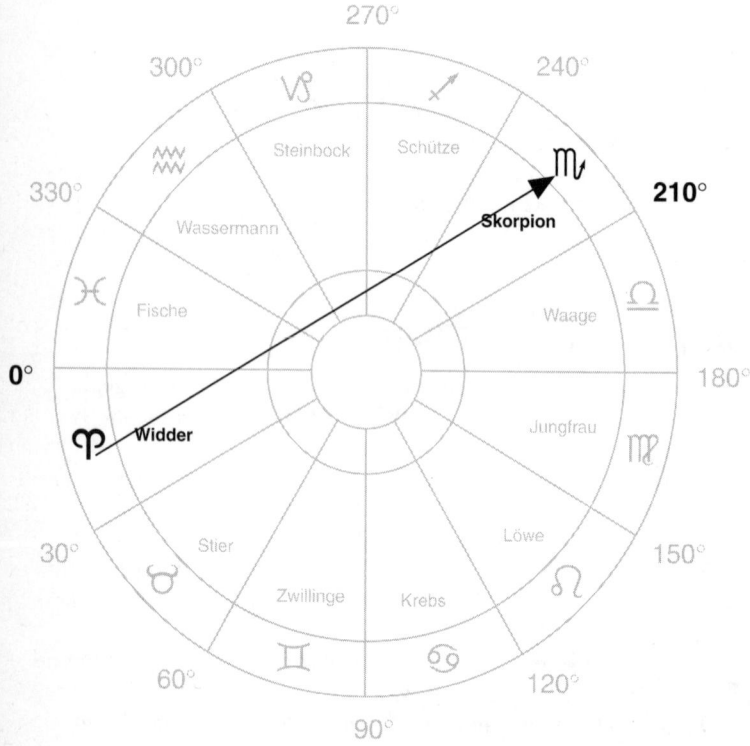

Beim 1:8-Verhältnis ist das Zielzeichen (♏) das, was für das Ausgangszeichen (♈) den «Tod» bedeutet; also das, was das Ausgangszeichen (symbolisch wie real-konkret) vernichtet, zerstört, «tötet»; aber auch verwandelt im Sinne einer Erneuerung und Wiederauferstehung auf einer neuen *anderen* (höheren *oder* tieferen) Ebene. Der Widder begegnet seinem ergänzenden Pol, um mit ihm zu verschmelzen – um eine Verwandlung zu bewirken dadurch, daß aus der Zweiheit eine neue Einheit, ein neues Drittes gebildet wird. Wenn im Skorpion der Widder bei völliger Hingabe seiner selbst mit einem Du/Nicht-ich eine tiefe Verbindung bis hin zur restlosen Verschmelzung eingeht, hört er als Einzelwesen auf zu existieren – er «stirbt». Hierfür gibt die Erotik (♏) ein gutes Beispiel: Im Augenblick der höchsten erotischen Intensität des Skorpions verzichtet der Widder auf sich und auf das eigenständige Leben zugunsten der zwar kurzen, aber völligen Verschmelzung mit dem Du und «stirbt». Für die kurze Zeit des Höhepunkts verwandeln sich Ich und Du in ein Neues, das sich bei völliger Gleichheit mit Ich und Du doch von ihnen als Einzelwesen deutlich unterscheidet. Die Verwandlung besteht darin, daß sowohl das Ich als auch das Du «gestorben» ist, um in der Innigkeit des Wir als neuer Form wieder aufzuerstehen. Aber auch nach der «Wiederauferstehung» von Ich und Du als Einzelwesen wird die Verwandlung nicht rückgängig gemacht: Durch den Austausch von Lebensenergien auf tiefster Ebene, bei dem das Ich sich mit dem Du/Nicht-ich «identifiziert» bzw. mit ihm «identisch» wird, verwandelt sich das Ich dauerhaft nach der Wiedererlangung der eigenen Identität: Durch die tiefe Erfahrung mit dem Du ist das Ich nicht mehr dasselbe.

Ein weiterer symbolischer Tod, der im 1:8-Verhältnis erfolgt, ist der der Vorstellungsgebundenheit. Wie man sich in der Erotik einem anderen Menschen bis zur Einswerdung hingeben kann, kann man sich ebenso restlos einem Bildgefüge, einer Vorstellung hingeben und sich mit ihr voll identifizieren. Die Vorstellung wird in dem Fall zum verpflichtenden Muster, nach dem stellvertretend für wirkliches Leben gelebt wird. Es wird also so gelebt, wie die Vorstellung – und nicht das tatsächliche Leben – es gebietet. Das ist insofern ein «Tod», als das wahre Leben zugunsten einer Vorstellung von dem, was Leben ist oder sein sollte, verhindert wird. Es wird nach einem «toten» Bild vom Leben und nicht nach dem Leben selbst gelebt. Beispiele solcher potentiell lebensvernichtenden Vorstellungen sind vorgeschriebene

Dogmen, Rituale und Fanatismen. In allen drei Fällen muß sich das spontane Leben (Ω) den Bildern des Dogmas, des Rituals oder dem Fanatismus unterwerfen. Dies geschieht auch dann, wenn die Vorstellungsbilder vom realen Leben restlos abweichen und nur noch Bilder sind. Die wahres Leben verhindernde Vorstellung wird zum Ersatz für echtes Leben, und wo wegen einer Vorstellung kein echtes, spontanes und flexibles Leben sein darf, herrscht «Tod».

1:8 Das Todes- und Verwandlungs-Verhältnis:

Das Ausgangsprinzip:

wie es sich anderen seiner Art hingibt,
wovon es sich stark angezogen fühlt,
womit es sich verbinden und verschmelzen möchte, um daraus etwas Neues entstehen zu lassen,
was ihm Tod, Untergang und Vernichtung bereitet,
die festen Vorstellungen, nach denen es lebt,
was es als absolut verpflichtend und bindend empfindet.

Beispiele: Das Todes- und Verwandlungs-Verhältnis 1:8

Jedes Zeichen im Tierkreis steht mit dem achtnächsten Zeichen in einem 1:8-Verhältnis. Das achte Zeichen hat die entgegengesetzte Polung (männlich-aktiv oder weiblich-passiv) und ein konträres («unverträgliches») Element. Inhaltlich stimmt dieses Verhältnis voll mit dem Musterverhältnis zwischen Widder und Skorpion überein:

Logisches Denken (Ω) vernichtet Vertrauen in die Richtigkeit des Laufs der Dinge ($\mathcal{H}$).

Disziplin ($\mathcal{V}$) wird vernichtet, wenn jeder tut, was er will (Ω).

Durch die Bescheidenheit ($\mathfrak{M}$) wird die Arroganz ($\mathcal{W}$) dahingehend verwandelt, daß man bei aller Einmaligkeit und Individualität fähig ist, sich anzupassen ($\mathfrak{M}$).

Angepaßtheit ($\mathfrak{M}$) bedeutet den Tod der Individualität ($\mathcal{W}$).

Krankheit und Einsamkeit ($\mathcal{H}$) haben beide eine vernichtende Wirkung auf das Leben/den lebendigen Selbstausdruck (Ω).

Krankheit und Leid ($\mathcal{H}$) können das Leben eines Menschen (Ω) verwandeln.

Der Tod des Männlichen (♌) ist die Untätigkeit (♓); der Tod
des Weiblichen (♋) ist die «Gefühllosigkeit», die Ausschaltung
des Seelischen (♒).

Jedes Geheimnis (♍) wird dadurch vernichtet, daß offen darüber
gesprochen wird (♊).

Durch die Offenheit für höhere Inspiration (♓) hört die Kunst
(♌) auf, rein subjektiver Ausdruck zu sein (♌) und nimmt universellen, allgemeingültigen Charakter (♓) an.

Alles nur auf sich selbst zu beziehen (♋) heißt, die Einsichtsfähigkeit in die Belange anderer (♐) zu ersticken.

Die Krise (♍) kann durch die sachliche und emotionslose Betrachtung (♊) entschärft und in eine Lernerfahrung (♊) verwandelt werden.

Das Festhalten an Subjektivem (♌) macht es unmöglich, die
eigene höchste Wirklichkeit (♑) zu erreichen.

Besitzansprüche (♉) sind der Tod der Beziehung (♎).

Das Verhältnis 1:9
Grundmuster Ausgangs-/Zielzeichen: ♈/♐
Das wesens- und Formvollendungs-Verhältnis
(Komplementär-Verhältnis: 1:5– ♐/♈)

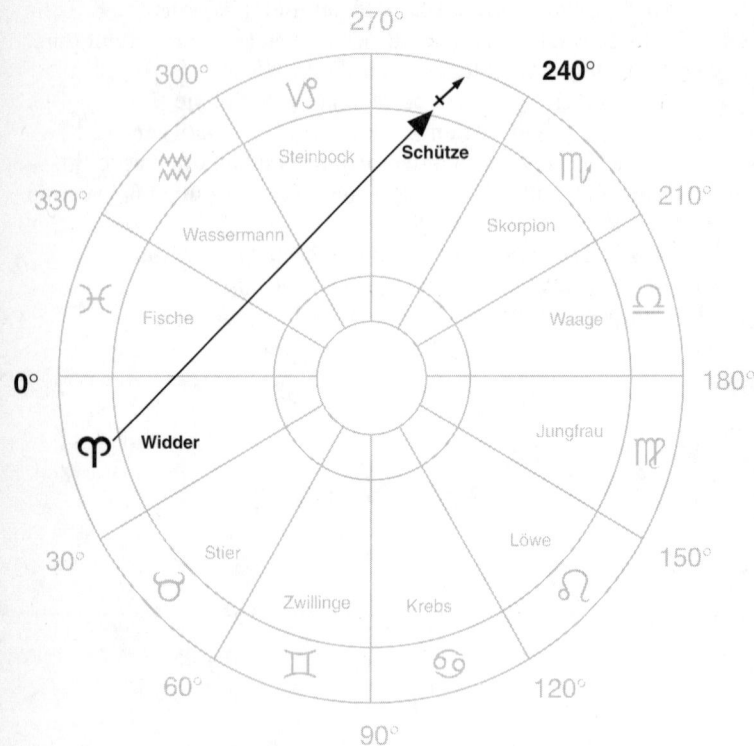

Beim 1:9-Verhältnis erreicht das Ausgangszeichen (♈) die Formvollendung seiner Artung (Schütze). Das heißt, wenn der Widder sämtliche Entwicklungsstadien innerhalb seiner Art (des Elementes Feuer
bzw. im konkret-realen Dasein) durchlaufen hat, vervollkommnet er
sich im Schützen – seiner höchsten Entwicklungsform. Aus dem
vorbewußten, auf Selbstdurchsetzung bedachten Einzelwesen (♈)
entwickelt sich das seiner selbst bewußte, um sich selbst kreisende

230

und noch *vor*soziale Wesen (♌). Im dritten Quadranten sozialisiert sich das Wesen, das inzwischen gelernt hat, unter Beibehaltung der eigenen Grundnatur der dynamischen Selbstbezogenheit (Feuer) Verständnis für andere dynamische Ich-Zentren zu entwickeln, Andersgeartetes zu begreifen, zu akzeptieren und sich mit ihnen gemeinsam in der Welt darzustellen und zu funktionieren (♐). Die dynamische Verausgabung von Energie wird nicht mehr ausschließlich zum Kreisen um die eigene Mitte eingesetzt, sondern um ständig geistig in Bewegung zu bleiben, um durch die Begegnung mit dem Du (♎) und die Etablierung fester Beziehungen mit ihm (♍) möglichst viel von der Welt des Nicht-ichs zu verstehen, zu begreifen und hinter den Sinn der Dinge sowie grundsätzliche Zusammenhänge zu kommen.

Auf das Vorliegen eines Entwicklungsabschlusses im Zeichen Schütze deutet die Tatsache hin, daß im Schützen das Element Feuer alle Seinsstadien durchlaufen hat: das kardinale Stadium im Widder, das fixe Stadium im Löwen und jetzt das veränderliche Stadium im Schützen. Damit ist das Schütze-Feuer gleichsam «fertiges» Feuer, Feuer, das sich vervollkommnet hat. Im 1:1-Verhältnis war der Widder der junge, frische «Rohling», dessen Hauptanliegen war, sich durch die verschwenderische Verausgabung von Energie physisch-konkret in der Welt zu etablieren und zu funktionieren. Im Löwen wurde diese Energie seiner selbst bewußt, indem sie zum Träger oder Vehikel für den Ausdruck des eigenen persönlichen Inhalts, der eigenen Identität wurde. Der Entwicklungsschritt Löwe entspricht im Menschen dem «Sommer», der «Blüte» des Lebens, wenn sich der Mensch in voller Kraft und Bewußtheit seiner selbst befindet. Noch ist er aber nicht alles, was er eines Tages noch sein wird. Hinzu kommen im «Herbst» noch die horizonterweiternde Weltoffenheit, Verständnis und Akzeptanz gegenüber allem anderen – und die Weisheit (♐). Der Feuerkreis der Entwicklung auf der realen subjektiven Ebene ist geschlossen.

1:9 Das Wesens- und Formvollendungs-Verhältnis (höchste Darstellungs- bzw. Erscheinungsform):

Das Ausgangsprinzip:

wie es innerhalb der Art die eigene Formvollendung erreicht,

wie es Einblick in die Zusammenhänge hinter den
Dingen bekommt,
wie es bewußt auf die Belange von Artgenossen eingeht,
wodurch sein Leben und die Welt Sinn und Bedeutung
bekommen.

Beispiele: Das Formvollendungs-Verhältnis 1:9

Jedes Zeichen steht in einem 1:9-Verhältnis mit dem neuntnächsten
Zeichen, das die gleiche Polung (männlich-aktiv oder weiblich-passiv) und das gleiche Element aufweist. Inhaltlich stimmt dieses Verhältnis voll mit dem Musterverhältnis zwischen Widder und Schütze
überein:

Die Integrationsfähigkeit (♉) ist das, worin die Anpassungsfähigkeit (♍) gipfelt.

Die höchste Form der Selbstdarstellung (♊) ist das Ausleben der
eigenen reinen Identität (♒).

Die Formvollendung der eigenen Wirklichkeit (♑) ist das Leben
im Realen nach der eigenen Eigenart (♍).

Die vollkommene Verwurzelung (♉) liegt in der Verankerung in
der eigenen Wirklichkeit (♑).

Autorität (♑) erreicht ihre Wesensvollendung in der Bescheidenheit (♍) und in der Bereitschaft zu dienen (♍).

Die Kunst (♌) erreicht ihre höchste Form, wenn sie absolut frei
und spontan (♈) neue Formen hervorbringt (♈).

Der zwischenmenschliche Austausch (♊) in vollendeter Form ist
die Freundschaft unter Gleichgesinnten (♒).

In seiner höchsten Ausprägung ist die Individualität (♒) immer
bereit, Gleiches anderen zuzugestehen und in ihnen auch Gleiches
zu erkennen (♎).

Der Optimismus (♐) erreicht seine Wesensvollendung in Mut,
Zuversicht und Freude am Leben (♌).

Das Verhältnis 1:10
Grundmuster Ausgangs-/Zielzeichen: ♈/♑
Das Bestimmungs--und Wirklichkeits-Verhältnis
(Komplementär-Verhältnis: 1:4 – ♑/♈)

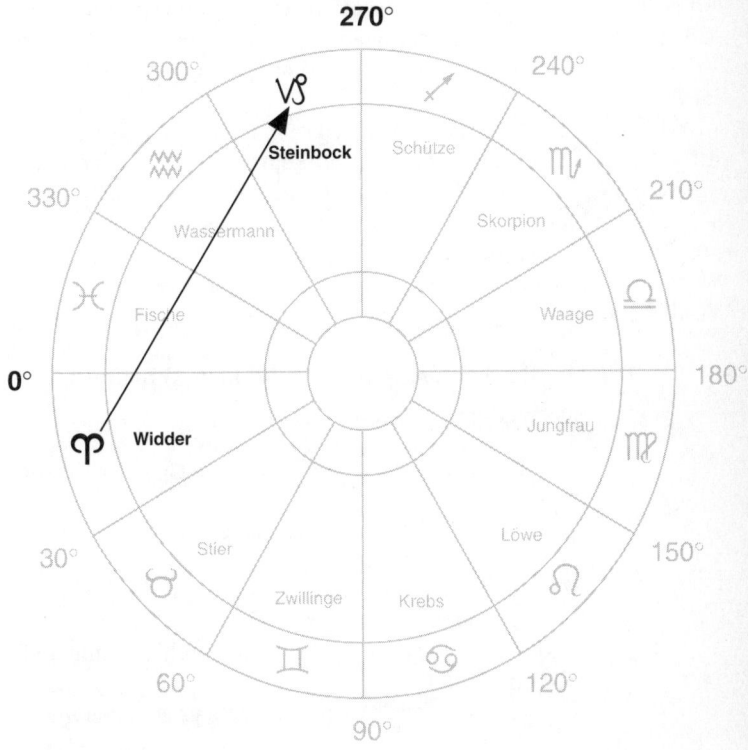

Beim 1:10-Verhältnis ist das Zielzeichen (♑) das hohe Ziel, die Bestimmung, worauf hin sich das Ausgangszeichen (♈) entwickeln und
erreichen soll. Steinbock ist das, was Widder in seiner letzten «Wirklichkeit» *ist* bzw. nach Durchlauf der ersten neun Zeichenprinzipien –
seines «irdischen» Daseins – sein wird. Das 1:10-Verhältnis besagt,
daß hinter der konkreten, sichtbaren Realität eine außersubjektive
und nicht beeinfluß- oder wandelbare Wirklichkeit sich birgt. Es gilt,

233

durch die Überwindung der subjektiven Einstellung zu sich selbst und der Welt zur Klarheit zu kommen darüber, wer und was man «in Wirklichkeit» ist, und das subjektive Leben kompromißlos dementsprechend zu gestalten. Jede Abweichung von diesem unverrückbaren Ziel läßt einen das reale Leben als schwierig, belastend, mangelhaft und erdrückend erleben – um nur ein paar der Steinbock-Mechanismen zu erwähnen, die gleichzeitig auf die Notwendigkeit einer Kurskorrektur im Leben und auf ein entwicklungsförderndes Problem hinweisen.

Im 1:10-Verhältnis wird das Reale zu seinem nicht stofflichen «Urstoff» zurückgeführt. Das ist unter anderem auch deshalb schwierig, weil vom Realen unerbittlich verlangt wird, daß es sich selbst nicht mehr für das Maß oder den Mittelpunkt der Dinge hält, sondern einsieht, daß es nicht stofflicher Herkunft ist und im Irrealen – in einem Wirklichen/Wirkenden gründet, das von ganz anderer Art ist. Das Wirkliche an den Dingen liegt jenseits des Realen.

1:10 Das Bestimmungs- und Wirklichkeits-Verhältnis:

Das Ausgangsprinzip:

seine höchste außerpersönliche, zwangsläufige Bestimmung,
wozu es in objektiver außerpersönlicher Wirklichkeit da ist,
wodurch es zu seiner außerpersönlichen Wirklichkeit kommen kann,
was es subjektiv als Einschränkung, Behinderung und Last empfindet,
der außerpersönliche Maßstab, dem es genügen *muß*.

Beispiele: Das Bestimmungs- und Wirklichkeits-Verhältnis 1:10

Jedes Zeichen im Tierkreis steht mit dem zehntnächsten Zeichen in einem 1:10-Verhältnis. Das zehnte Zeichen hat die entgegengesetzte Polung (männlich-aktiv oder weiblich-passiv) und weist ein konträres («unverträgliches») Element auf. Inhaltlich stimmt dieses Verhältnis voll mit dem Musterverhältnis zwischen Widder und Steinbock überein:

234

Die Bestimmung des Lebens (♌) ist die feste Verwurzelung im Realen/Diesseits (♉).

Die Bestimmung des Weiblichen (♋) ist das Hervorbringen neuer Formen, der Dinge schlechthin (♈).

Die Unterschiedlichkeit der Dinge (♊) ist in Wirklichkeit nur Schein (♓).

Ziel des Daseins im Realen (♈) ist die Entwicklung hin zum Wirklichen (♑).

Sinnlicher Genuß, Entspannung und Befriedigung (♉) sind alle Ergebnisse des sexuellen Aktes (♌).

Die Begegnung mit dem Du (♎) führt durch den Kontrast zur eigenen Identitätsbildung (♋).

Ziel der Verankerung im stofflichen Organismus (♉) ist die letztendliche Erlangung der eigenen reinen Urform, des «Himmels» (♒).

Das Leid (♓) ist dazu da, um zu Einsichten (♐) zu führen und Zusammenhänge aufzuzeigen (♐).

Die Bestimmung der Erotik (♍) ist der Spaß, die Lebensfreude, das Leben und das Kind (♌).

Bei Freundschaft (♒) muß es sich in Wirklichkeit um eine restlose Verpflichtung an das Wohl des anderen (♍) handeln.

Das Verhältnis 1:11
Grundmuster Ausgangs-/Zielzeichen: ♈/♒
Das Befreiungs- Vollkommenheits-Verhältnis
(Komplementär-Verhältnis: 1:3– ♒/♈)

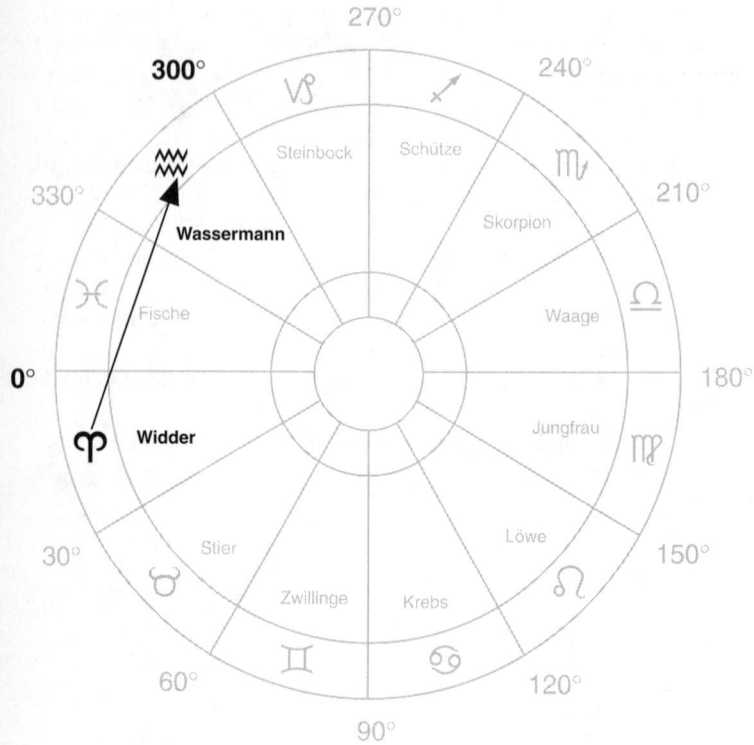

Beim 1:11-Verhältnis stellt das Zielzeichen das Entwicklungsstadium dar, in dem das Ausgangszeichen die eigene individuelle und endgültige Reinheit erlangt. Im Steinbock entdeckt der Widder, daß er ganz anders geartet ist als das Real-konkrete, für das er sich bislang ausschließlich gehalten hat. Im Wassermann nimmt der Widder seine reine und außersubjektive Wirklichkeit an und fängt an, nur noch danach zu leben. Als Wassermann ist der Widder nicht mehr subjektiven

Illusionen und Überlagerungen – weder innerer noch äußerer Herkunft – unterworfen, sondern erkennt sich als einzigartige Ausdrucksform einer einzigen Urwirklichkeit, die alle scheinbare Vielfalt hervorbringt. Da die ganze Schöpfung aus einem einzigen «Urstoff» hervorgeht, ist alle subjektiv und/oder real zu beobachtende Unterschiedlichkeit letztendlich nur Schein, denn auf der Ebene der tiefsten Wirklichkeit, der des «Urstoffes», ist doch alles gleich. Daher die wassermannhafte Empfindung der Wesensgleichheit aller Dinge. Das ist auch der Hintergrund solcher Wassermann-Entsprechungen wie «Aufhebung der Unterschiede», «Freiheit» (von einengenden subjektiven Überlagerungen), «Vereine und Freundschaft» (Ansammlung Seelen- bzw. Wesensgleicher/-verwandter). Im Wassermann, der «Ur-Idee» hinter jedem realen Vorkommen eines Menschen oder Phänomens, erreicht der Widder seine wahre und höchstreine Urform, die sich allerdings erst jenseits des Realen, im Wirkungsbereich des Wirklichen manifestiert. Der Wassermann im Bereich des Wirklichen entspricht dem Schützen im Bereich des Realen – beide stellen die Formvollendung auf verschiedenen Ebenen dar.

1:11 Das Befreiungs- und Vollkommenheits-Verhältnis:

Das Ausgangsprinzip:

wodurch es sich von allem anderen außerpersönlich «wirklich» abhebt,
die Einmaligkeit, die aus der eigenen außerpersönlichen Wirklichkeit heraus «Form» annimmt,
worin die eigene außerpersönliche Wahrheit besteht,
wie es sich aus allen subjektiven Verstrickungen befreit,
was es als *himmlisch* und höchste Wahrheit empfindet,
wodurch es «geläutert» und «rein» gemacht wird,
womit es sich zutiefst außerpersönlich und leidenschaftsfrei verbunden fühlt.

Beispiele: Das Befreiungs- und Vollkommenheits-Verhältnis 1:11

Jedes Zeichen steht in einem 1:11-Verhältnis mit dem darauffolgenden elften Zeichen, das die gleich Polung (männlich-aktiv oder weiblich-passiv) und ein komplementäres («verträgliches») Element aufweist. Inhaltlich stimmt dieses Verhältnis voll mit dem Musterverhältnis zwischen Widder und Wassermann überein:

Kunst (Ω), die keinen fremden Einflüssen mehr unterliegt, ist reine Selbstdarstellung (II).

Die Sicherheit (♉) in ursprünglicher Reinheit ist das Vertrauen darauf, daß alles seine Richtigkeit hat und den richtigen Lauf nehmen wird (H).

Die Familie (♋) in Reinkultur ist eine Quelle der Kraft, der Stabilität, des Schutzes, der Nahrung (♉).

Der Urgedanke hinter der Unterscheidungsfähigkeit (II) ist die deutliche Sichtbarmachung und Vereinzelung der Dinge (♈), um lediglich festzustellen, was «da» ist (♈).

Bar jeglicher subjektiver Überlagerung liefert die außersubjektive Wirklichkeit (♑) die Grundmuster und -strukturen (♏), nach denen sich die Dinge gemäß ihrer Artung «zwangsläufig» und ohne Abweichungen entwickeln müssen.

In ihrer ursprünglichen Reinheit dient die Erotik (♏) der (im körperlichen und psychologischen Sinne) Erhaltung des Lebens und der Gesundheit des einzelnen (♍).

Freundschaft (♒) in ihrer reinsten Form bedeutet Einsicht in die Belange des anderen, Verständnis und Toleranz (♐).

Als das gesehen, was es objektiv ist, ist das Große Chaos, das Große Meer der unendlichen und noch undifferenzierten Möglichkeit (H) der nicht greifbare «Urstoff», die letzte Wirklichkeit (♑) hinter allen realen Erscheinungsformen.

In ihrer höchsten Form ist Gesundheit (♍) eine intakte Seele (♋), die sich ihrem Wesen (♋) gemäß frei äußern kann.

In Reinkultur ist Verständnis für und Einsicht in die Belange anderer (♐) die Bereitschaft, neben dem Ich das Nicht-ich und dessen Standpunkt gelten und bestehen zu lassen (Ω).

Das Verhältnis 1:12
Grundmuster Ausgangs-/Zielzeichen: ♈/♓
Das Erlösungs-Verhältnis
(Komplementär-Verhältnis: 1:2– ♓/♈)

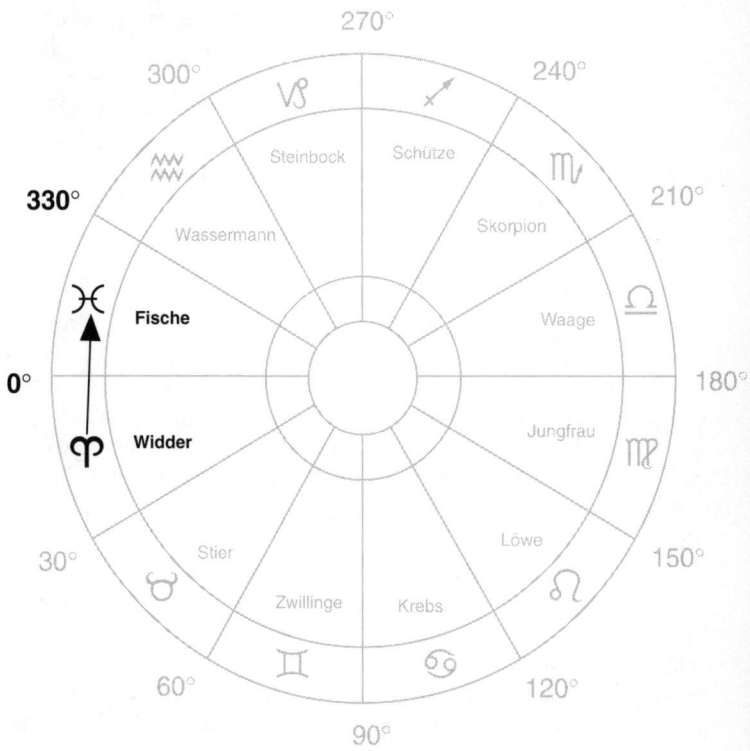

Beim 1:12-Verhältnis ist das Zielzeichen (♓) das, worauf das Ausgangszeichen (♈) zurückgreifen kann, wenn es nicht mehr weiter weiß, wenn es Hoffnung und Hilfe braucht. Not und Bedrängnis entstehen grundsätzlich dadurch, daß in der einen Entwicklungsphase der Schwerpunkt der vorangegangenen Phase vernachlässigt oder verdrängt wird. So will der dynamische, konkrete Widder nichts mehr vom Meer der passiven und regungslosen Möglichkeiten wissen, aus

239

dem er hervorging. Oder der empfindsame Krebs vergißt völlig die Sachlichkeit und die Nüchternheit, aus der er entstand. Einerseits liegt das ganz im Sinne der rhythmischen Pulsation des Tierkreises: Auf aktiv/nach außen muß und soll passiv/nach innen folgen. Schwierigkeiten hiermit entstehen erst dann, wenn das vorher «Gelernte» zugunsten der Konzentration auf die derzeitige Entwicklungsphase nicht integriert und herübergenommen, sondern als nicht mehr aktuell oder notwendig vergessen oder ignoriert wird. Daraus kann geschlossen werden, daß die Erlösung von beziehungsweise die Abhilfe gegen Not und Bedrängnis im vorangegangenen Prinzip liegt. Das aktuell leidende Prinzip muß also einen Schritt zurückgehen und sich die Hilfe holen, auf die es selbst verzichtet hat, als es meinte, keine Verwendung mehr für bereits «Integriertes» zu haben. Leid und Not lassen somit immer auf Unvollständigkeit schließen.

Für den Widder sind die Fische das unendliche Meer der Möglichkeiten, das das Potential zur Erlösung von jeder Not enthält, in die ein Widder je geraten könnte. Es ist typisch für das 1:12-Verhältnis, daß die Hilfe und die Erlösung, die das Zielzeichen bietet, genau auf die «Schwächen» und «Unzulänglichkeiten» des Ausgangszeichens abgestimmt sind. Wenn die Lasten und Belastungen des real-konkreten Daseins dem Widder zu sehr zusetzen, kann er sich von seinen Nöten befreien und erlösen, indem er sich zurückzieht, in die Abgeschiedenheit geht, sich dem Lauf der Dinge anheimstellt. Dabei kann er das Vertrauen und die Gewißheit ($\mathcal{H}$) haben, daß die bestmögliche Lösung für seine Probleme sich einfach aus dem «Nichts» materialisieren wird, wenn er wachsam bleibt und Möglichkeiten, die sich ihm dann präsentieren, in Reales umsetzt. Wenn also das Ausgangszeichen unter den Ausuferungen und Übertreibungen seiner Natur leidet, wenn es zum Opfer seines Soseins wird, bedarf es der Erlösung. Das Zielzeichen selbst ist niemals in der Lage, von sich aus und allein diese Erlösung zu erwirken. Vielmehr enthält es nur Erlösungs*potential*, das dann – um wirksam zu werden – vom Ausgangszeichen *selbst*, gemäß seiner Art, in die Tat umgesetzt werden muß. Dadurch bleibt im 1:12-Verhältnis zwischen Widder und Fische das Grundverhältnis zwischen Feuer- und Wasserzeichen gewahrt: Das Wasserzeichen ist ein Depot unerschöpflicher Möglichkeiten, die das darauffolgende Feuerzeichen durch aktives Mitwirken zur Realität machen muß, sollen diese Möglichkeiten «brauchbar» werden und feste Konturen annehmen (= 1:2-Verhältnis Fische/Widder). Die Erlösung von einer wie auch immer gearteten Not kann nur aus dem Urgrund des Notleidenden selbst hervorgehen. Da der Widder seinen Urgrund in den Fischen hat, muß auch die Erlösung von Widder-Nöten aus den Fischen hervorgehen. «Hilf dir selber (durch aktives Mitwirken = Widder), so hilft dir Gott (= die Gottheit = Fische, indem einem alle Möglichkeiten eröffnet und zur Verfügung gestellt werden, aus denen man selber dann etwas Konkretes macht).»

1:12 Das Erlösungs-Verhältnis:

Das Ausgangsprinzip:

worauf es zurückgreifen kann, wenn es Hilfe braucht,
wie es ungeachtet jeglicher Anpassung an subjektive Gegebenheiten die eigene, im Zehnerverhältnis entdeckte Wirklichkeit auslebt,
wie es in völliger und bewußter Einheit und Identität mit der außerpersönlichen Wirklichkeit lebt, losgelöst von allen stofflichen Belangen,
wie es Schwäche und Krankheit erlebt und mit ihnen umgeht,
wodurch es Erlösung aus Leid und Kummer findet.

Beispiele: Das Erlösungs-Verhältnis 1:12

Jedes Zeichen im Tierkreis steht mit dem zwölftnächsten (= dem vorangegangenen Zeichen) in einem 1:12-Verhältnis. Das zwölfte Zeichen hat die entgegengesetzte Polung (männlich-aktiv oder weiblich-passiv) und weist ein konträres («unverträgliches») Element auf. Inhaltlich stimmt dieses Verhältnis voll mit dem Musterverhältnis zwischen Widder und Fische überein:

Wenn man darunter leidet, ein «Macher» zu sein, die Energien (♈) erschöpft und die Anforderungen des Daseins nicht mehr zu erfüllen sind, muß man sich zurückziehen (♓), um sich zu erholen und in der Stille wieder «aufzutanken», um sich gestärkt wieder dem Dasein stellen zu können.

Fühlt man sich eingeengt (♉), fällt einem die Decke (♉) auf den Kopf oder wird das Leben in der Gemeinschaft (♉) bedrückend, muß man «ausbrechen» (♈), auf eigene Faust etwas unternehmen (♈) und eine kurze Zeit (♈) «Einzelgänger» (♈) sein.

Leidet man unter der eigenen Unruhe (♊) oder darunter, daß die Sachlichkeit (♊) in Standpunktlosigkeit ausartet, muß man sich «zusammennehmen» und zur Ruhe kommen (♉), um wiederzuentdecken, worin man «verwurzelt» (♉) ist und seinen Halt (♉) hat.

Wenn einem die eigenen Empfindungen (♋) zu schaffen machen oder man sich seelisch (♋) ausgelaugt fühlt, muß man lernen, sich seelisch auszukoppeln (♊) und die Dinge mit Sachlichkeit und Nüchternheit anzugehen (♊).

Bei erschöpfter Schaffenskraft (♌), wenn man nichts mehr zustande bringt (♌) und sich leer vorkommt, sollte man sich zurückziehen (♋), in sich kehren, um aus der eigenen inneren Reichhaltigkeit (♋) zu schöpfen und neue Inspiration (♋) zu holen.

Ängstlichkeit, Unsicherheit oder lebenshemmende Schüchternheit (♍) lösen sich in nichts auf, wenn man sich ein Herz (♌) faßt und mit Mut und unbeirrbarer Zuversicht dem Leben stellt (♌).

Man kann auch darunter leiden, daß man zuviel Rücksicht (♎) nimmt oder sich zu viele Gedanken darüber macht (♎), wie man bei anderen gut ankommen kann (♎). Abhilfe schafft man sich dadurch, daß man sich in gesundem Eigennutz (♍) übt und mal die eigenen Schäfchen ins Trockene bringt (♍), bevor man an andere denkt.

Als Abhilfe gegen eine bedrückend enge Beziehung (♏) oder eine Krise (♏) kann man sich davon ablenken, indem man unter die Leute (♎) geht, um auf andere Gedanken (♎) zu kommen und eine neue Sicht der Dinge (♎) zu bekommen.

Vor lauter «Auf-morgen-Schieben» (♐) bringt man nichts mehr zustande, das persönliche Wirken erschöpft sich in schönen, jedoch substanzlosen Zukunftsvisionen (♐). Die Abhilfe besteht darin, daß man lernt, sich auf das, was es zu tun gilt, absolut festzulegen (♏) und sich durch nichts von seinem Vorhaben abbringen zu lassen (♏), bis das Vorhaben realisiert wurde.

Man leidet darunter, daß man nicht mehr spontan sein kann (♑), daß man meint, die Last (♑) der Welt auf den eigenen Schultern zu tragen, und immer unter Druck (♑) steht. Die Erlösung liegt einen Schritt zurück: Man erlaubt es sich mal, einfach in den Tag hineinzuleben (♐), ohne festen Plan oder Vorhaben. Oder aber man sucht bei Schwierigkeiten (♑) Trost und Hilfe in seiner Religion oder seinem Glauben (♐).

Liefert man sich unkontrolliert dem Fische-Prinzip aus, leidet man an Schwäche, Formlosigkeit und Impotenz und meint, den Dingen macht- und kraftlos ausgeliefert zu sein (♓). Wenn man sich jedoch auf seinen Wassermann-Anteil besinnt, weiß man wieder, daß man etwas Einmaliges und Besonderes (♒) ist, was nicht zu einem kraftlosen Dasein im Hintergrund (♓) verdammt ist, sondern etwas, was sich hervorheben soll und aufgrund seiner «Gott»-Ähnlichkeit die eigene Individualität nach freiem Belieben schöpferisch entfalten kann (♒).

Die Zeichenverhältnisse als Grundlage astrologischer Analogiebildung und Deutung

Ungeachtet der Basis, auf der man die astrologischen Zeichen und damit die Prinzipien, die sie verkörpern, in Beziehung zueinander bringt, ergibt sich eine lückenlose Logik, die den Beziehungen zugrunde liegt. Man kann also die Zeichenprinzipien in bezug auf ihre Polarität, ihre Reihenfolge im Tierkreis, ihre Elemente, die Elementenfolge, ihre Quadranten oder eine beliebige Kombination dieser Merkmale in Beziehung zueinander setzen – es ergibt sich immer ein logisches und in sich schlüssiges System, das auf genau und fest definierte Verhältnisse hinweist. Diese Logik der Zeichenbeziehungen und -verhältnisse hat den nicht hoch genug einzuschätzenden Vorteil, daß sie die astrologische Analogiebildung in sich ableitbar und nachvollziehbar macht. Das bedeutet, daß es zunächst einmal gilt, die verschiedenen Beziehungskriterien (Polarität, Reihenfolge usw.) zu begreifen, die im Tierkreis herrschen. Da diese Kriterien auf kontrollierbare Art und Weise auf die Zeicheninhalte schließen lassen, hat man grundsätzlich die Möglichkeit, diese Inhalte für sich und «auf der Stelle» abzuleiten und die eigenen Schlußfolgerungen auf ihre Richtigkeit hin zu überprüfen. In einer Deutungssituation ist man nicht mehr um eine Analogie verlegen, weil man die paar Analogien, die man sich gemerkt oder von anderen übernommen hat, erschöpft hat. Mit der Übung kann man sofort und treffsicher beliebig viele neue Analogien ableiten. Auch astrologische Aussagen aus anderen

Quellen können auf diese Art und Weise geprüft werden. Holt man sich beispielsweise Anregungen aus der astrologischen Literatur, aus der Mythologie, der Psychologie oder aus der «Esoterik», so ist man nicht mehr darauf angewiesen, die Dinge einfach zu glauben und sie als «richtig» hinzunehmen. Die Astrologie kann, aufgrund ihrer eigenen Gesetzmäßigkeiten und inneren Logik, immer für sich selbst klar, deutlich und mit natürlicher Autorität sprechen.

Wie an anderer Stelle ausführlich darzustellen sein wird, können die aus den Zeichenbeziehungen gewonnenen Kenntnisse auf sämtliche anderen Quellen innerhalb der Astrologie, aus denen man sich Deutungsinhalte holt, zum Beispiel Aspekte oder Transite, angewandt werden. Das ist deshalb möglich, weil alle Elemente der Astrologie – Zeichen, Häuser, Planeten sowie deren Bewegungen und räumliche Verteilung – unzertrennliche Bestandteile eines Ganzen sind, die sämtliche Eigenschaften des Ganzen teilen und durch diese gemeinsamen Eigenschaften verbunden sind. Hat man also die Zeicheninhalte verstanden, so hat man nach entsprechender Abwandlung auch die Häuser, die Planeten, die Aspekte, Transite und Bewegungen aller Art verstanden.

Da dieser Ansatz zur Astrologie ausschließlich auf den Zeichenbeziehungen beruht, ist er auch völlig «schule»- und «häusersystem»-unabhängig.

Kapitel IX

Vorbemerkungen zu Kombination und Deutung

Die astrologischen Prinzipien, die in den vorangegangenen Kapiteln beschrieben und zueinander in Beziehung gesetzt wurden, sollen nun praktisch und exemplarisch angewandt werden. Dabei ist es von grundlegendster Bedeutung, welches Übungsobjekt man benutzt, um eigene praktische Erfahrung zu sammeln.

Zu Übungs- beziehungsweise Illustrationszwecken werden in vielen astrologischen Texten die Horoskope geschichtlicher wie zeitgenössischer Persönlichkeiten und Ereignisse herangezogen. Aus dem Verständnis der Astrologie heraus, das in diesem Buch vertreten wird, ist das eine recht problematische Praxis.

Aus (auto)didaktischen Gründen kann es durchaus legitim sein, die Horoskope sogenannter berühmter Persönlichkeiten heranzuziehen. Besonders in den frühen Lernphasen ist es für den Astrologie-Neuling sehr wichtig, «Aha»-Erlebnisse zu haben. Diese ergeben sich aus der anschaulichen und zutreffenden Anwendung astrologischer Prinzipien auf die Horoskope allgemein bekannter Menschen, um die sehr grob umrissenen Charaktereigenschaften der betreffenden Personen – so wie sie in und von der Öffentlichkeit erlebt werden – wiederzuerkennen. So ist beispielsweise am Horoskop Walt Disneys in allergröbster Form zu erkennen, daß es sich durchaus um einen Menschen handeln *kann* (nicht *muß*!), der Zeichentrickfilme für Kinder produziert; oder bei Sigmund Freud um den Menschen, der die Freud'schen Thesen über die menschliche Sexualität formulierte. Dabei ist es hinlänglich klar, daß das Horoskop Walt Disneys *niemals* das von Sigmund Freud sein könnte und umgekehrt. Die eindeutige, *symbolische* Wiedererkennung Disneys oder Freuds im jeweiligen Horoskop stellt ein Erfolgserlebnis dar, das das Interesse des Lernenden an der Astrologie erweckt oder wachhält und verstärkt, für ihn die Brauchbarkeit der Astrologie als Erkenntnisinstrument unter Beweis stellt und ihm den Ansporn gibt, seine Astrologiekenntnisse weiter zu vertiefen.

Versucht man sich allerdings über einen groben Charakterumriß hinaus an einer detaillierten Tiefendeutung des Horoskops einer Person, mit der der Deutende nicht in direktem und persönlichem Dialog steht, so kann das Ergebnis im besten Falle nur unbestätigte Spekulation bleiben – wie astrologisch begründet und zutreffend auch immer diese Spekulation erscheinen mag. Daran kann alle Sicherheit und Bestimmtheit des Vortrages oder Berühmtheit des Deutenden absolut nichts ändern. Das bleibt auch dann (oder vielleicht erst recht) der Fall, wenn sich der Deutende auf persönliche Fähigkeiten und «Informationsquellen» beruft, die angeblich außerhalb des Bereiches des real Zugänglichen liegen. Für eine gesunde Skepsis gegenüber aller astrologischen «Ferndeutung», d. h. Deutung in Abwesenheit des Deutungsobjektes, spricht ein ganz wesentlicher Grund: die Unwiderstehlichkeit des Offensichtlichen.

Die Verlockung des Offensichtlichen

Der Mensch läßt sich durch nichts so schnell verführen wie durch das Offensichtliche. «Offensichtlich» ist alles, wovon man meint, es liege auf der Hand, es müsse so sein, weil es nicht anders sein könne; es sei selbstverständlich. Offensichtlich ist aber auch alles, was wir gewohnt sind zu sehen, zu erwarten, zu hoffen, zu glauben, zu wollen. Ein Sachverhalt wird als offensichtlich betrachtet, wenn er unseren Vorstellungen entspricht oder ein angestrebtes Ergebnis begünstigt. Oder wenn man durch die eigene Auffassung eines Sachverhalts sich als intelligent, gescheit, fachkundig, «geistig hochentwickelt», stark, «esoterisch» etc. darstellen kann. So ist die Verlockung des Offensichtlichen verständlich, weil es oft aufs engste mit sehr «menschlichen» Eigenschaften verknüpft ist und diese oft zu bestärken scheint. Wenn jedoch unsere Vorliebe für tatsächlich oder nur vermeintlich Offensichtliches auch die astrologische Praxis beeinflußt, beeinträchtigt dies den Umgang mit diesem Erkenntnisinstrument erheblich. Ein Beispiel aus der Wissenschaft soll veranschaulichen, wie sehr der offensichtliche Schein vom tatsächlichen Sein abweichen kann.

Jahrhundertelang haben die besten Astronomen und Wissenschaftler fest und ernsthaft geglaubt, die Sonne drehe sich um die Erde. Es war und ist auch heute immer noch nicht zu leugnen, daß es tatsächlich so *aussieht*, als ob sich unser Zentralgestirn um unseren kleinen Planeten dreht. Und zu der Zeit, als man dies noch für wahr hielt, konnte man allerlei Beweise dafür vorbringen. Doch trotz des äußerst überzeugenden Anscheins hat sich die Sonne *niemals* um die Erde gedreht. Man ging aber nicht nur in vergangenen Zeiten dem Offensichtlichen auf den Leim. Hier ein weiteres Beispiel aus der neueren Zeit: Wer in den fünfziger Jahren die Schule besuchte, lernte im Physikunterricht, die Schöpfung bestehe aus zweierlei beobachtbaren Zuständen – Energie und Materie. Das hatten Beobachtungen, Messungen und Experimente ergeben. Heute, zirka 40 Jahre später, ist dieses gesicherte «Wissen» schon veraltet, weil man inzwischen erkannt zu haben glaubt, die Schöpfung bestehe nur aus einem einzigen Etwas, das sich unter bestimmten Bedingungen als Welle (Energie), unter anderen Bedingungen als Partikel (Materie) verhält. Diesen beiden Beispielen ist gemeinsam, daß man sich mit einer augenfälligen Erklärung eines real «beobachtbaren» Phänomens zufrieden gegeben und auf unbestimmte Zeit die eigene Sicht für andere, noch triftigere Erklärungen versperrt hatte. Wenn schon in der real-konkreten greifbaren Welt das Offensichtliche so irreführend und täuschend sein kann, wie groß erst muß die Täuschungsgefahr sein bei der Beurteilung eines so flüchtigen und schemenhaften Gebildes wie des Charakters eines Menschen! Bei der Beurteilung physikalischer wie psychologischer Phänomene wird eine grundlegende Tatsache verkannt: Es gibt unendlich viele Theorien, die alle ein bestimmtes Phänomen gleich gut erklären. Je nach Blickwinkel können davon alle, keine oder nur manche der Wirklichkeit entsprechen.

In bezug auf die Astrologie verhält es sich prinzipiell nicht anders als in der *physikalisch* erfaßbaren Erscheinungswelt – außer daß die von der Offensichtlichkeit gestellten Fallen viel subtiler und zahlreicher sind. In der physikalischen Welt haben wir es hauptsächlich mit konkret Beobachtbarem, Meßbarem und Quantifizierbarem zu tun. Bei der Astrologie haben wir es mit subjektiven Beurteilungen von unendlich Wandelbarem, Fließendem zu tun: mit Menschen und Ereignissen. *Dadurch, daß jeder der ist, der er ist, sieht er Menschen und Dinge so, wie er sie aufgrund seines eigenen Soseins sehen* will, *sehen* muß. Je schneller man sich für eine bestimmte, konkrete und für einen selbst *offensichtliche* astrologische Entsprechung für eine Person oder ein Ereignis entscheidet, desto schneller engt man sein Blickfeld für die Wirklichkeiten des Betrachtungsgegenstandes ein und wird bei der Deutung zum «Gefangenen des Offensichtlichen». Eine ähnliche Gefangenschaft entsteht schnell auch dann, wenn bei der Deutung des Horoskops einer sogenannten berühmten Persönlichkeit man sich von dem beeinflussen läßt, was man selbst von der Persönlichkeit zu wissen meint oder was andere Eingeweihte oder «Kapazitäten» von ihr – aus welchen Quellen auch immer – zu wissen *behaupten*. Weiß man zum Beispiel, daß man mit einem Schriftsteller zu tun hat, so fixiert man sich darauf, sucht gezielt die astrologischen Beweise dafür und übersieht anderes, vielleicht noch Wesentlicheres am Menschen. Die Versuchung ist auch groß, Beweise für bereits Gewußtes herbeizudeuten – eben weil man meint, sie müßten vorhanden sein. Das öffentliche Image der astrologisch zu betrachtenden Person ist oft ein Hindernis für eine treffende und einsichtige Deutung. Bei Personen mit positivem Image neigen wir dazu, alles positiv zu deuten und in den Dienst der Aufrechterhaltung des positiven Bildes zu stellen. Charakterschwächen und -mängel werden entweder verharmlost oder umgedeutet, weil man am etablierten positiven Image nicht rütteln oder ein allgemeines Vorbild nicht in Frage stellen möchte (oder in Frage zu stellen wagt). Dagegen wird bei Persönlichkeiten, die eine «schlechte Presse» haben, tendenziell ins Negative gedeutet, weil man nicht an der astrologischen Rehabilitierung einer allgemein als negativ bekannten Persönlichkeit beteiligt sein möchte (oder beteiligt zu sein wagt). Ob das geltende Image einer Persönlichkeit, ungeachtet der Tendenz, zu Recht oder Unrecht besteht, ist letztlich unerheblich. In beiden Fällen ist man zum Gefangenen dessen geworden, was «auf der Hand liegt», was «man so weiß/hört», was an ihr offensichtlich ist, und kann der Person in ihrer astrologischen Wirklichkeit nicht gerecht werden.

Auch aus einem rein technischen Grund kann die Verwendung der Horoskope von Berühmtheiten problematisch sein. Eine astrologische Deutung steht und fällt mit der Richtigkeit der Geburtszeit. Wenn diese (in manchem Fall nur um wenige Minuten) ungenau ist, kann die Deutung an und in sich stimmig sein – nur hat sie mit dem Horoskopeigner wenig zu tun. Da die Praxis der Notierung der Geburtszeit nicht aus astrologischen, sondern aus verwaltungstechnischen oder statistischen Gründen erfolgt, wird nicht auf Genauigkeit geachtet, wie sie für die Erstellung eines Geburtshoroskops erforderlich wäre. Das bedeutet, daß die Wahrscheinlichkeit ungenauer Geburtszeiten bei zeitgenössischen und erst recht bei historischen Persönlichkeiten sehr groß ist. Hinzu kommt noch, daß die Quellen der Geburtszeitangabe für Persönlichkeiten oft mehr als fraglich sind. In vielen Fällen werden mehrere Geburtszeiten für ein und dieselbe Person gehandelt. Der eine Astrologe entscheidet sich für die eine, ein anderer Astrologe für die andere Zeitangabe. Und alle finden die Persönlichkeit in ihren Horoskopen wieder. Das, was von der Person bekannt oder in ihrem Leben sichtbar ist/war, wird so lange im jeweiligen Geburtsbild gesucht, bis es «gefunden» wird.

Erst im unmittelbaren Dialog kann die Astrologie ihre volle Wirkungskraft entfalten. Durch das Geben und Nehmen im Gespräch zwischen dem Deutenden und dem Horoskopeigner kann sich die Deutung von der Ebene des offensichtlich und oberflächlich Realen auf die Ebene des dahinterstehenden Wirklichen verlagern. Das heißt, daß man nicht mehr beim Augenscheinlichen stehen bleibt, sondern weiterforscht, bis man zu dem vorgedrungen ist, wovon das Augenscheinliche nur *Ausdrucksform* ist. Es wird dabei davon ausgegangen, daß jedes Äußere Ausdruck eines Inneren, jede Form Behälter eines Inhalts ist, der das eigentlich Wirkende ist. So kann sich hinter dem, was an der Oberfläche nach den allgemein anerkannten Tugenden Fleiß und Leistungsfähigkeit aussieht, ein nagendes Gefühl der Unzulänglichkeit verbergen, das einen treibt, immer fleißiger und leistungsfähiger zu sein. Oder Arroganz und Hochmut entpuppen sich als Ausdruck des Bedürfnisses, den eigenen individuellen Lebensfluß nicht von fremden Maßstäben eindämmen und zum Versiegen bringen zu lassen.

Das eigene Horoskop als bestes Lern- und Übungsobjekt

In der Literatur wird dem Astrologie-Interessierten gelegentlich davon abgeraten, sich selbst als hauptsächliches Deutungsobjekt zu nehmen. Es wird ihm jedoch so gut wie nie ausdrücklich empfohlen, dies zu tun. Dabei spricht eine ganze Reihe sehr überzeugender Gründe für das eigene Horoskop als bestes Übungsmaterial. Da ist zunächst einmal die Frage der Motivation und des Interesses. Der Mensch ist selten höher motiviert, als wenn es darum geht, etwas über sich selbst und das eigene Leben zu erfahren. Im Vergleich dazu erschöpft sich die Auseinandersetzung mit dem Leben anderer in schnell aufflackender und ebenso schnell abflauender Neugierde. Jeder ist für sich selbst der Mittelpunkt der Dinge, auch wenn nicht jeder bereit wäre, dies zuzugeben oder gar gutzuheißen. Diese Ablehnung des Mittelpunktes für sich selbst hat jedoch mit den kulturellen und religiösen Werten zu tun, die uns in unserem Kulturkreis anerzogen werden, und entspricht keineswegs etwa einem grundsätzlichen Gebot des menschlichen Daseins. Jeder ist nun einmal sich selbst der Nächste, und das ist auch richtig so. Es ist also nur natürlich, daß sich jeder *zunächst einmal* astrologisch mit sich selbst auseinandersetzen möchte. Man kann auch keinen anderen so gut kennen oder *er*kennen wie sich selbst, weil man keinem anderen so nah ist oder sein kann wie sich selbst. Nur bei sich selbst ist man (mit der Zeit) nicht mehr auf Spekulationen, Theorien oder Ratereien angewiesen, weil man sich selbst und *in* sich selbst auch sämtliche Kräfte, aus denen die Schöpfung besteht, unmittelbar und in letzter Klarheit erleben kann.

Dadurch, daß man astrologisch sich selbst unter die Lupe nehmen kann, entsteht im Astrologie-Interessierten ein überaus großes Interesse an diesem (Selbst)Erkenntnisinstrument. Die Aussicht auf Selbsterkenntnis weckt dieses Interesse und hält es wach. Das Interesse wiederum dient als Ansporn, sich noch mehr in die Astrologie zu vertiefen, um noch mehr über sich selbst zu erfahren usw. Wer Astrologie schon einmal unterrichtet hat, weiß um die positive Wirkung dieser selbstzentrierten Motivation auf die Qualität und die Geschwindigkeit des Lernens.

Der größte Vorteil der Arbeit am eigenen Horoskop – nach der sich ergebenden Selbsterkenntnis – ist die Möglichkeit der analogen Übertragung persönlicher Erkenntnisse auf andere Menschen. Das ist nur deshalb möglich, weil alle Menschen aus genau denselben Wesensanteilen bestehen, die sich lediglich aufgrund ihrer jeweils individuellen Anordnung *real* unterschiedlich zum Ausdruck bringen. Jedoch hinter der realen Vielfalt der Äußerungsformen steht die einheitliche und reine Wirklichkeit der Wesensanteile im unberührten Urzustand. Das heißt, hinter der konkreten Äußerungsform beispielsweise des Planeten Mars im achten Haus steht absolut dieselbe Wirklichkeit des reinen Mars-Prinzips wie hinter einem Mars im 5.

Haus im Zeichen Fische. Gelingt es einem, durch die konkreten Ausdrucksformen seines eigenen Mars im achten Haus hindurchzudringen, um das Mars-Prinzip in Reinkultur zu erspüren, kann man dieses Erspürte sozusagen «im Geiste» in sein eigenes 5. Haus «transportieren», um am eigenen Leibe zu spüren, wie ein anderer Mensch seinen Mars im 5. Haus erlebt. Nach kurzer, aber konsequenter Einübung in dieses analoge Mitfühlen mit dem anderen kommt man zu tatsächlich *erfühlten* Einsichten in andere, die mit einer Deutung des formal Offensichtlichen nicht zu erreichen sind.

Bei der Auseinandersetzung mit dem eigenen Horoskop ist größte Ehrlichkeit und Offenheit sich selbst gegenüber nötig. Das wiederum erfordert vor allem den allmählichen Abbau und schließlich die Abschaffung der inneren Zensur.

Die innere Zensur: ein astrologisches Hemmnis

Die innere Zensur ist die Instanz in jedem von uns, die verhindert, daß wir uns selbst und andere so sehen, wie wir in *Wirklichkeit* und nicht nur *offensichtlich* sind. Das ist besonders dann der Fall, wenn das, was wir sehen würden, unerwünscht negativ, aber auch *positiv* wäre! Die innere Zensur läßt beispielsweise nicht zu, daß man sich selbst gegenüber zugibt, daß man Alkoholiker, daß man feige, streit- oder selbstsüchtig ist – oder aber daß man ein gütiger Mensch mit weichem Herzen ist oder das Bedürfnis hat, anderen zu dienen oder zu helfen. Die innere Zensur verstellt gleichermaßen unseren Blick für allgemein als «gut» wie auch als «schlecht» geltende Charaktereigenschaften, so daß wir sie in uns selbst und in anderen nicht wahrnehmen können oder wollen. Daß das die Effektivität der Astrologie als Erkenntnisinstrument stark beeinträchtigen muß, ist «offensichtlich».

Es gilt also, im Umgang mit dem eigenen Horoskop so offen und empfänglich für neue Selbsterkenntnisse zu sein wie nur möglich. Man muß bereit sein, Dinge in sich selbst zu sehen, die man bei anderen als negativ oder positiv bezeichnen würde. Es ist leicht einzusehen, daß wir unsere «schlechten» Eigenschaften verheimlichen möchten, es kommt aber ebensooft vor, daß wir auch unsere «guten» Seiten nicht wahrhaben wollen, weil diese von anderen nicht für gut oder akzeptabel gehalten werden und wir dieses fremde und nicht zutreffende Urteil über uns selbst übernommen haben.

Diese Ehrlichkeit sich selbst gegenüber muß keineswegs nach außen hin getragen werden. Es ist also nicht notwendig, einem anderen Menschen von den schmeichelhaften oder weniger schmeichelhaften Charakterzügen, auf die das eigene Horoskop in symbolischer Form hinweist, zu erzählen – sofern man das nicht will. Es muß niemandem irgend etwas «gebeichtet» werden. Man muß nur allen Möglichkeiten gegenüber, die man in sich hat, offen und aufgeschlossen bleiben – wenn man es mit der Selbsterkenntnis ernst meint.

Die Bereitschaft, sich selbst in der Fülle der eigenen, unzensierten Möglichkeiten zu sehen, muß aber auch in gleichem Maße anderen entgegengebracht werden. Man darf sich beispielsweise nicht der Möglichkeit des «Guten» verschließen in einem Menschen, den wir schon längst als «böse» oder sonstwie hoffnungslos abgeschrieben haben. Umgekehrt müssen wir bereit sein, «Schlechtes» in Menschen zu erkennen, von denen wir immer geglaubt haben, sie könnten kein Wässerchen trüben. Das heißt, daß Verwandtschaft(sgrad), Rang, Position, öffentliches Ansehen, Leistung, Genialität etc. uns keinen Augenblick lang daran hindern dürfen, auch der Fülle der unzensierten Möglichkeiten anderer gegenüber aufgeschlossen und empfänglich zu bleiben. Das Offensichtliche an einem selbst wie an anderen ist niemals die ganze «Geschichte», sondern immer nur Ausdruck eines Inneren, das bei näherem Hinsehen ganz anders aussehen kann. Es darf grundsätzlich keine Deutungsmöglichkeit nur deshalb ausgeschlossen oder übersehen werden, weil man sich «so etwas bei ihr/ihm/denen/mir nicht *vorstellen*» kann. Glücklicherweise ist unser Vorstellungsvermögen niemals Maßstab oder Kriterium dafür, was *ist* oder sein *kann*: Die liebende, fürsorgliche Mutter hat vielleicht nie gelernt, sich selbst zu empfinden und lebt statt dessen durch ihre Familie – was einem Mißbrauch der Familie gleichkommt. Der Geistliche ist vielleicht deshalb Geistlicher geworden, weil er sich nicht getraut, sich den Herausforderungen der realen Welt zu stellen, und sucht statt dessen Zuflucht in einer religiösen Scheinwelt. Der kalt und herzlos Erscheinende kann in Wirklichkeit ein warmherziger, liebevoller Mensch sein, der aufgrund schlechter Erfahrungen meint, sich vor Mißbrauch seiner Güte durch andere schützen zu müssen. Oder beim komischen Kauz handelt es sich vielleicht um jemand, dessen Erlebnisspektrum so weit über das Übliche hinausgeht, daß man ihn für eigenartig hält und ihn nicht mehr versteht.

Es ist nicht notwendig, speziell «Positives» oder «Negatives» in sich selbst oder in anderen zu suchen oder «hineinzulesen». Es genügt, für alle nur erdenklichen Möglichkeiten *offen* zu bleiben, auch wenn diese nicht in ein bestehendes Bild passen. Was «wirklich» ist, wird sich dann von allein herauskristallisieren.

Wir sind alle «10»

Die unzensierte Offenheit, die die Astrologie erfordert, wird zwangsläufig Erkenntnisse mit sich bringen, die für einen völlig neu und vielleicht auch irritierend sind. Mit diesen neuen Einsichten muß nun – sofern man sie gefühlsmäßig und instinktiv als zur eigenen Wirklichkeit gehörend anerkennen kann – umgegangen werden. Die produktivste Art des Umgangs mit ihnen ist die wert- und urteilsfreie *Annahme*. Unter «Annahme» ist in diesem Zusammenhang das Akzeptieren des Gegebenen einfach als des augenblicklichen *Ist*-Zustandes, an dem nicht unbedingt gleich etwas geändert werden muß. Im Gegenteil: Nach vermutlich so langer Zeit der Verbannung in die Unbewußtheit sollte neu Erkanntes bewußt erfühlt und erlebt werden, damit man ein Gefühl dafür bekommt, worum es sich eigentlich handelt. Entdeckt man zum Beispiel ein skorpionisches Machtbedürfnis oder eine widderhafte «Primitivität» in sich, sollte dies zunächst einmal bewußt erlebt und beobachtet werden. Dadurch versetzt man sich in die Lage, über die Wirkung eines bislang unbekannten oder vielleicht zensierten Charakterzuges auf sich selbst und auf andere ein eigenes Urteil zu bilden. Das ist deshalb von besonderer Bedeutung, weil man so nicht mehr auf fremde Urteile über sich angewiesen ist. Man kann selbst erkennen, inwiefern andere einen in seiner Wirklichkeit begriffen haben oder nicht.

Wie im Zusammenhang mit den Zeichen bereits besprochen wurde, ist jeder Mensch lediglich eine real-greifbare Variation über ein einziges, einheitliches und nichtgreifbares Grundthema. Wir bestehen alle aus denselben Prinzipien in ihren drei Ausformungen (Zeichen/Planet/Haus), jedoch jeweils in anderer Zusammensetzung und Anordnung. Es gibt keine Anordnung, die auch nur im geringsten besser oder schlechter, günstiger oder ungünstiger, leichter oder schwieriger wäre als irgendeine andere. Es gibt keine Anordnung der astrologischen Bausteine, der etwas hinzugefügt oder weggenommen werden müßte – niemand hat von irgend etwas zuviel oder zuwenig.

Es gibt keine Anordnung, an der irgendeine wie auch immer geartete «Entwicklungshöhe» abgelesen werden könnte. Es gibt keine Anordnung, die irgend etwas anderes sein müßte als das, was sie *in Wirklichkeit* bereits *ist*. Jede Anordnung ist in und an sich vollkommen. Auch dann, wenn sie einem selbst und anderen nicht paßt.

Greifen wir das Beispiel der «10» (siehe den Abschnitt «WASSERMANN», S. 99) wieder auf: Alle der unendlich vielen Anordnungen wie z. B. (7 + 3), (9,75 + 0,25), (1+5+2+1,5+0,5) usw. ad infinitum ergeben jeweils eine absolut vollkommene 10, wobei keine der Zusammensetzungen etwa «zehn-er» oder «weniger zehn» wäre als irgendeine andere. Jede individuelle Anordnung stellt gleichzeitig einen festgefügten und unverrückbaren Rahmen dar, innerhalb dessen der Mensch leben soll und muß. Er kann seine persönliche Anordnung – den Rahmen der eigenen Notwendigkeit – nicht verlassen.

Der abgesteckte Rahmen steht also unveränderbar fest. Das klingt natürlich verdächtig danach, als ob das menschliche Leben vorbestimmt sei. Und das ist es auch. Aber auch nicht. Wieder einmal das Paradox der Wahrheit: Sie umfaßt immer ihren eigenen Gegensatz, ihre eigene Negation.

Die individuelle Anordnung der astrologischen Grundbausteine ist das an jedem Menschen, was von Geburt an «vorbestimmt» ist, was nicht mehr geändert, woran nicht gerüttelt werden kann – weder von einem selbst noch erst recht nicht von anderen. Wird man beispielsweise mit Mars im fünften Haus im Zeichen Krebs geboren, so lebt und stirbt man auch mit dieser Haus- und Zeichenstellung des Mars. Man kann ihn nicht «umsiedeln». Auf dieselbe Weise ist der gesamte Lebensrahmen fest abgesteckt. Und doch ist man innerhalb dieses Rahmens der eigenen Notwendigkeit *absolut und grenzenlos frei.* Man kann nämlich seinen Mars oder seine Sonne oder seinen Saturn in beliebiger Form, auf beliebiger Ebene (er)leben – aber immer nur nach vorgegebener *Art des Hauses*, des Zeichens und der Wechselbeziehungen zur Gesamtheit der Bestandteile des Horoskops. Also: die Freiheit in der Vorbestimmtheit. Frei sein kann man erst dann, wenn man die Grenzen der eigenen Notwendigkeit erkennt, so daß man weiß, was man sein darf und muß. Innerhalb dieser Grenzen sind dem, was man tun und sein kann, keine Grenzen gesetzt. Um also wirklich frei zu sein, *muß man unbedingt der sein, der man ist.* Wenn überhaupt von einer «Lebensaufgabe» die Rede sein kann, dann doch nur von der, daß man erkennen soll, wer man ist, um dann kompromißlos danach zu leben. Tut man das auch, kann es sein, daß das manchen, vielleicht sogar den meisten Mitmenschen zunächst einmal nicht paßt. Doch was anderen paßt oder nicht, darf nicht grundsätzlich zum Kriterium für die Gestaltung des eigenen Lebens werden. Ein *bewußtes* Leben nach dem eigenen Sosein kann weder einem selbst noch der Umwelt zum Schaden gereichen. «Bewußt» heißt hier vor allem, sich der Tatsache bewußt zu sein, daß dem persönlichen Potential und den persönlichen Möglichkeiten, wie sie vom eigenen Sosein vorgegeben sind, keine Grenzen gesteckt sind. Man hat die Freiheit, das Recht, sogar die *Pflicht*, das Leben nach ureigenster Fasson zu «komponieren», zu leben und sich nicht leben zu lassen. Dadurch wird man sich selbst und allen anderen, deren Leben man berührt, zum Segen.

Alles hat seine Daseinsberechtigung und seinen Platz. Alle Schwierigkeiten, die das Leben einem selbst oder der Umwelt bereitet, ergeben sich nicht aus der individuellen Lebens*anordnung*, sondern nur daraus, daß man sein Leben nicht nach den Gesetzmäßigkeiten der eigenen Notwendigkeit *frei und (selbst)bewußt* gestaltet.

Jeder eigen- oder fremdmotivierte Versuch, etwas zu sein, was man nicht ist, ist von vornherein zum Scheitern verurteilt. Wurde man beispielsweise als (6+4) geboren, wird man niemals wie (9+1) sein oder leben können. Die Verkennung dieser Tatsache ist eine, wenn nicht gar die Hauptquelle des Leides im Leben. Eine (6+4), die gezwungen wird oder versucht, sich selbst zu zwingen, wie eine (9+1) zu leben, ist zu einem Leben der freud- und lustlosen Selbstvergewaltigung verdammt. Die einzige (Er)Lösung liegt darin, daß man bewußt und durch Selbsterkenntnis das eigene Leben in die Hand nimmt. Wie manch andere Disziplin kann auch die Astrologie einen dabei unterstützen, indem sie einem zeigt, wer und was man ist, sein darf, sein muß. Was andere in einem sehen – ob positiv oder negativ – kann zwar stimmen, dürfte aber meistens eben *nicht* stimmen, weil ihnen das notwendige Einfühlungsvermögen und die Einsichtstiefe fehlt. (Dafür sorgt die Gefangenschaft im Offensichtlichen.) Einem selbst darf sie jedoch nicht fehlen.

Noch einmal die logische Folge aus all dem: Man hat das Recht, sogar die Pflicht, der zu sein, der man ist. Schließlich kann man gar nichts anderes sein. Allerdings kann man mit zunehmender Bewußtheit des eigenen Soseins (= der eigenen Notwendigkeit) die *Äuße-*

rungsformen dieses Soseins bewußt beobachten, verfolgen, beeinflussen und weitestgehend nach Belieben gestalten. Einzig und allein das Maß, in dem man dieses *beherrscht und tut*, bestimmt die etwaige, wie auch immer geartete «Entwicklungshöhe» des Menschen. Diese Entwicklungshöhe ist *niemals* am Horoskop, sondern ausschließlich am Menschen selbst und dessen Leben(sführung) zu erkennen. (Das setzt natürlich voraus, daß man weiß, mit welchem Maß dabei gemessen werden muß.) Ausschlaggebend ist also nicht das Horoskop, sondern das, was man daraus macht.

Im Lichte des bereits Gesagten ist es müßig, Begriffe wie «schwierig», «leicht», «unausgeglichen», «harmonisch», «einseitig», «ausgewogen» usw. auf ein Horoskop wertend anzuwenden. Jeder Horoskopeigner ist mit allem «ausgestattet», was er braucht, um sein Leben in seinem *eigenen* Sinne so zu gestalten, daß es sowohl ihm als auch seinen Mitmenschen zur Freude gereicht. Je nachdem, von wem sie kommen und welche (bewußte oder unbewußte) Absichten verfolgt werden, können sich dabei die Urteile anderer über die ganze Bandbreite von liebevoll fördernd bis hin zu gehässig zerstörerisch, von weise und klug bis hin zu primitiv und dumm erstrecken. In dem Maße, wie man durch harte Erkenntnisarbeit an und die Übernahme der Verantwortung für sich selbst in sich gefestigt wird, entwickelt man auch ein gesundes und treffsicheres Gespür für das Niveau und die Qualität fremder Urteile über einen selbst. Ein Beispiel kann dies veranschaulichen:

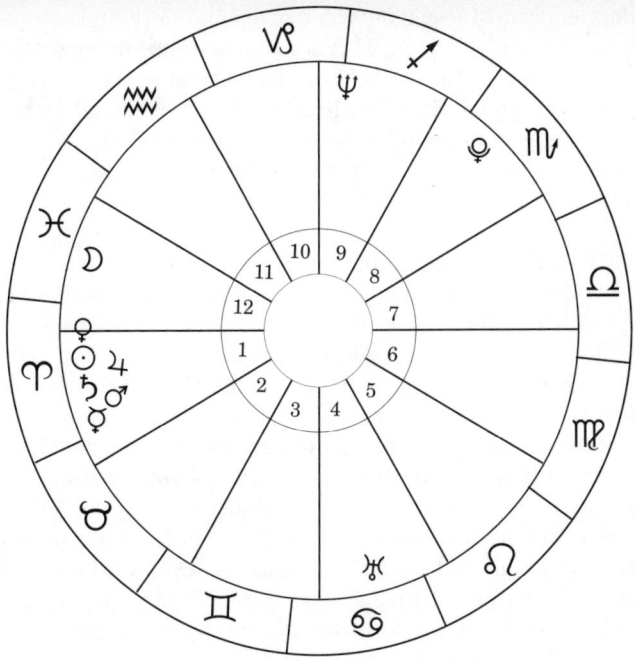

Durch die Konzentration von sechs Wesenskräften im Zeichen Widder und im ersten Haus handelt es sich hier um einen Menschen, der der Umwelt und vielleicht auch sich selbst «extrem» widderhaft vorkommt. Er gilt und empfindet sich beispielsweise als geradezu ermüdend aktiv und dynamisch, dampwalzig zielstrebig, ruhe- und rastlos. Es ist wenig hilfreich, wenn ein solcher Mensch von sich glaubt oder von anderen nahegelegt bekommt, er solle sich bemühen, ruhiger, langsamer und geduldiger zu werden, da dies im Rahmen seiner persönlichen Notwendigkeit ganz eindeutig weder möglich noch «richtig» wäre. Vielmehr muß dieser Mensch erkennen, daß er innerhalb des gegebenen Rahmens, der an sich weder als positiv noch als negativ bezeichnet werden kann, unendlich viele Gestaltungsmöglichkeiten hat. Darunter wird es unzählige geben, die (1) ihm selbst und der Welt, (2) ihm selbst jedoch nicht der Welt, (3) der Welt jedoch nicht ihm selbst und (4) weder ihm selbst noch der Welt zugute kommen. Er muß daraus nach Möglichkeit von denjenigen Gestaltungslösungen Gebrauch machen, durch die er sowohl die Selbsterfüllung finden als auch seinen einzigartigen positiven und förderlichen Beitrag zur ganzen Schöpfung leisten kann. Erst dann wird er mit sich und der Welt ins reine gekommen sein. Sein Sosein wird dann nur noch von denjenigen abgelehnt, die ihn nicht begriffen haben oder nicht begreifen wollen.

Fremdurteile über das Individuum

Bei Fremdurteilen über das Sosein eines Menschen ist es besonders wichtig, auf die Quelle des Urteils zu achten. Wie wir oben gesehen haben, stehen alle Zeichen und Prinzipien in ganz bestimmten Verhältnissen zueinander. Dem herkömmlichen Sprachgebrauch nach könnte man die einen Verhältnisse als «schwierig», andere wiederum als «leicht» bezeichnen. In bezug auf den obigen Fall einer überaus widderhaften Betonung des Horoskopeigners kann man davon ausgehen, daß im allgemeinen die Urteile über diesen Menschen aus Luft- und, vor allen Dingen, Feuer-Quellen weniger ablehnend ausfallen als solche aus Erd- und Wasser-Quellen. Die Luft-Quellen sind zwar anders geartet, empfinden jedoch ein ergänzendes Verhältnis zum starken Feuer, das grundsätzlich den eigentlichen Antrieb hinter der Beweglichkeit der Luft darstellt (siehe das 1:3-, 1:7- und 1:11-Verhältnis). Die Feuer-Quellen sind gleichen Wesens und stellen ein einziges Prinzip auf verschiedenen Ebenen dar (siehe das 1:1-, 1:5-, 1:9-Verhältnis). Jedoch bei Urteilen über Widderhaftes aus Wasser- und, vor allen Dingen, Erd-Quellen verhält es sich ganz anders. Für das tiefe, passive Wasser ist die äußere Dynamik des Feuers (zunächst einmal) unbegreiflich und daher abzulehnen (siehe das 1:4-, 1:6- und 1:8-Verhältnis). Erst wenn Feuer und Wasser erkennen, daß ihre unterschiedlichen Wesen sich wie Innen zu Außen, Form zu Inhalt, Potential zu Verwirklichung zueinander verhalten, können sie konstruktiv zusammenkommen. Die Urteile aus Erd-Quellen über Feuer fallen möglicherweise noch ablehnender aus, da die träge, bremsende Erde das haltlose ungestüme Feuer partout «behindern» will (siehe das 1:2-, 1:6- und 1:10-Verhältnis). Erst wenn Feuer und Erde erkennen, daß sie sich zueinander wie Strom zu Leitung verhalten, ergibt sich ein für beide konstruktives und sich ergänzendes Nebeneinander.

Der Vorteil von Fremdurteilen besteht darin, daß sie bei richtiger

Motivation uns aus einem Abstand betrachten, den wir zu uns selbst zunächst einmal nicht haben. Weil jeder sich selbst wortwörtlich der Nächste ist, fehlt einem vor lauter Selbstnähe der Überblick über die eigene Person. Andere können uns oft klarer sehen als wir uns selbst.

Zusammenfassend kann gesagt werden: Im vorliegenden Beispiel einer stark ausgeprägten Widderbetonung zeigt jedes fremde Urteil darüber aus einer anderen Feuer-Quelle tendenziell ein wesensgleiches Verständnis und Akzeptieren. Aus Luft-Quellen fallen Urteile über Feuer tendenziell neutral und logisch aus. Urteile aus Erd- und Wasser-Quellen zeigen tendenziell ein gefühlsbetontes oder stures Ablehnen des Feurigen. Wird man also in seinem Sosein von anderen negativ oder positiv beurteilt, so hat das genauso viel, wenn nicht noch mehr mit dem Urteilenden selbst als mit dem Be- oder gar Verurteilten zu tun. Fremde Urteile, von wem auch immer sie kommen mögen, sind grundsätzlich auf ihre Quellen und Absichten hin genauestens zu überprüfen, bevor man sie sich zu eigen macht und dadurch den eigenen Lebensausdruck eventuell erschwert. Dabei muß man lernen, Vertrauen zum eigenen Gespür, zum eigenen Instinkt – und zur eigenen Selbsterkenntnis zu haben.

Jeder, so wie er in seinem tiefsten Grund *ist*, stellt ein Notwendiges und Einmaliges dar, ohne dessen Existenz die ganze Schöpfung in sich zusammenfallen müßte.

Kapitel X

Die Kunst der Kombination

Beim Kombinieren der astrologischen Bausteine gibt es einige Grundprinzipien, von denen immer ausgegangen werden muß, will man kreativ und treffend deuten:

1. *Es gibt grundsätzlich nichts, was nicht denkbar oder möglich wäre, und mag es auf den ersten Blick auch noch so unwahrscheinlich erscheinen.*

2. *Es gibt kein Prinzip, das grundsätzlich nur gut oder nur schlecht – oder gar nicht – zu einem anderen Prinzip paßt oder nicht gewinnbringend mit ihm zusammengebracht werden könnte. Bewertende Begriffe wie «günstig/ungünstig», «angegriffen», «gut/schlecht bestrahlt», «leicht/schwer» etc. sind sämtlich irrelevant und wirken nur sicht- und deutungshemmend. Bei jeder als «positiv» wie auch als «negativ» betrachteten Auswirkung eines Prinzips handelt es sich um ein relatives (wie meistens auch persönlich-subjektives) Urteil, das gar nichts mit der Wirklichkeit zu tun haben muß.*

3. *Die Kombination bzw. Berührungen wesensgleicher, wesensungleicher und sich ergänzender Prinzipien sind grundsätzlich wertfrei und nur aufgrund ihrer Erscheinungsformen und Auswirkungen zu beurteilen.*

4. *Kein Horoskop hat von irgend etwas zuviel oder zuwenig, es muß keinem Horoskop etwas hinzugefügt oder weggenommen, es muß nichts ausgeglichen werden. Dies käme einer grundsätzlichen Änderung des Horoskoprahmens gleich, was unter keinen Umständen möglich ist.*

Naturgemäß paßt theoretisch Wesensgleiches (z. B. Zeichen gleichen Elementes bzw. gleicher Polung) oder Sich-ergänzendes (Feuer/Luft,

Erde/Wasser) leichter zusammen als Wesensungleiches (z. B. Feuer/ Luft, Wasser/Erde, ungleiche Polung). Europäer finden leichter Gemeinsamkeiten mit anderen Europäern als mit Asiaten oder Afrikanern. Männer/Frauen haben leichter inhaltlichen Zugang zu anderen Männern/Frauen. Jedem wird jedoch dabei einleuchten, daß bei entsprechender Aufgeschlossenheit, Disziplin, Verantwortungsgefühl und gegenseitigem Respekt die Mitglieder eines jeden Kulturkreises – oder Geschlechts – mit denen anderer werden bestens auskommen können – auch wenn dies mit mehr «Arbeit» verbunden ist als innerhalb des eigenen Kulturkreises. Die eine Seite muß die andere in ihrem Sosein akzeptieren und auf der Grundlage der Gleichberechtigung bestehen lassen. So verhält es sich analog z. B. zwischen Feuer und den wesensungleichen Elementen Erde und Wasser.

Wesensgleichheit und Gemeinsamkeiten sind auf der anderen Seite keineswegs eine Garantie dafür, daß man «gut» zusammenpaßt und harmonisch miteinander auskommt. Wie z. B. die verschiedenen Gruppierungen innerhalb eines einzigen Volkes oder Kulturkreises. Gerade wegen der wesenhaften Gemeinsamkeiten kann es zu Unstimmigkeiten und Disharmonien kommen, beispielsweise wenn nun *alle* Anführer, Mutter, Kind oder Autorität sein möchten (die verschiedenen Zeichen gleichen Elementes bzw. gleicher Polung unter sich). Auch hier tun Aufgeschlossenheit, Disziplin, Verantwortungsgefühl und gegenseitiger Respekt not – wie bei der Wesensungleichheit.

Das Kombinieren von Zeichen, Planet und Haus

Die Tierkreiszeichen und die Planeten in den Häusern

Zur Veranschaulichung der Grundmechanismen der astrologischen Deutung sollen nun Zeichen, Planeten und Häuser exemplarisch miteinander kombiniert werden. Die Kombinationen haben Modellcharakter, d. h. sie stehen für die grundsätzliche Vorgehensweise beim Kombinieren der drei astrologischen Bausteine. Zu diesem Zweck ist es hilfreich und anschaulich, Zeichen, Planeten und Häuser wie folgt zu betrachten:

Die Deutung der Häuser in der Kombination

Die Häuser stellen im Horoskop die Ebene der konkreten Erscheinungsform, der Sichtbarkeit und der Wahrnehmbarkeit dar. Das heißt: Die Häuser setzen konkret und faßbar die Prinzipien und Potentiale um, die als unverwirklichte Möglichkeiten in den entsprechenden *Stamm*zeichen gespeichert sind. Das ist auch dann der Fall, wenn ein *anderes* als das Stammzeichen sich an der Häuserspitze befindet. So entstehen beispielsweise im 6. Haus nur die Inhalte des Zeichens Jungfrau – ungeachtet des Zeichens an der Spitze des 6. Hauses.

Die Häuserfrage: *Was bringt dieser Daseinsbereich (Haus)*
konkret hervor? Was entsteht in ihm?
Beispiele:
Im 6. Haus entsteht konkret: der Lebenserhaltungstrieb, der Broterwerb, die Sozialisierungs-, Einbindungs- und Anpassungsfähigkeit, die Wahrnehmungsfähigkeit, die Bewußtheit etc.

Am elften Haus ist konkret abzulesen: Das, was an einem einzigartig ist; die höchste und reinste Form, die man als Individuum erreichen kann; das, was einem als seelenverwandt gilt; das, was einen von aller «Fremdbesetzung» befreien kann; die individuelle Form der Gotteserfahrung; die konkreten Freundschaften/die Einstellung zu Freundschaft/die Bedingungen, unter denen Freundschaften zustande kommen; der Humor; das abstrakte Denkvermögen etc.

Die Deutung der Planeten in der Kombination

Die Planeten stellen im Horoskop energetische Wesenskräfte und innere Bedürfnisse des Menschen dar, die sich nur im «Huckepack»-Verfahren über die konkreten Erscheinungsformen der Häuser als Träger zum Ausdruck bringen können. Die Planeten «hängen sich» sozusagen an die Dinge dran, die in den Häusern entstehen und gelangen so hinaus in die Welt, werden faßbar und erkennbar. Die Häuser stellen den Planeten Äußerungs*formen* zur Verfügung.

Die Planetenfrage: *Welche(r) Wesensanteil(e) des Horoskopeigners*
finden in den/über die Erscheinungsformen
dieses Daseinsbereiches ihren besonderen
Ausdruck? Welche inneren Bedürfnisse werden
über die Dinge des Hauses vermittelt?
Beispiele:
Die Sonne als (beispielsweise) das innere Bedürfnis nach Selbstverwirklichung im 6. Haus: Vorsicht, Bescheidenheit und Anpassungsfähigkeit, der Broterwerb, Dienstbarkeit, die Auseinandersetzung mit Gesundheitsfragen etc. werden zu Trägern und Mitteln des Selbstverwirklichungstriebes.

Mars als (beispielsweise) das innere Bedürfnis nach Selbstdurchsetzung im elften Haus: Der Durchsetzungtrieb äußert sich speziell in freundschaftlichen Beziehungen; das abstrakte Denkvermögen demonstriert Frische und Schlagkraft; der Sinn für Humor kann aggressiv und verletzend sein; Freunde zeigen primitive, ungehobelte Züge.

Wichtig: *Das Haus, und nicht das Zeichen, bestimmt die* Äußerungsform *der Planetenenergien!*

Die Deutung der Zeichen in der Kombination

Die Zeichen symbolisieren im Horoskop die Äußerungs*weise* der Erscheinungsformen und der planetarischen Wesenskräfte in den Häusern. Das Zeichen an der Häuserspitze, sowie in sekundärer Weise ein in ein Haus voll eingeschlossenes Zeichen, kann man als den «Chef» des Hauses betrachten, der bestimmt, *wie* die Dinge des Hauses entstehen, *wie* im Hause vorgegangen wird, nicht aber *was* im Hause entsteht. So konkretisieren sich beispielsweise im 6. Haus nur Analogien des Jungfrau-Prinzips, entsprechend dem Stammzeichen Jungfrau. Wie allerdings diese Konkretisierungen vor sich gehen bzw. welchen speziellen Anstrich sie bekommen, bestimmt das Zeichen an der Häuserspitze.

Die Zeichenfrage: *Wie* sind die Dinge, die in diesem Daseinsbereich entstehen, beschaffen? *Wie* sind sie zu beschreiben? *Wie* sind ihre Eigenschaften und Merkmale? *Wie* ist die Beschaffenheit des gesamten Umfeldes der Dinge des Hauses, einschließlich Menschen, Gegenstände, Plätze etc?

Beispiele:
Das Zeichen Widder an der Spitze des 6. Hauses – Der Broterwerb (6. H.) verlangt Durchsetzungskraft und ein energisches Naturell; am Arbeitsplatz muß «ordentlich was los» sein; der Beruf bietet immer wieder neue Herausforderungen; man verrichtet eine Arbeit, die als «primitiv» angesehen wird, etc.

Das Zeichen Jungfrau an der Spitze des 11. Hauses – Der Humor ist kritisch und entzündet sich besonders z. B. an der Kleinkariertheit in der Welt; Freundschaften werden nur langsam und vorsichtig eingegangen; durch den hohen Entwicklungsgrad der Wahrnehmungsfähigkeit hebt sich der Mensch aus dem «normalen» nur-subjektiven Erleben heraus.

Wichtig: *Das Zeichen bestimmt die Äußerungsweise der Planeten-energien, nicht die Äußerungsform!*

Eine Familiengeschichte der Kombination

Im dritten Haus kommen immer nur Zwillinge-«Kinder» (= Erscheinungsformen) zur Welt. Fällt die Spitze dieses Hauses auch ins Mutter-Zeichen Zwillinge, also wenn Mutter Zwillinge zu Hause ist und selbst ihre Kinder erzieht, weisen die Kinder sämtliche Eigenschaften und Merkmale der Mutter auf. Das Kind «Sprache» zum Beispiel ist sachlich-neutral, emotionslos, mit einer klaren und deutlichen Aussprache. Das Mutter-Zeichen Zwillinge ist jedoch nicht immer selbst zu Hause, um auf ihre Kinder aufzupassen. So zum Beispiel, wenn die Spitze des dritten Hauses in ein anderes Zeichen fällt. Dieses andere Zeichen wird dann für die «Erziehung» der Zwillinge-Kinder zuständig. Steht z. B. die Jungfrau an der Spitze des dritten Hauses, ist das Zwillinge-Kind «Sprache» immer situationsadäquat, sehr bewußt formuliert und ökonomisch. Das regierende Zeichen ist der «Erziehungsberechtigte», der die Kinder des Hauses im eigenen Sinne und nach eigener Fasson steuert, lenkt und gestaltet.

Manchmal sind die Kinder aber auch mit besonderen Kräften ausgestattet, ganz unabhängig davon, von wem sie erzogen werden. Das ist der Fall, wenn sich ein Planet im Haus befindet. Die Kinder des Hauses werden zu Trägern und Ausdruckskanälen der planetarischen Energien. Um bei dem obigen Beispiel der Jungfrau als herrschendes Zeichen im dritten Haus, in dem (beispielsweise) der Planet Saturn steht, zu bleiben: Das Kind Sprache ist nicht nur situationsadäquat und ökonomisch, sondern vermittelt Klarheit und Wesentliches, erheischt Respekt und strahlt vielleicht durch Korrektheit und völlige Dialektfreiheit auch Autorität aus. Oder aber die Sprache äußert sich nur karg und stockend.

Ein Zeichen ist auch dann für ein Haus voll und allein zuständig, wenn die Häuserspitze auf 29° des Zeichens fällt. Man kann sich das Zeichen als ein Faß vorstellen, das von der Häuserspitze «angestochen» wird. Nur am Punkt des Anstichs kann der Zeicheninhalt in das Haus «hineinfließen». Zeicheninhalte fließen nur gegen den Uhrzeigersinn, d. h. nur vorwärts und nicht rückwärts ins vorhergehende Haus. Diese Betrachtungsweise der Zeichenzuständigkeit für Häuser ist völlig adäquat zur Erzielung treffender Deutungen.

Es sei noch einmal darauf hingewiesen, daß bei allen Betrachtungen zu den Häusern in diesem Buch vom Plazidus-Häusersystem ausgegangen wird.

Die Häuser als Ausgangspunkt des Kombinierens

Als greifbares, stoffliches Wirkungsfeld für die nichtstofflichen Zeichenpotentiale und Planetenenergien eignen sich die Häuser am besten als Einstiegsebene in das Kombinieren und Deuten. Als das «Fleischgewordene» sind die Häuser das Material, das von den Zeichen und den Planeten belebt, gestaltet und gelenkt wird. Alles, was Zeichen und Planeten bewirken, ist an den konkreten Erscheinungsformen der Häuser zu erkennen.

Es ist daher besonders wichtig, das Verständnis der Häuser zu vertiefen, um anhand der Häuseranalogien die richtige Deutungsbasis zu schaffen.

Merkfragen zur Kombination von Haus und Zeichen

Zum besseren Verständnis der einzelnen Häuser ist es hilfreich, beispielhafte *Merkfragen* und *Merksätze* zu formulieren, die als anregende Gedächtnisstützen Aufschluß über die Bedeutung der Häuser geben und den Kombinations- und Deutungsvorgang erleichtern. Es wurde versucht, Merkfragen und -sätze so zu formulieren, daß alle grundlegenden Bedeutungsinhalte des Hauses und des im Hause «erziehungsberechtigten» Zeichens abgedeckt sind. Es wird ausdrücklich darauf hingewiesen, daß es sich bei den Merkfragen lediglich um frei kombinierte Inhalte handelt, die nur der Anregung zum astrologischen Sehen und Denken dienen sollen. Sie erschöpfen weder die schier unendlichen Kombinationsmöglichkeiten noch wollen sie als starre «Kochrezepte» angewendet werden. Findet der Leser eine Formulierung, die auf seine persönliche Situation zutrifft, so ist das nur Zufall. Findet er hingegen keine auf sich selbst anzuwendende Formulierung – so ist dies ebenfalls reiner Zufall. Wenn jedoch von der Richtigkeit der Geburtszeit und somit der Häusereinteilung ausgegangen werden kann, dürften die Merkfragen und -sätze individuell Zutreffendes zumindest streifen. Das reicht aber auch, um eine

Deutungsrichtung anzuregen und einen Ausgangspunkt für den Deutenden zu setzen, von dem aus er seine Kombinationen immer mehr verfeinern und präzisieren kann. Jede Merkfrage, von der man sich auch nur im Ansatz angesprochen fühlt, könnte der Einstieg in die Entschlüsselung des betreffenden Hauses sein. Es sei dabei noch einmal nachdrücklich betont, daß hier die innere Zensur keinen Platz hat und daß man der Kombinationsphantasie freien Lauf lassen muß. Man darf weder vor «unmöglichen» Fragestellungen noch vor «verrückten» oder «unwahrscheinlichen» Kombinationen zurückscheuen. Es gibt keine Kombination oder Deutung, die so skurril oder unglaublich wäre, daß sie nicht doch zutreffen könnte!

Dem Leser wird auch empfohlen, die hier gegebenen Merkfragen und -sätze um eigene zu ergänzen. Durch die Formulierung eigener Fragen und Sätze wird das eigene Gespür für die Bedeutung des Hauses herausgebildet und das eigene Verständnis des Hauses präzisiert. Eine unvermutete Hilfe und Erleichterung dabei ist es, Fragen und Sätze laut (wie im Selbstgespräch) zu formulieren. Die Erfahrung hat gezeigt, daß eine triftige oder richtige Deutungskombination schneller zu erkennen ist, wenn man sie *hört*, anstatt sie nur zu denken oder zu lesen. Man hört sich selber etwas Zutreffendes sagen. Die ermutigende Wirkung des Aha-Effekts, der sich daraus ergibt, ist nicht zu unterschätzen. Richtige Kombinationen und Deutungen des eigenen wie fremder Horoskope sind daran zu erkennen, daß sie sich leicht ergeben, ohne denkerische Klimmzüge, ohne Forcieren. Und, vor allen Dingen, «fühlen» sie sich richtig an. Man weiß einfach, wenn man es getroffen hat.

Zur Förderung und Unterstützung der Übung am besten Übungsobjekt – dem eigenen Horoskop – werden die Merkfragen und -sätze in der Ich-Form gehalten. Die einzelnen Listen der Merkfragen sollen einen möglichst breiten Überblick über die Thematik der Häuser geben und können beliebig fortgesetzt werden.

Im folgenden wird exemplarisch jedes Haus mit einem der zwölf Zeichen und einer der zwölf planetarischen Wesenskräfte kombiniert.

Das 1. Haus in Kombination mit Zeichen und Planet

Das erste Haus, ungeachtet des Zeichens an der Häuserspitze oder eventueller Planetenbesetzung, ist immer und grundsätzlich **Widder-Boden** und kann nur konkrete raumzeitliche Erscheinungsformen hervorbringen, die das Widder-Prinzip verkörpern.

Ausgewählte Stichwörter zu den konkreten Erscheinungsformen (einschließlich ihres gesamten Umfeldes sowie der Einstellungen des Horoskopeigners zu ihnen) des 1. Hauses:
Veranlagung, Selbstbehauptung, Naturell, Körperlichkeit, reales Dasein, Neigungen, Anlage, Selbstdurchsetzung, Fähigkeiten, Antrieb, Impuls, Habitus, Anfälligkeiten, Tatkraft

Merkfragen zum 1. Haus (Aszendent):

1. Was bin ich für ein Mensch?
2. Was ist meine Ursubstanz, mein «Rohmaterial»?
3. Wie ist mein Naturell, meine Veranlagung? Was habe ich für besondere Neigungen, Vorlieben, Fähigkeiten und Anfälligkeiten?
4. Welches Bild präsentiere ich der Welt? Was fällt der Welt an meiner äußeren Erscheinung und meinem Auftreten auf?
5. Welche Werkzeuge, welche «Waffen» stehen mir zur Verfügung, um mich in der realen Welt zu behaupten und durchzusetzen?
6. Was steht mir für ein Baumaterial zum Aufbau meines realen, körperlichen Daseins zur Verfügung?
7. Welche Mittel setze ich ein, um die Aufgaben meines realen Daseins zu bewältigen?
8. Wie nehme ich reflexartig die Dinge auf, die mir in der Welt entgegenkommen?
9. Was für Aktivitäten sind mir besonders gemäß?
10. Mit welchen Mitteln nehme ich die Dinge in Angriff, stoße ich in Neuland vor ?
11. Wie gehe ich vor, wenn es gilt, Dinge in die Tat umzusetzen?
12. Was ist für mich der Hauptaspekt meiner Körperlichkeit?

13. In welcher Form leiste ich Pionierarbeit oder sorge dafür, daß Neues entsteht?
14. Worin zeige ich Mut und Unerschrockenheit?

Das Zeichen Stier an der Spitze des 1. Hauses (Aszendent)

Planetenbesetzung:
Zwillings-Merkur im Zeichen Stier

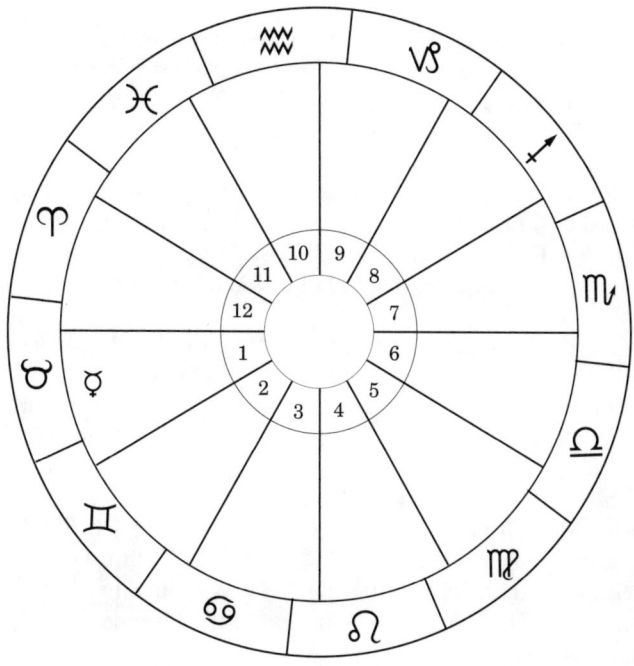

1. Ich bin ein Mensch (1. H.), der festen Boden unter den Füßen braucht, der wissen muß, wo er hingehört, daß er materiell versorgt ist (♉) und sein Dasein (1. H.) auf möglichst sicherer Basis steht (♉). Bei der Erreichung dieser Ziele kommt mir besonders meine Fähigkeit zugute, sachlich-rational denkend vorzugehen (☿ im 1.

269

H.) und mich auf eine Art und Weise darzustellen (☿), die mich mit den Dingen/Menschen zusammenführt/ in Kontakt bringt (☿), die mir von Nutzen (♉) sein können.

2. Ich nehme die Dinge so in Angriff (1. H.), daß meinem Stellenwert und Prestige in der Gemeinschaft (♉) gedient wird, da ich ein ausgeprägtes Geltungsbedürfnis (♉) habe. Ich neige (1. H.) dazu, über Geld und Besitz zu reden (Ⅱ☿ im Stier), um mich dadurch aufzuwerten (♉). Mein Talent (♉) zum Handel mit Wertsachen (Ⅱ☿ im Stier) setze ich als Mittel der Durchsetzung im Dasein (1. H.) ein.

3. Vom Naturell her (1. H.) bin ich ein eher langsamer, behäbiger (♉) Mensch, dessen Bedürfnis nach Beweglichkeit sich in einer spontanen Kontaktfreudigkeit und Interesse (☿) an allen existentiellen (1. H.) Belangen der Gemeinschaft zeigt (♉).

4. Für mich ist das Dasein (1. H.) hauptsächlich über den eigenen körperlichen Organismus (♉) erlebbar, was mich besonders neugierig sein läßt (☿) auf alles, was eine Quelle sinnlichen Genusses und sinnlicher Reize sein könnte. Ich fasse Dinge gern an, betaste sie (☿), um ein konkretes «Gefühl» für deren Beschaffenheit (♉) zu bekommen.

6. Ich habe ein friedfertiges Wesen (♉) sowie die Begabung (♉), mich durch meine besänftigende, beschwichtigende (♉) Sprache (☿) durchzusetzen (1. H.). Dabei brauche ich mir meine Worte gar nicht zu überlegen (1. H.), sondern ich habe sie spontan (1. H.) auf der Zunge.

7. Ich bin (1. H.) kein Einzelgänger, sondern eher ein gruppenorientierter Mensch (♉). In der Gemeinschaft werde ich spontan (1. H.) zum Gruppensprecher (Ⅱ☿ im ♉) und führe (1. H.) zwar energisch (1. H.), aber fundiert (♉) das Wort im Sinne des materiellen Wohls (♉) aller. Mein Wort hat in der Gruppe Gewicht, gilt als wertvoll (♉).

8. Mein spontaner (1. H.) Sicherungs(♉)trieb (1. H.) läßt mich immer gleich mein eigenes Revier, eigenes Territorium, eigenen Raum (♉) (im wörtlichen wie im übertragenen Sinne) in festen Grenzen abstecken (♉). Dabei kann ich meine diesbezüglichen Bedürfnisse spontan und kraftvoll verbalisieren (☿ im 1. H.) und bin alles andere als auf den Mund gefallen, wenn es um meine Sicherheits- bzw. materiellen Belange geht.

Das 2. Haus in Kombination mit Zeichen und Planet

Das zweite Haus, ungeachtet des Zeichens an der Häuserspitze oder eventueller Planetenbesetzung, ist immer und grundsätzlich **Stier-Boden** und kann nur konkrete raumzeitliche Erscheinungsformen hervorbringen, die das Stier-Prinzip verkörpern.

Ausgewählte Stichwörter zu den konkreten Erscheinungsformen (einschließlich ihres gesamten Umfeldes sowie der Einstellungen des Horoskopeigners zu ihnen) des 2. Hauses:
(Selbst)Organisation, Abgrenzung, Zusammenhalt, Revier, Territorium, Brauchbarkeit, Selbstwert(gefühl), Integration(sfähigkeit), persönlicher Wert für die Gemeinschaft, soziale Zugehörigkeit, Sicherheit, Abwehr, Festigung, Verwurzelung, Bestand, Beständigkeit, Stolz

Merkfragen zum 2. Haus:

1. Wie setze ich Grenzen, um mich allem/allen anderen gegenüber abzugrenzen und zu zeigen, wie weit man bei mir gehen darf?
2. Wodurch ist mein «Territorium», z. B. mein Haus, mein Zimmer gekennzeichnet?
3. Was vermittelt mir ein Gefühl der physischen/materiellen Sicherheit und Stabilität in meinem Dasein?
4. Worin sehe ich die Dinge und Umstände, die mir mein Selbstwertgefühl vermitteln, die ich brauche, um mir selbst wertvoll und «brauchbar» vorzukommen?
5. Was *habe* ich, was mich für die Gemeinschaft wertvoll und «brauchbar» macht, d. h. wozu kann ich mich einsetzen bzw. eingesetzt werden, um zum materiellen Wohl und zur materiellen Sicherheit der «Herde» (= Gemeinschaft) beizutragen?
6. Welche Talente oder Begabungen habe ich?
7. Was habe ich, was vermarktbar ist, was ich zu Geld machen oder in klingende Münze umwandeln kann? Was bildet also die Grundlage dessen, womit ich Geld verdienen kann als Gegenwert für das Wertvolle, was ich zu bieten habe?
8. Was erachte ich als wertvoll oder kostbar?

9. Wie steht es um meine Integrationsfähigkeit, d. h. meine Fähigkeit oder Art, mich in die Gemeinschaft zu integrieren?
10. Mit welchen Dingen umgebe/umhülle ich mich gerne?
11. Wodurch verteidige ich mich, setze ich mich bei Übergriffen auf meinen «Raum» zur Wehr?
12. Wodurch ist mein materieller Lebensstil gekennzeichnet?
13. Wodurch sind die Dinge gekennzeichnet, die ich besitze, trage, um mich habe, sammle?
14. Welche Eigenschaften kennzeichnen meine Einstellung zu materieller Sicherheit im allgemeinen und zu Geld insbesondere?
15. Auf welche Aspekte meiner Person bin ich besonders stolz?

Das Zeichen Wassermann
an der Spitze des 2. Hauses
Planetenbesetzung:
Jupiter im Zeichen Wassermann

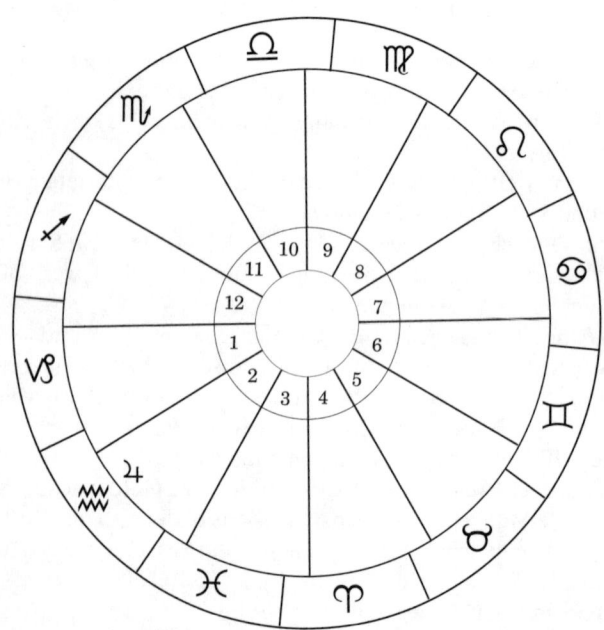

1. Mein Lebensstil (2. H.) weist eine individualistische (♅) Note auf, wie auch alles, was ich besitze (2. H.). Die Dinge, mit denen ich mich umgebe (2. H.), strahlen eine ungewöhnliche (♅) Großzügigkeit (♃) aus, die mein Selbstwertgefühl (2. H.) bis ins Arrogante (♅) wachsen (♃) läßt.

2. Das Wertvolle an mir (2. H.) für die Gemeinschaft (2. H.) ist mein Humor (♅), durch den ich es gut verstehe (♃), Zuversicht und Optimismus zu verbreiten (♃).

3. Mit mitunter missionarischem Gebaren fördere ich (♃) die Gleichheit (♅) bezüglich der Besitz- und Vermögensverhältnisse in der Gemeinde (2. H.).

4. Ich habe Vorahnungen (♃) für außergewöhnliche, unerwartete (♅) Entwicklungen in Industrie- und Wirtschaftszweigen(2. H), die High-Tech-Produkte (2. H in ♅) herstellen bzw. vermarkten (2. H.). Dadurch erziele ich rahmensprengende (♅) Erfolge (♃) an der Börse (2. H.).

5. Durch meinen unkonventionellen Lebensstil, meine auffällige Kleidung (2. H. in ♅) will ich mich von der Masse (2. H.) herausheben bzw. abgrenzen, indem ich mich fremdländisch (♃) einrichte und anziehe (2. H.).

6. Ich habe ein Talent (2. H.) dafür, Gegenstände (2. H.) in ungewöhnlichen Verbindungen und Zusammenhängen (♃ in ♅) zu sehen, so daß mir originelle Anwendungsmöglichkeiten (2. H. in ♅) für Dinge einfallen (♃).

7. Meine Sicherheit und Stabilität (2. H.) gründen in meinem schöpferischen (♅) Ahnungsvermögen (♃), das mich meine materielle Sicherheit auch dort finden läßt, wo andere nicht auf die Idee kämen (♅ = ursprüngliche, originäre Ideen), sie überhaupt zu suchen.

Das 3. Haus in Kombination mit Zeichen und Planet

Das dritte Haus, ungeachtet des Zeichens an der Häuserspitze oder eventueller Planetenbesetzung, ist immer und grundsätzlich **Zwillings-Boden** und kann nur konkrete raumzeitliche Erscheinungsformen hervorbringen, die das Zwillings-Prinzip verkörpern.

Ausgewählte Stichwörter zu den konkreten Erscheinungsformen (einschließlich ihres gesamten Umfeldes sowie der Einstellungen des Horoskopeigners zu ihnen) des 3. Hauses:
Funktion, Bewegung, (Selbst)Darstellung, Kontakt, Kommunikation, Unterscheidungsfähigkeit, Neugier, Gestik, Interesse, Sprache, Hände, Zunge, Lernfähigkeit, Technik, Austausch, Geschwister, reproduktives Denken, nächste Umwelt, «Umgangston», Orientierungsfähigkeit

Merkfragen zum 3. Haus:

1. Wie stelle ich mich in der Welt dar? Wie präsentiere ich mich?
2. Auf welche Weise wende ich mich meiner unmittelbaren Umgebung zu und setze mich physisch mit ihr auseinander?
3. Wie gehe ich vor, wenn es gilt, mit anderen Kontakt aufzunehmen? Wie gehe ich auf andere zu?
4. Welche Menschen, Dinge und Situationen erwecken meine Neugierde, mein Interesse, und wie bringe ich dieses Interesse zum Ausdruck?
5. Wodurch ist mein kommunikativer Austausch aller Art mit der Umwelt gekennzeichnet?
6. Welche Merkmale an meiner Selbstdarstellung und meinem körperlichen Auftreten dienen dazu, mich von anderen deutlich abzuheben und zu unterscheiden?
7. Wodurch ist mein Umgang mit Menschen und Dingen allgemein gekennzeichnet?
8. Wie gehe ich bei der Aufnahme von Fakten und Informationen aus der Umwelt vor, d. h. wie lerne ich?
9. Welcher Mechanismen bediene ich mich, um seelischen Abstand zu gewinnen und gefühlsmäßig unbeteiligt zu bleiben?

10. Was kennzeichnet meine «Funktion», d. h. meine Art, mich zu bewegen, meine Gebärden, meinen Gang?
11. Welcher Mechanismen bediene ich mich, um mich im Umraum zu orientieren?
12. Wodurch sind meine Sprache, meine Stimme, meine Ausdrucksweise gekennzeichnet?
13. Was ist charakteristisch für meine Gestik, meine Mimik?

Das Zeichen Löwe
an der Spitze des 3. Hauses
Planetenbesetzung:
Neptun im Zeichen Löwe

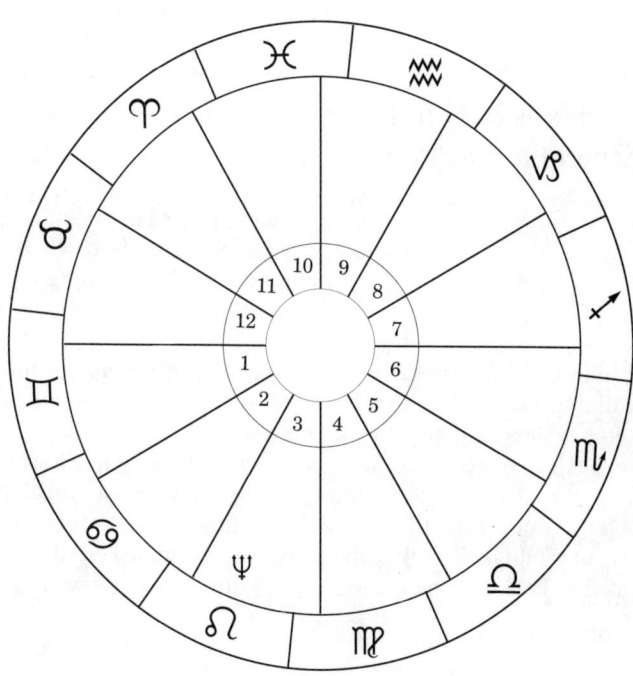

1. Trotz meiner selbstbewußten (♌) Art, mich in der Welt darzustellen (3. H.), strahle ich Schwäche und Unsicherheit (♆) aus, die mein etwas königliches Gehabe (♌ im 3. H.) Lügen straft (♆).
2. Durch meine ermutigende, heitere (♌) Ausdrucksweise (3. H.), kann ich den Leuten Vertrauen und Hoffnung (♆) einflößen.
3. Ich interessiere mich (3. H.) für Erziehungsfragen (♌), die sich mit Sprach- und Lern(3. H.)schwächen (♆) auseinandersetzen.
4. Die kindliche Unbefangenheit (♌), mit der ich auf andere zugehe (3. H.), wirkt entwaffnend und besänftigend (♆) auf meine Gesprächspartner und die Umwelt (3. H.) im allgemeinen.
5. Ich habe großen Spaß (♌) daran, mit der Sprache (3. H.) zu spielen (♌), speziell in der Weise, daß ich mich zweideutig und hintergründig (♆) ausdrücke (3. H.).

Das 4. Haus in Kombination mit Zeichen und Planet

Das vierte Haus, ungeachtet des Zeichens an der Häuserspitze oder eventueller Planetenbesetzung, ist immer und grundsätzlich **Krebs-Boden** und kann nur konkrete raumzeitliche Erscheinungsformen hervorbringen, die das Krebs-Prinzip verkörpern.

Ausgewählte Stichwörter zu den konkreten Erscheinungsformen (einschließlich ihres gesamten Umfeldes sowie der Einstellungen des Horoskopeigners zu ihnen) des 4. Hauses:
Psyche, Seele, eigene Identität, (eigenes) Familienleben, Elternhaus, Mutter (für Mädchen und Jungen, auch als Identitätsvorbild für Mädchen), Vater (als Identitätsvorbild für Jungen), Innenleben, Empfindungsfähigkeit, Privatleben/-sphäre, Fruchtbarkeit (der Frau), persönliches Potential, meine weibliche Seite

Merkfragen zum 4. Haus:

1. Mit welchen Menschen, Dingen und Umständen identifiziere ich mich?
2. Wie und als was empfinde ich mich?
3. Was für eine Atmosphäre herrschte in meinem Elternhaus, was für eine herrscht in meinem eigenen Zuhause?
4. Wodurch ist mein Privatleben gekennzeichnet? Was für Dinge und Umstände empfinde ich als besonders privat?
5. Wie empfinde ich meine eigene Mutter?
6. An welchen für mich vorbildlichen Eigenschaften des gleichgeschlechtlichen Elternteils bzw. gleichgeschlechtlicher Personen habe ich mich bei der Herausbildung meiner eigenen Identität als männliches bzw. weibliches Wesen orientiert?
7. Was betrachte ich an mir als wesenhaft und angeboren?
8. Wie wurde ich in der Familie gesehen bzw. empfunden?
9. Welche Dinge bewegen mich und sprechen mich seelisch an?
10. Unter welchen Bedingungen, in welchen Umständen fühle ich mich seelisch wohl, geborgen, gut aufgehoben?
11. Was löst in mir Empfindungen der Fürsorglichkeit aus? Wie drücke ich anderen gegenüber Fürsorglichkeit aus?
12. Wie und in welchen Umständen äußert sich konkret meine weiblich-passive Seite?
13. Was betrachte ich als besonders wesensspezifisch für mein eigenes Geschlecht?
14. Wie ist meine Haltung zur Weiblichkeit, insbesondere zu Frauen?
15. Wie ist meine seelische Grundstimmung?

Das Zeichen Widder
an der Spitze des 4. Hauses
Planetenbesetzung:
Venus (des Stiers*) im Zeichen Widder

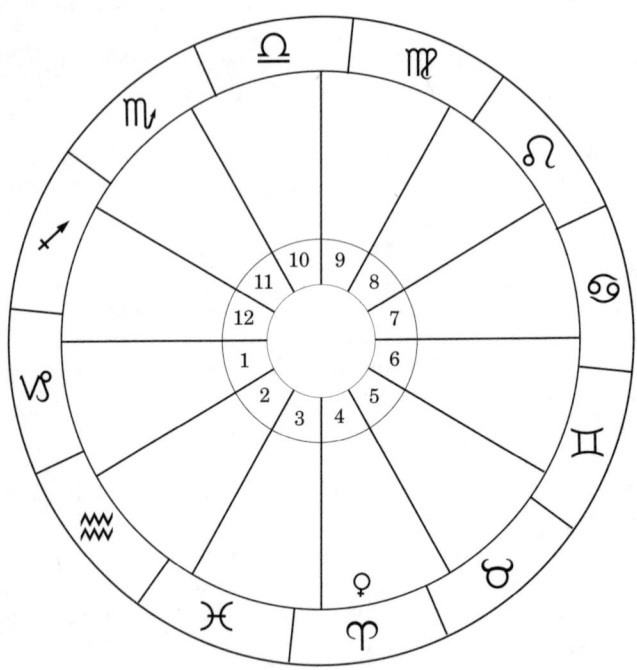

1. Ich empfinde mich (4. H.) als dynamischen, durchsetzungsstarken
   (♈) Menschen mit friedlichem (♎♀) Wesen (4. H.) und einem
   reichhaltigen (♉♀) Innenleben (4. H.), der mich zu einem recht
   wertvollen und «brauchbaren» (♉♀) Menschen macht.
2. Mein Privatleben (4. H.) ist zwar im allgemeinen durch Streit und
   Konflikt (♈) gekennzeichnet, wobei ich einen schnell greifenden
   (♈) Instinkt (4. H.) dafür habe, explosive (♈) Situationen im

---

* Hier könnte man genauso gut auf die Waage-Venus deuten, je nachdem, für
welchen der beiden Venus-Zuordnungen man sich interessiert.

Zaum zu halten und die Dinge ebenso schnell wieder friedlich zu glätten (♎♀).

3. In meinem Elternhaus (4. H.) galt ich zwar als herausfordernd und unbotmäßig (♈), ich hatte aber dabei immer ein Gespür dafür, wie weit ich gehen durfte, d. h. wo die Grenzen (♉♀) lagen, jenseits derer meine Mutter (4. H.) mir eine geschmiert (♈) hätte.

4. Mich spricht alles an (4. H.), was abenteuerlich und pionierhaft (♈) anmutet (4. H.), und ich mache gern in Gemeinschaft mit anderen (♎♀) Vorstöße (♈) beispielsweise in die Natur (4. H.) oder die menschliche Psyche (4. H.).

5. Während meiner geschlechtsspezifischen Entwicklung (4. H.) habe ich mich mit männlichen/weiblichen Wesen (4. H.) identifiziert (4. H.), die ich als dynamisch und draufgängerisch (♈) empfunden (4. H.) habe. Es waren gleichgeschlechtliche Vorbilder (4. H.), die sichtbar (♈) in sich (4. H.) gefestigt und verwurzelt (♉♀) waren und ein natürliches (4. H.) Selbstwertgefühl (♉♀) an den Tag gelegt haben (♈).

6. Mit meiner Mutter (4. H.) – und in gewisser Hinsicht mit Frauen überhaupt (4. H.) – stehe ich auf «Kriegsfuß» (♈). Die Konfrontation (♈) mit dem Weiblichen (4. H.) stellt die Quelle und den Nährboden (4. H.) meines Selbstwertgefühls (♉♀) dar.

Das 5. Haus in Kombination mit Zeichen und Planet

Das fünfte Haus, ungeachtet des Zeichens an der Häuserspitze oder eventueller Planetenbesetzung, ist immer und grundsätzlich **Löwe-Boden** und kann nur konkrete raumzeitliche Erscheinungsformen hervorbringen, die das Löwe-Prinzip verkörpern.

Ausgewählte Stichwörter zu den konkreten Erscheinungsformen (einschließlich ihres gesamten Umfeldes sowie der Einstellungen des Horoskopeigners zu ihnen) des 5. Hauses:
Das Männliche an mir/meine männliche Seite, Vater, Erziehung, charakteristisches persönliches Verhalten, Eltern, Kind, Lebenstrieb/

-ausdruck, Mann, Wille, Benehmen, Sexualität (= sexuelles Ausagieren), Spaß, eigene Subjektivität (Ich-Gefühl), Leben/Lebendigkeit, Tun/Handeln, Willenskraft

Merkfragen zum 5. Haus:

1. Wodurch ist mein Verhalten gekennzeichnet?
2. Welche Form nehmen meine Willensäußerungen an?
3. Wie wurde ich erzogen bzw. erziehe ich selber?
4. Worin erkenne ich das Wesen des Männlichen, was macht an mir und (in meinen Augen) an anderen das Männliche aus?
5. Wie stehe ich zu Männern und dem Männlichen?
6. Was ist an allem Kreativen zu erkennen, was ich hervorbringe? Wie gehe ich bei gestalterischen Tätigkeiten vor?
7. Welche Bedingungen und Umstände müssen vorhanden sein, wenn ich gestalterisch wirken soll?
8. Was ist an meiner spontanen Ausdrucksweise zu erkennen?
9. Was macht mir Spaß? Wie verhalte ich mich, wenn mir etwas besonderen Spaß macht?
10. Unter welchen Bedingungen kann ich mich frei, unbekümmert und spontan ausleben?
11. Wodurch ist mein Sexualleben gekennzeichnet? Wie verhalte ich mich während des Sexualakts? Was macht mir beim Sex am meisten Spaß?
12. Was war für meine Kindheit im ganzen kennzeichnend?
13. Was habe ich für eine Grundeinstellung zum Leben?
14. Wodurch ist meine Beziehung zu meinen Eltern, insbesondere zum Vater gekennzeichnet?
15. Aufgrund welcher Eigenschaften werde ich bewundert? Wie gehe ich vor, wenn ich mich in den Mittelpunkt des Geschehens rücken will? Wie drücke ich Bewunderung und Anerkennung aus?
16. Worin zeigt sich in mir das Kind im Manne?

Das Zeichen Jungfrau
an der Spitze des 5. Hauses
Planetenbesetzung:
Pluto im Zeichen Jungfrau

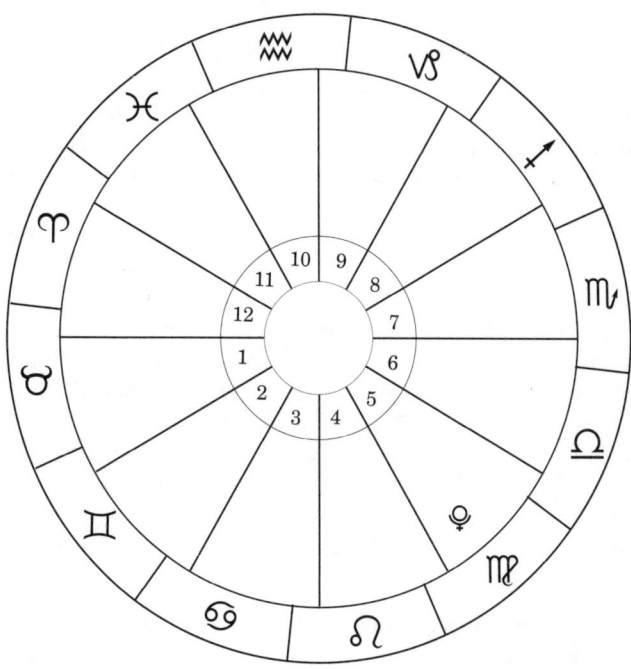

1. Es macht mir Spaß (5. H.), mich anderen nützlich zu machen (♍︎),
   was ich dann auch mit Leidenschaft und völliger Hingabe (♀) tue.
2. Meinen Willen (5. H.) setze ich zwar mit Bedachtsamkeit und Vorsicht (♍︎) durch, meine Willenskraft ist jedoch von absoluter Unbeirrbarkeit und Unerbittlichkeit (♀) gekennzeichnet und läßt sich
   von meinen Zielen nicht abbringen.
3. In der Sexualität (5. H.) bin ich gern und aus freien Stücken (5. H.)
   bereit, mich ganz den Wünschen meines Partners anzupassen (♍︎).
   Dazu gehört die Aussteuerung (♍︎) und genaue Dosierung (♍︎)
   der Leidenschaftlichkeit meiner Hingabe (♀ im 5. H.), damit die

Situation nicht aus meiner willentlich-bewußten (5. H. in ♍) Kontrolle (♀) gerät.

4. Ich glänze (5. H.) durch Bescheidenheit (♍), d. h. mein bescheidenes (♍) Benehmen (5. H.), das sich fast mit Zwanghaftigkeit (♀) am Wohl anderer (♀) ausrichtet (♍), verschafft mir Bewunderung (5. H.).

5. Meine Eltern (5. H.) haben Gewalt (♀) als Erziehungsmittel (5. H.) angewendet. Die Gewalt war und ist eher seelischer Natur (♍), indem man versuchte, mich zur Angepaßtheit (♍) zu zwingen (♀). Das äußert sich darin, daß ich mich immer so verhalten will (5. H.), daß ich um jeden Preis (♀) es allen recht mache und mich selbst möglichst zurücknehme (♍).

6. Ich handle (5. H.) so, daß es mir persönlich und meinem Leben (5. H.) dienlich (♍) ist, wobei ich mich selbstverständlich (5. H.) entsprechender Druckmittel oder Gewalt (♀) bediene.

7. Meine Eltern (5. H.) haben mich mit viel dienstbarer (♍) selbstloser Liebe (♀) erzogen (5. H.). Dabei haben sie sich um jeden Preis (♀) nach mir, also ihrem Kind (5. H.) gerichtet (♍).

Das 6. Haus in Kombination mit Zeichen und Planet

Das sechste Haus, ungeachtet des Zeichens an der Häuserspitze oder eventueller Planetenbesetzung, ist immer und grundsätzlich **Jungfrau-Boden** und kann nur konkrete raumzeitliche Erscheinungsformen hervorbringen, die das Jungfrau-Prinzip verkörpern.

Ausgewählte Stichwörter zu den konkreten Erscheinungsformen (einschließlich ihres gesamten Umfeldes sowie der Einstellungen des Horoskopeigners zu ihnen) des 6. Hauses:
Arbeit(splatz), Gesundheit, Sozialisierungsfähigkeit, Bewußtheit, Sinneswahrnehmung, Kritik(fähigkeit), Berechnung, Selbsterhaltung(strieb), Anpassungsfähigkeit, soziales/berufliches Umfeld, persönliche Eigenart, Sinnesorgane, Vernunft, Eigennutz, Dienstbarkeit.

Merkfragen zum 6. Haus:

1. Auf welche Mittel greife ich zurück, um eigene Interessen zu wahren und dadurch das eigene Leben zu sichern (im Sinne der «Rettung der eigenen Haut»)?
2. Was nehme ich an Menschen und Dingen ganz besonders wahr?
3. Worin besteht meine ganz individuelle Eigenart, d. h. meine besondere Art, meinen ungehinderten Lebenstrieb zu bändigen, damit ich mich durch entsprechend angepaßtes Verhalten seelisch in die Umwelt einbringen kann? Anders ausgedrückt: Welcher Mechanismen bediene ich mich, um mich zu «sozialisieren», sozial einzupassen?
4. Was kann ich besonders gut wahrnehmen (sehen und hören)?
5. Welche Mittel setze ich ein, um mir den Überblick über die Dinge zu verschaffen, den ich brauche, um mein Verhalten den Umständen gemäß anzupassen?
6. Wie bringe ich Kritik (als Ergebnis von Beobachtung und Analyse) an, wie nehme ich sie auf?
7. In welchen Umständen, unter welchen Bedingungen und wodurch sorge ich für bzw. verdiene ich meinen Lebensunterhalt?
8. Woraus entsteht bzw. was verschafft mir Gesundheit (= das lebenserhaltende Zusammenspiel zwischen Körper [1. Quadrant] und Seele [2. Quadrant])?
9. Wodurch erlange ich Bewußtheit von dem, was sich um mich herum tut?
10. Was löst in mir Berechnung (als Mechanismus der Selbsterhaltung) aus? Wie gehe ich vor, wenn es darum geht, meine eigenen «Schäfchen ins Trockene zu bringen»?
11. Wie mache ich mich «gesellschaftsfähig» in dem Sinne, daß ich mich situations- und umständegerecht verhalte?
12. Wodurch kann ich aufgrund meiner Eigenart der Gemeinschaft bewußt und nach Bedarf dienen?
13. Was ist es an meinem Wesen, was mich in meinen Beziehungen als ich-bewußtes Individuum zur Umwelt unterscheidet und einzigartig macht?
14. Welche Mittel setze ich ein, um aus jeder Situation das Beste zu machen, d. h. im Sinne meiner eigenen Lebenserhaltung das Meiste (für mich) herauszuholen?

Das Zeichen Schütze
an der Spitze des 6. Hauses
Planetenbesetzung:
Saturn im Zeichen Schütze

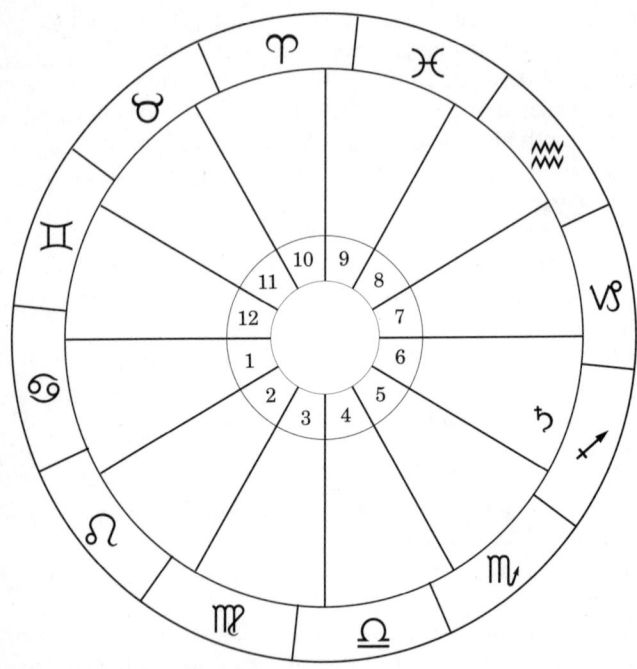

1. Mit Klarheit und Abstand (♄) kann ich die Belange und Bedürfnisse anderer begreifen (♐) und ihnen gegenüber aufgeschlossen
sein (♐). Diese Fähigkeit definiert meine Eigenart, die es mir möglich macht, mich selbst zurückzunehmen (6. H.) und mich als nütz-
liches (6 H.) Mitglied in die soziale Gemeinschaft einzubinden (6.
H.).

2. Ich strenge mich dauernd an (♄), durch Toleranz und Verständnis
(♐) den Bedingungen meines Umfeldes (6. H.) gegenüber, mich
möglichst situationsgemäß (6. H.) zu verhalten und kooperativ zu
sein. Dieses ständige (♄) Mich-anpassen (6. H.) empfinde ich als lä-

stiges Muß (♄), was ich allerdings mit meiner positiven und optimistischen (♐) Art (6. H.) überspiele.

3. Meine Beobachtungen und Einschätzungen (6. H.) von Dingen, Menschen und Situationen um mich herum (6. H.) sind durch die Schärfe (♄) und Objektivität (♄) meiner Erkenntnis von sozialen (♍) Zusammenhängen (♐) gekennzeichnet. Dadurch halten andere meine Beobachtungen und Kritik für zuverlässig und maßstäblich (♄).

4. Ich tue mich schwer (♄), mich in die Gemeinschaft einzubinden, mich zu «sozialisieren» (6. H.), vielleicht weil ich die Beobachtung (6. H.) gemacht habe, daß ich vom Bildungsstand (♐) her dem gemeinschaftsüblichen (6. H.) Maßstab nicht gerecht werden (♄) kann. Ich/andere nehme/nehmen mich als entweder zu gebildet oder als zu ungebildet (♄ in ♐ im 6. H.) wahr (6 H.). Dadurch komme ich mir wie ein wesens- und artfremder «Außenseiter» (♄) in der Gemeinschaft vor (♄ im 6. H. = von der Art her von den anderen «getrennt»).

5. Am Arbeitsplatz (6. H.) bin ich dadurch isoliert (♄), daß ich mich in einer fremdsprachlichen (♐) Umgebung/Gemeinschaft befinde. Dadurch gibt es Verständigungs(♐)schwierigkeiten (♄) mit Kollegen (6. H.) und somit keine Interaktion (♐) mit Kollegen.

6. Ich bin mir über gesundheitliche (6. H.) Zusammenhänge in aller Klarheit und Deutlichkeit (♄) bewußt (6. H.). Ich lese (♐) viel über das Thema Gesundheit (6. H.) von angesehenen und autoritativen (♄) Diagnostikern (6. H.).

7. Gegen Kritik (6. H.) bin ich hochgradig (♐ = Exzeß/Übertreibung) empfindlich (♄ = Empfindlichkeit wegen «Unzulänglichkeit»). Im Austeilen von Kritik geize ich aber auch nicht (♐). Ohne Umschweife (♐) lege ich die Dinge so dar, wie ich sie sehe (6. H.), wobei die Objektivität und Bestimmtheit (♄) meines Vortrags keinen anderen Schluß zuläßt, als daß ich recht habe (♄).

Das 7. Haus in Kombination mit Zeichen und Planet

Das siebte Haus, ungeachtet des Zeichens an der Häuserspitze oder eventueller Planetenbesetzung, ist immer und grundsätzlich **Waage-Boden** und kann nur konkrete raumzeitliche Erscheinungsformen hervorbringen, die das Waage-Prinzip verkörpern.

Ausgewählte Stichwörter zu den konkreten Erscheinungsformen (einschließlich ihres gesamten Umfeldes sowie der Einstellungen des Horoskopeigners zu ihnen) des 7. Hauses:
Ergänzung, Gegenüber, Du, Nicht-ich, Weltbild, Ansicht, Meinung, Umgangsformen, Beziehung(sfähigkeit), produktives/projektives Denkvermögen, Gedanken, Charme, Partner, grundsätzliche Geisteshaltung, Intellekt

Merkfragen zum 7. Haus:

1. Was kommt mir in der Welt des Nicht-ich bewußt entgegen, d. h. was begegnet mir an Menschen, Dingen, Situationen und Gedanken?
2. Wodurch fühle ich mich ergänzt, was betrachte ich als meine «andere Hälfte»?
3. Was sehe ich, wenn ich in die Welt hinausschaue? Was habe ich für eine Weltsicht?
4. Was fällt mir an wie auch immer geartetem anderem besonders auf? Durch was für eine «Brille» oder ein selektives «Filter» sehe ich die Welt?
5. Wie ist mein Intellekt als Fähigkeit, eigene innere Bilder zu produzieren (= produktives Denken) geartet?
6. Was ist der Grundtenor meiner Denkart, in was für Bildern oder Kategorien denke ich?
7. Wodurch sind meine Gedanken gekennzeichnet?
8. Welcher Mechanismen bediene ich mich, um mit einem anderen friedlich auszukommen und zwischen ihm und mir ein ausgewogenes Verhältnis zu schaffen?
9. Was gibt mir die Möglichkeit, im anderen ein gleichberechtigt

Daseiendes zu erkennen und mit ihm ein friedliches Nebeneinander anzustreben?

10. Worauf basieren meine Meinungsbildung, meine Ansichten?
11. Wie gehe ich vor, wenn es darum geht, etwas zu durchdenken und Strategien und Vorgehensweisen zu entwickeln?
12. Wie gehe ich vor, wenn es gilt, mir von irgend jemandem oder irgend etwas ein «Bild» zu machen?
13. Wie zeigt sich bei mir Unentschlossenheit, Wankelmütigkeit und Handlungsschwäche allgemein?
14. Welche Fähigkeiten oder Werkzeuge setze ich ein, wenn es gilt, vermittelnd in der Welt zu wirken?
15. Worin besteht mein Charme, meine Fähigkeit, andere für mich einzunehmen?
16. Wie gehe ich vor, wenn ich mich anderen gefällig machen will, um bei ihnen «gut angeschrieben» zu sein?

Das Zeichen Fische
an der Spitze des 7. Hauses
Planetenbesetzung:
Mars im Zeichen Fische

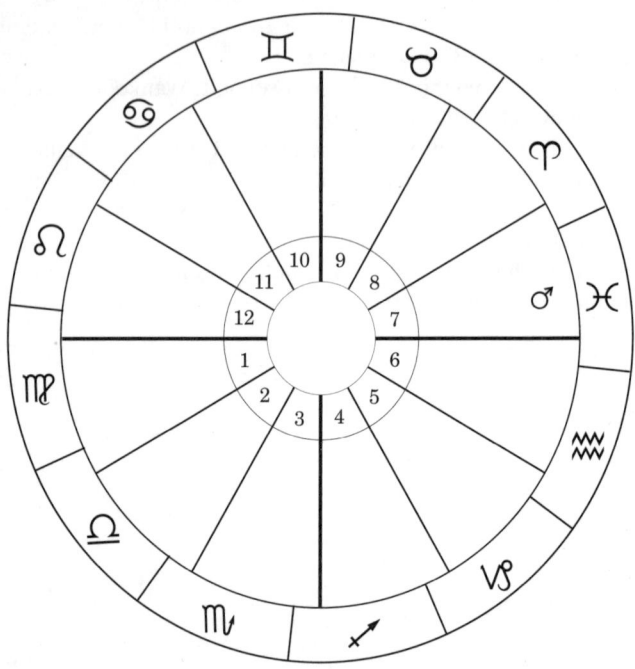

1. An den Dingen der Welt, am Gegenüber, am Du (7. H.) fällt mir
   spontan und ohne lange Überlegungen (♂) auf, was unecht oder
   verlogen (♓) ist, auch dann, wenn die sichtbaren Erscheinungsformen (♂) des «Schwindels» (♓) noch so subtil (♓) sind.
2. Ich bin in der Meinungsbildung (7. H.) schnell bis voreilig (♂),
   so daß ich mir oft ein falsches (♓) Bild von den Dingen (7. H.) mache.
3. Meine Gedanken (7. H.) scheinen endlos zu sprudeln (♓), chaotisch, ohne klare Linie oder Richtung, mit einer Energie (♂), die
   unversiegbar (♓) ist.

4. Ich ziehe Partner (7. H.) an, die, trotz ausgeprägter Durchsetzungskraft (♂ im 7. H.), doch irgendwie weltfremd (♓) sind und im eigenen konkreten Dasein (7. H.) in der Regel ins Schwimmen (♓) kommen. In der Partnerschaft ist immer eine unterschwellige (♓) Aggressivität (♂) ihrerseits (7. H.) zu spüren (♓).

5. Vieles in der Welt (7. H.) mutet mich schleierhaft und unergründlich (♓) an, was mich Unmengen (♓) geistiger (7. H.) Energie (♂) verbrauchen läßt, um bis zu den Hintergründen (♓) der Dinge (7. H.) vorzustoßen (♂).

6. Meine Meinung (7. H.) ist für gewöhnlich die Minderheitsmeinung (7. H. im ♓), die ich allerdings energisch und durchschlagskräftig (♂) zu vertreten weiß.

7. Meine Art, den Ausgleich mit dem anderen (7. H.) zu suchen, ist, nach außen hin nachzugeben, keinen Widerstand zu leisten und mich passiv zu verhalten, bis eventuelle Unstimmigkeiten sich einfach auflösen und verschwinden (♓). Unterschwellig (♓) gelingt es mir aber doch, meine eigenen Ansichten (7. H.) energisch durchzusetzen (♂), ohne daß mein Gegenüber (7. H.) es merkt (♓).

8. Meine Gedankenwelt ist unendlich reichhaltig und phantasievoll (♓). Ich sehe die Welt (7. H.) als einen Ort der unbegrenzten Möglichkeiten (♓), die ich spontan (♂) in konkrete Bilder (♂ im 7. H.) umsetzen (♂) und für andere (7. H.) «greifbar» machen (♂) kann.

Das 8. Haus in Kombination mit Zeichen und Planet

Das achte Haus, ungeachtet des Zeichens an der Häuserspitze oder eventueller Planetenbesetzung, ist immer und grundsätzlich **Skorpion-Boden** und kann nur konkrete raumzeitliche Erscheinungsformen hervorbringen, die das Skorpion-Prinzip verkörpern.

Ausgewählte Stichwörter zu den konkreten Erscheinungsformen (einschließlich ihres gesamten Umfeldes sowie der Einstellungen des Horoskopeigners zu ihnen) des 8. Hauses:

Anziehung, Liebesfähigkeit und Ausdruck, Ehe, Haß, Leidenschaft, Vorstellungswelt, Fähigkeit zur Verpflichtung und Treue, Geheimnisse, Machtstreben, Hingabefähigkeit; Formen von: Intimität, Nähe, Erotik; Familiengeschichte (Genetik), Art des Umgangs mit Krisen/Gefährlichem/Bösem; Äußerungsformen von Liebe/Hingabe/Bösem.

Merkfragen zum 8. Haus:

1. Was für Dinge/Menschen/Situationen wirken erotisch anziehend auf mich?
2. Welche Mittel setze ich ein, um andere zu beherrschen und im Sinne meiner eigenen Vorstellungen zu manipulieren?
3. Unter welchen konkreten Bedingungen bin ich bereit, eine feste Beziehung einzugehen?
4. Wie sehen die Umstände meiner Ehe bzw. aller anderen auf einer festen Verpflichtung beruhenden Beziehungen aus?
5. Auf welche Weise, unter welchen Bedingungen bin ich bereit, mich gegebenenfalls unter Selbstaufopferung an das Wohl des Du zu verpflichten?
6. Wie drückt sich bei mir Liebe im Sinne einer selbstvergessenen intensiven seelischen Bindung an einen anderen zu dessen *Wohl* aus?
8. Wie äußert sich bei mir Haß im Sinne einer selbstvergessenen intensiven seelischen Bindung an einen anderen zu dessen *Schaden*?
7. Was betrachte ich als die zutiefst geheimnisvollen Strukturen, die der sichtbaren Schöpfung zugrunde liegen?
9. Welche konkreten Aspekte meines Lebens möchte ich geheimhalten? In welche Angelegenheiten/Aspekte meines Lebens möchte ich anderen keinen Einblick gewähren?
10. Auf welche Weise äußert sich meine fanatische, dogmatische oder zerstörerische Seite?
11. Welche Eigenschaften will ich unbedingt unterdrücken, damit sie keineswegs ans Tageslicht kommen können?
12. Wodurch demonstriere ich Beherrschtheit und absolute Selbstkontrolle?

13. Welche Mittel setze ich ein, um mit Bedrohlichem, Gefährlichem, Krisenhaftem fertigzuwerden?

14. Wie gehe ich mit dem «Tod» im weitesten Sinne als Vergehen und Neuentstehung um?

15. Wie ordne und speichere ich Erfahrungen, auf die ich als feste Bildgefüge zur Gestaltung meines Lebens zurückgreife?

16. Wie gehe ich vor, wenn ich einer Sache auf den Grund gehen möchte, um die dahinter liegenden Muster und Strukturen zu erkennen?

17. Wie sieht meine Vorstellungswelt aus? Welchen konkreten Vorstellungen hänge ich nach? In bezug auf welche Dinge lebe ich eher in der Vorstellung als in der Realität oder gar in der Wirklichkeit?

Das Zeichen Zwillinge
an der Spitze des 8. Hauses
Planetenbesetzung:
Mond im Zeichen Zwillinge

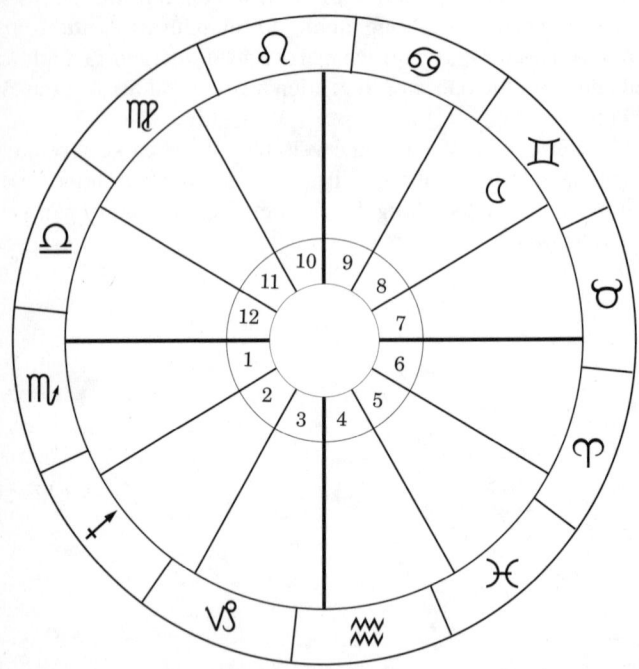

1. Menschen, die sachlich und logisch (♊) sind und seelischen Abstand halten (♊) können, wirken erotisch-anziehend (8. H.) auf
   mich. Bei solchen Menschen fühle ich mich zutiefst (8. H.) geborgen (☽) und kann mich ihnen seelisch voll hingeben (☽ im 8. H.).
2. Meine Ehe (8. H.) ist durch intensiven (8. H.) verbalen Austausch
   (♊) gekennzeichnet, bei dem ich mich zwar seelisch einbringe (☽),
   mich aber gleichzeitig von Nüchternheit und Rationalität (♊) be-
   eindrucken lasse (☽).
3. Meine Art, mich mit Krisen oder Bösem (8. H.) auseinanderzusetzen, ist, die Situation mit sachlicher (♊) Beherrschtheit (8. H.) zu

konfrontieren und meinen Instinkt (☽) dafür, die Dinge genau aus-
zumachen, zu benennen und dadurch zu «neutralisieren» (♊),
spielen zu lassen.

4. Es soll ein Geheimnis und vor anderen verborgen (8. H.) bleiben,
daß für mich die Erotik (8. H.) der Selbstdarstellung (♊) dient,
wobei das Ausmaß meiner seelischen Beteiligung (☽) dadurch bestimmt wird, ob ich «technisch» gut «funktioniere» (♊). Ich kann
mich also nur dann seelisch einbringen (☽), wenn ich meinen Vorstellungen von erotischer Technik (♊, 8. H) entspreche.

5. Erfahrungen (= Gesamtheit der in Bildgefügen festgehaltenen Er-
lebnisse = 8. H.) – die ich hauptsächlich im Austausch mit meiner
unmittelbarsten physischen Umgebung (♊) sammle – prägen sich
mir ein (☽) nach der Intensität und Tiefe (8. H.) meiner seelischen
Reaktionen (☽).

6. Die Liebe (8. H.), die ich zeige, mag sich nach außen hin eher sachlich und distanziert zeigen (♊), orientiert sich trotz ihrer Nüchternheit (♊) genauso selbstlos und tiefgründig (8. H.) am Wohl
meines Partners (8. H.) wie die sichtbar leidenschaftlicheren Äußerungsformen der Liebe. Dadurch, daß ich die Tiefe und Intensität
meiner Empfindung (☽ im 8. H.) gut verbalisieren und darstellen
kann, bekommt mein Partner mit, wie ich seelisch (☽) zu ihm und
unserer Beziehung (8. H.) stehe.

7. Ich lege an den Tag (♊) ein zutiefst empfindsames Einfühlungsvermögen (☽ im 8. H.), insbesondere bei Menschen in meiner
unmittelbaren Umgebung (♊), die sich Krisen oder Gefahren (8.
H.) gegenübersehen. Dadurch, daß ich bei tiefstem Mitgefühl (☽,
8. H.) seelisch absolut beherrscht (8. H.) bin, vermittle ich eine
unbeirrbare (8. H.) innere Ruhe (☽), die bei anderen Krisen ent-
schärfen (= «neutralisieren» = ♊) kann.

8. Mein Privatleben (☽) ist mein Geheimnis (8. H.), d. h., ich gewähre
nur äußerst ungern Einblick in meine persönlichen Belange. Das
gelingt mir dadurch, daß sich diese Dinge nur in oberflächlicher
Form, nur in ihren Umrissen (♊) nach außen hin darstellen.

Das 9. Haus in Kombination mit Zeichen und Planet

Das neunte Haus, ungeachtet des Zeichens an der Häuserspitze oder eventueller Planetenbesetzung, ist immer und grundsätzlich **Schütze-Boden** und kann nur konkrete raumzeitliche Erscheinungsformen hervorbringen, die das Schütze-Prinzip verkörpern.

Ausgewählte Stichwörter zu den konkreten Erscheinungsformen (einschließlich ihres gesamten Umfeldes sowie der Einstellungen des Horoskopeigners zu ihnen) des 9. Hauses:
Bildung, Ausbildung, Wachstumsfunktion, Sinnfindung, Intelligenz, Optimismus, Glaube/Gläubigkeit, Weltanschauung, Begriffsvermögen, Einsichtsfähigkeit, Kooperationsbereitschaft, Verstand, Kombinationsgabe, Erkenntnisfähigkeit, geistiger Horizont, Toleranz, Lebensphilosophie.

Merkfragen zum 9. Haus:

1. Wie wende ich meine Erfahrungen im täglichen bewußten Umgang mit meinen Mitmenschen an?
2. Zu welchen Einsichten in meine Mitmenschen sowie in die Dinge schlechthin bin ich aufgrund meiner Erfahrungen gekommen?
3. Mittels welcher Mechanismen kann ich mich bewußt in die Lage anderer versetzen, um sie zu verstehen und in ihrem Sosein zu begreifen?
4. Welcher Mechanismen bediene ich mich, um hinter den Sinn der Dinge zu kommen?
5. Wie erkläre ich mir die Dinge in ihren großen, übergeordneten Zusammenhängen? Welche (Art von) Weltanschauung, Philosophie, Religion etc. spricht mich an bzw. entspricht mir als Erklärung dieser Zusammenhänge?
6. Unter welchen Umständen kann ich über mich hinauswachsen, meinen Horizont erweitern und neue Kenntnisse erlangen?
7. Wie verschaffe ich mir Zugang zu Menschen und Dingen außerhalb meines unmittelbaren Lebens- und Erfahrungsbereiches?

8. Auf welche Weise zeige ich Offenheit und Aufgeschlossenheit gegenüber allem, was mir begegnet?

9. Aus welchen Quellen erwachsen mir mein Verständnis und meine Kenntnisse der Dinge? Aus welchen Quellen, von was für Menschen und Institutionen bin ich überhaupt bereit, mir Lehre und Erkenntnisse vermitteln zu lassen?

10. In welcher Form zeige ich den Optimismus, der aus meinem Wissen um wahre Zusammenhänge und somit um die letztendliche Richtigkeit des Laufs der Dinge entsteht?

11. Wodurch ist mein Bildungsstand gekennzeichnet? In was für Umständen habe ich was für eine Ausbildung genossen?

12. In welcher Form bin ich immer geistig unterwegs auf der Suche nach Möglichkeiten des persönlichen inneren Wachstums?

13. Was habe ich für ein «Gottesbild»?

14. Unter welchen konkreten Gesichtspunkten betrachte ich die Zukunft als Ausdruck meines ständigen Drangs nach vorne ins Neue auf der Suche nach neuem Erkenntnismaterial?

15. Über welche Mechanismen habe ich zu Symbolischem und Allegorischem als indirekter Darstellung von Zusammenhängen Zugang?

16. Worin besteht für mich der Sinn des Lebens?

Das Zeichen Krebs
an der Spitze des 9. Hauses
Planetenbesetzung:
Merkur (♍) im Zeichen Krebs

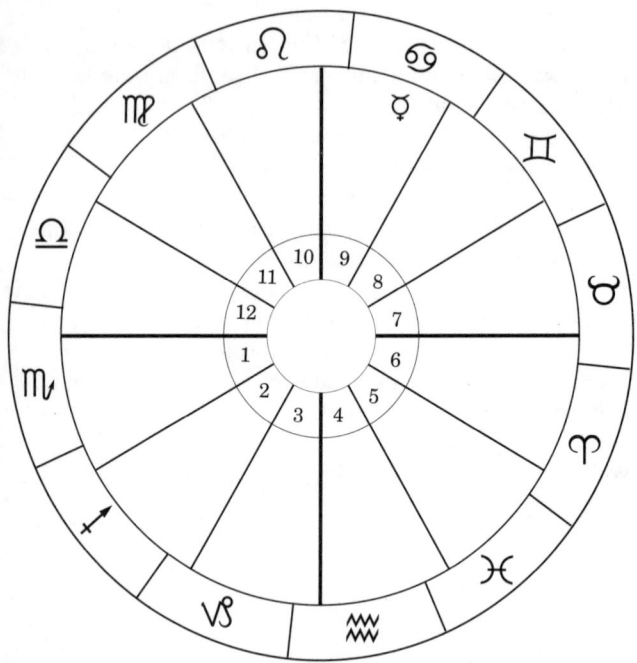

1. Mir ist eine Glaubensrichtung (9. H.) gemäß, die mir Bescheidenheit (♍☿) abverlangt und mich anderen dienen oder ihnen in einer
   sonstigen Form nützlich machen (♍☿) läßt. Beispielsweise indem
   ich häusliche Verborgenheit vermittle oder als Vorbild für die Per-
   sönlichkeitsbildung (♋) junger Menschen fungiere.
2. Durch meine psychologische (♋) Ausbildung (9. H.) habe ich gelernt, meine praktische Interaktion mit anderen Menschen (9. H.)
   bewußt wahrzunehmen und mich so anzupassen, daß alle Beteilig-
   ten möglichst natürlich (♋) miteinander umgehen können (9. H.).

3. Mir leuchten Dinge nur dann ein (9. H.), wenn sie sich auf ganz natürliche Art und Weise (♋) erklären (9. H.) lassen.
4. Ich bevorzuge urige, naturbelassene (♋) Reiseziele (9. H.), z. B. Regenwälder, wo ich mich in Überleben durch entsprechende Anpassung (♍☿) an die fremde (9. H.) Natur (♋) üben kann.
5. Mein Mentor (9. H.) ist eine weise (9. H.) Frau (♋), die durch ihre konstruktive und optimistische Art, die Dinge zu betrachten und analysieren (♍☿), einen seelisch (♋) aufbauen und optimistisch stimmen (9. H.) kann.
6. Mein «Gottesbild» (9. H.) ist das einer fürsorglichen, Zuflucht gewährenden Mutter (♋), die sich in meinem tiefsten Innern (♋) auskennt (♍☿) und die persönlich (♋) mein Leben erhält (♍☿).

Das 10. Haus in Kombination mit Zeichen und Planet

Das zehnte Haus, ungeachtet des Zeichens an der Häuserspitze oder eventueller Planetenbesetzung, ist immer und grundsätzlich **Steinbock-Boden** und kann nur konkrete raumzeitliche Erscheinungsformen hervorbringen, die das Steinbock-Prinzip verkörpern.

Ausgewählte Stichwörter zu den konkreten Erscheinungsformen (einschließlich ihres gesamten Umfeldes sowie der Einstellungen des Horoskopeigners zu ihnen) des 10. Hauses:
– meine persönliche Bestimmung, was aus mir werden soll
– meine Berufung (das, wozu ich «berufen»/geboren wurde)
– meine Art von Disziplin
– mein Erleben von Hemmung, Schwierigkeiten
– was mir Respekt verschafft, was ich respektiere
– mein Zeitempfinden
– mein eigenes inneres Gesetz
– mein eigener höchster Maßstab
– wodurch ich Anerkennung erziele/zolle
– das Ziel und Ergebnis meines Lebens
– meine höchste Wirklichkeit/Wahrheit
– mein Gewissen

Merkfragen zum 10. Haus:

1. Was ist meine Bestimmung, was soll letztendlich aus mir werden, wenn ich «groß» bin, d. h. wenn es mir gelingt, meine Kindheit im Subjektiven gegen das Erwachsensein meiner Wirklichkeit einzutauschen?

2. Welche Bedeutung hat mein Leben über meine eigene subjektive Person hinaus?

3. Worin besteht meine ureigenste Wirklichkeit – das, was an mir wirklich ist und nach dem Wegfall aller realen, subjektiven Überlagerungen übrigbleibt?

4. Worin besteht mein eigenes höchstes Gesetz, das es auch dann anzustreben gilt, wenn ich mich dabei von zwar liebgewonnenen, aber hindernden subjektiven Wünschen, Träumen und Situationen trennen muß?

5. Mit welchen Dingen und Situationen tue ich mich schwer, besonders in jüngeren Jahren, weil ich mein eigenes Maß dafür noch nicht gefunden habe?

6. Mit welchen Dingen und Situationen sollte ich mich mit zunehmendem Alter immer leichter tun?

7. Was ist meine «Berufung», also das, wozu ich «berufen», geboren bin? Meine Berufung kann, muß sich aber nicht mit meinem Beruf decken.

8. In welchem Bereich habe ich das Potential, allgemeingültige Maßstäbe zu setzen, selbst Maßstab zu sein?

9. In welchen Angelegenheiten ist es mir höchstes Gebot, mich nur um Grundsätzliches und Wesentliches, um «das Ding an sich» zu kümmern, ob an mir selber oder an anderem, unabhängig davon, was die reale Welt darüber sagt oder meint?

10. In welchen Angelegenheiten kann ich autoritär, belehrend und schulmeisterlich handeln oder wirken, weil ich «weiß», daß ich «recht» habe.

11. Worin besteht mein Empfinden für Recht und Gerechtigkeit?

12. Wo und wann komme ich mir blockiert und gehemmt vor?

13. Wann neige ich dazu, zu übertreiben und überzukompensieren, weil ich das Gefühl habe, dem eigenen oder fremden Maßstab nicht gerecht werden zu können und mir um so mehr Mühe geben zu müssen?

14. Wie stehe ich zu Tradition und Althergebrachtem?
15. Was dient mir als Quelle der Disziplin bzw. als Rahmen, innerhalb dessen ich sehr diszipliniert sein und handeln kann?
16. Unter welchen Umständen bin ich besonders leistungsfähig und leistungsorientiert, kann ich besondere Leistungen erbringen?
17. Wodurch verschaffe ich mir Respekt und Ansehen, weil ich als Autorität oder Maßstab allgemein anerkannt werde?
18. Mittels welcher Mechanismen versetze ich mich in die Lage, mich mit den Dingen an sich auseinanderzusetzen, ohne dabei persönliche oder subjektive Belange in Betracht zu ziehen?

**Das Zeichen Waage
an der Spitze des 10. Hauses**
Planetenbesetzung:
Uranus im Zeichen Waage

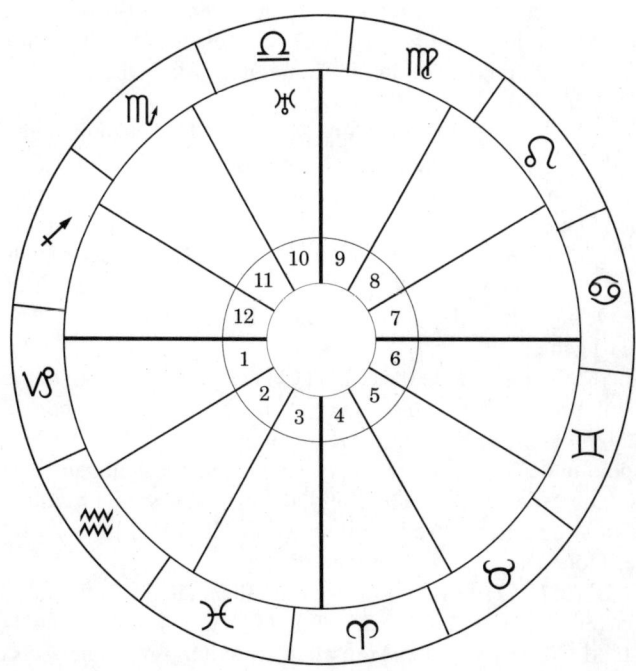

1. Aufgrund meiner intellektuellen (Ω) Diszipliniertheit (10. H.) und der Klarheit (10. H.) meines Blickes für das Wesentliche und Wahre (10. H.) an den Dingen der Welt (Ω) kann ich die Starrheit alteingesessener (10. H.) Denkweisen und Ansichten (Ω) sprengen (⚥) und mich selbst und andere von starren Traditionen (10. H.) gesellschaftlichen Umgangs (Ω) befreien (⚥).

2. Ich bin für ein auf Recht und Ordnung basierendes (10. H.) Gesellschaftssystem (Ω), innerhalb dessen jeder das Recht (10. H.) hat, die Dinge (Ω) nach seiner höchst individuellen Art (⚥) zu sehen (Ω), solange dieses Freidenkertum (⚥ in Ω) die staatliche (10. H.) Gesellschafts(Ω)ordnung (10. H.) nicht in Frage stellt (⚥).

3. Mein höchstes Lebensziel – d. h.: das, wozu ich geboren wurde, meine persönliche Bestimmung, meine persönliche Wirklichkeit (10. H.) – ist, über mich selbst hinausgehender, allgemeingültiger Maßstab (10. H.) dafür zu sein, wie man mit anderen Menschen (Ω) umgehen (Ω) soll (10. H.). Das erreiche ich insbesondere dadurch, daß ich mich von jeglicher subjektiven Sichtweise (Ω) befreie (⚥) und in jedem Du (Ω) nur seine eigene Wirklichkeit (10. H.) sehe und ihm das Recht einräume, nach Maßgabe (10. H.) der eigenen Individualität zu leben (⚥).

4. Ich empfinde es als Pflicht oder «Muß» (10. H.), bezüglich gesellschaftlicher bzw. zwischenmenschlicher Belange (Ω) den Rahmen zu sprengen, der Individualist und Rebell zu sein (⚥). Daraus entstehen Dauerschwierigkeiten (10. H.) für mich im Umgang mit meinen Mitmenschen (Ω), die mein Bedürfnis nach individualistischem Ausdruck (⚥) als Arroganz (⚥) erleben (⚥ = das Erleben *anderer*, gegenüber Löwe/Sonne *mein* Erleben) und auf Abstand (10. H.) gehen.

5. Meine Meinungen und Ansichten (Ω) orientieren sich an denjenigen unter meinen Mitmenschen (Ω), die ich für maßgebende «Autoritäten» (10. H.) halte und die aus meiner Sicht der Dinge (Ω) Respekt und Anerkennung (10. H.) genießen. Das gilt ganz besonders dann, wenn es Menschen sind, die eine gewisse Unberührbarkeit ausstrahlen (⚥), weil sie ihre Autorität (10. H.) aus gottähnlicher Höhe (⚥) zu beziehen scheinen.

6. Mein Beruf (10. H.) bringt mit sich die Pflicht (10. H.), im Sinne der Unparteilichkeit und Gerechtigkeit (Ω) gesellschaftlichen (Ω) Abstand (10. H.) von den Menschen zu halten, mit denen ich be-

ruflich zu tun habe, damit ich im Umgang (Ω) mit ihnen sämtliche subjektiven Empfindungen ausschalten (♅) kann, die für die Belange der Gerechtigkeit ein Hindernis (10. H.) sein könnten.

Das 11. Haus in Kombination mit Zeichen und Planet

Das elfte Haus, ungeachtet des Zeichens an der Häuserspitze oder eventueller Planetenbesetzung, ist immer und grundsätzlich **Wassermann-Boden** und kann nur konkrete raumzeitliche Erscheinungsformen hervorbringen, die das Wassermann-Prinzip verkörpern.

Ausgewählte Stichwörter zu den konkreten Erscheinungsformen (einschließlich ihres gesamten Umfeldes sowie der Einstellungen des Horoskopeigners zu ihnen) des 11. Hauses:
– was ich in «Reinkultur» bin, mein urreiner Zustand
– das Einzigartige und Einmalige an mir
– meine Freunde/Freundschaften
– was ich als gleichgesinnt und seelenverwandt betrachte
– mein Sinn für Humor und Komik
– mein reinstes, höchstes Selbst
– meine Individualität
– das, wodurch ich in mir unmittelbar «Gott» erfahren kann
– was nur ich an Schöpferischem und Originärem hervorbringen kann
– meine konkrete Art zu rebellieren und starre Formen zu sprengen
– das «Sonderbare/Kauzige» an mir
– das Höchstvollkommene, was ich im Leben erreichen kann und soll

Merkfragen zum 11. Haus:

1. Was ist an mir einzigartig?
2. Was ist die Grundlage meiner Freundschaften, worin besteht die «Seelenverwandtschaft», auf der Basis derer ich mir meine Freunde aussuche?
3. Wodurch sind meine Freundschaften gekennzeichnet?
4. Welcher Mittel bediene ich mich, um echte oder eingebildete «Fesseln» abzulegen oder mich von Beschränkungen und Hemmendem zu befreien?
5. In welcher Weise bin ich unberechenbar und mache das, was man am wenigsten von mir erwartet?
6. Was erlaubt mir, leidenschaftslos zu bleiben, seelisch über den Dingen zu stehen, um das Für und Wider von allen Seiten zu sehen?
7. In welcher Hinsicht bin ich ein Sonderling, ein «komischer Kauz»?
8. Was habe ich für einen Humor, auf welche Weise bin ich lustig? Welche Art von Humor schätze ich?
9. In welchen Dingen zeige ich den Fanatismus dessen, der aus restloser Überzeugung von sich selbst meint, mit göttlicher Unfehlbarkeit zu handeln?
10. Was ist für mich im tiefsten persönlichen Sinne «der Himmel», der Zustand meiner Urreinheit und Unbeflecktheit vor dem «Fall» und wieder nach Ablegung alles an mir Wesensfremden?
11. In welcher Form habe ich meinen persönlichen Zugang zu «Gott» als dem absolut reinen Urgrund aller Dinge?
12. Auf welche Weise wird die vermeintliche Unterschiedlichkeit zwischen mir und «Gott» aufgehoben, so daß ich mich als individuelle Ausdrucksform «Gottes» erkenne?
13. Auf welche Weise bin ich «schöpferisch», d. h. der Erschaffer originärer wie origineller Dinge?
14. In welchen Angelegenheiten und Situationen tue ich mich sehr schwer, mich mit Leidenschaft und Seele einzubringen, weil ich das Bedürfnis habe, unberührt über den Dingen zu stehen?
15. Welche Mittel setze ich ein, um hinter die konventionelle Logik zu schauen, mich von ihr zu befreien und sie sogar aufzuheben – um dadurch völlig Neues zu erschaffen?

16. Wie bringe ich meine Arroganz und Hochmut zum Ausdruck, indem ich aus der Höhe meiner eigenen Erhabenheit auf anderes herabschaue?
17. Welcher Mittel bediene ich mich, um aufzufallen und mich als etwas Besonderes hinzustellen?
18. Welcher Mechanismen bediene ich mich, um hinter den Schein der Vielfalt zu schauen und die allen Erscheinungsformen zugrundeliegende Einheit zu erkennen und dadurch alle realen Unterschiede aufzuheben?

Das Zeichen Skorpion
an der Spitze des 11. Hauses
Planetenbesetzung:
Venus (♀) im Zeichen Skorpion

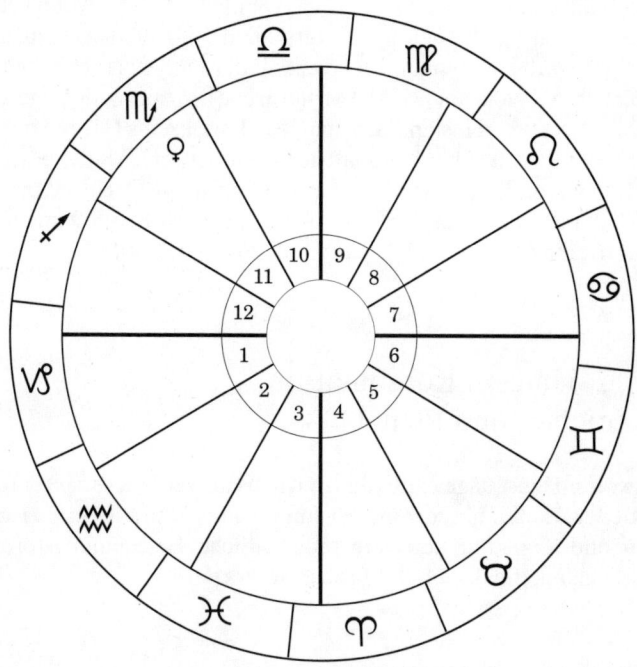

1. Mein Sinn für Humor (11. H.) neigt zum Makaberen (♏♇) und spiegelt in einer originell-düsteren Art (♏♇ im 11. H.) wider, wie ich die Welt sehe (♎♀).

2. Meinen Freunden (11. H.) gegenüber bin ich liebevoll und treu (♏♇) und um jeden Preis (♏♇) bemüht, mich rücksichtsvoll und sympathisch zu zeigen (♎♀).

3. Freiheit (11. H.) bedeutet für mich, nach meinen eigenen höchstindividuellen (11. H.) Vorstellungen (♏♇) zu leben, wobei ich mich fest dazu verpflichtet (♏♇) fühle, anderen gegenüber rücksichtsvoll und gerecht zu sein (♎♀).

4. Meinesgleichen (11. H.) sind Menschen mit Tiefgang (♏♇), die beherrscht (♏♇) sind und sogar unter den kritischsten Bedingungen (♏♇) noch einen «kühlen Kopf» (11. H.) bewahren können. Sie strahlen eine erhabene (11. H.) Ausgeglichenheit (♎♀) aus, die durch nichts zu erschüttern (♏♇) ist.

5. Erhabenheit (11. H.) über dem Gewöhnlichen, dem Alltäglichen suche ich darin, daß ich mir tiefgründige (♏♇) Gedanken mache (♎♀) über die letztendliche Gleichheit der Dinge (11. H.), weil ihnen allen die gleichen (11. H.) Strukturen (♏♇) zugrunde liegen.

6. In der höchsten, reinsten Form meines Menschseins (11. H.) bin ich einer, der in voller Leidenschaftslosigkeit (11. H.) Macht besitzen und ausüben (♏♇) kann. Als Sicherheitsventil vor Machtmißbrauch dient dabei mein intensives (♏♇) Bedürfnis nach Fairneß und Meinungsfreiheit (♎♀) in gleichem Maße für alle (11. H.).

Das 12. Haus in Kombination mit Zeichen und Planet

Das zwölfte Haus, ungeachtet des Zeichens an der Häuserspitze oder eventueller Planetenbesetzung, ist immer und grundsätzlich **Fische-Boden** und kann nur konkrete raumzeitliche Erscheinungsformen hervorbringen, die das Fische-Prinzip verkörpern.

Ausgewählte Stichwörter zu den konkreten Erscheinungsformen (einschließlich ihres gesamten Umfeldes sowie der Einstellungen des Horoskopeigners zu ihnen) des 12. Hauses:

– meine Zuflucht, um den Lasten der realen Welt zu entkommen
– das, was mir Hoffnung in schwierigen Zeiten bringt
– die Form des Ewigen und Unaussprechlichen, in der ich Hilfe suche und finde, wenn ich am Ende bin und nicht mehr weiter weiß
– das, was mir unerschöpfliche Möglichkeiten zur Bewältigung allen Leides und allen Kummers bietet
– das, was mir Gewißheit und Vertrauen gibt und mich angesichts scheinbarer Ausweglosigkeit nicht verzagen läßt
– meine Art, passiv und untätig zu bleiben
– die Mittel, die ich einsetze, um andere zu täuschen, zu betrügen und hinters Licht zu führen
– das, was mich zur ausgestoßenen, mißverstandenen Minderheit macht und mich nicht mehr am üblichen realen Leben teilnehmen läßt

Merkfragen zum 12. Haus:

1. In welchen Dingen und Situationen finde ich Hilfe und Erlösung in Zeiten des Leides und Unglücks?
2. Was ist für mich Hauptquelle des Leides und des Unglücks?
3. In welchen Dingen und Situationen empfinde ich mich als schwach und minderwertig?
4. In welcher Weise komme ich anderen zu Hilfe, in welcher Form bin ich für andere Retter in der Not?
5. Welcher Mittel bediene ich mich, um mich den Dingen zu entziehen und im Hintergrund zu verschwinden?
6. Welche Mittel setze ich ein, um falsche Tatsachen vorzuspiegeln, Dinge zu verschleiern oder der Welt sonstiges vorzutäuschen?
7. Welche Menschen, Situationen und Dinge erweisen sich mir als unerschöpfliche Quelle der Möglichkeit?
8. Woraus beziehe ich meine Gewißheit und mein Vertrauen in die Richtigkeit des Laufs der Dinge, allem Anschein zum Trotz?
9. In welcher Hinsicht gehöre ich einer Minderheit an, gehe ich

nicht anerkannte, «alternative» Wege, die mich zum «Ausgestoßenen» werden lassen?

10. In Bezug worauf, in welchem Zusammenhang komme ich mir unverstanden, mißverstanden vor, weil andere anscheinend keinen Zugang mehr zu meinen Auffassungen und Handlungsweisen haben?

11. In welcher Hinsicht stehe ich ganz allein und verlassen da?

12. In welchen Angelegenheiten unterliege ich einer besonderen Täuschungsgefahr, weil ich nicht klar sehe, beispielsweise weil ich mich unrealistischen Idealisierungen und Träumereien hingebe?

14. Welcher Mittel bediene ich mich, um vor Realitäten, mit denen ich nicht mehr fertig werde, die Flucht zu ergreifen?

15. Welche Dinge bauen mir ein Gefängnis, aus dem ich keinen Ausweg finde?

16. Wobei sind meine Möglichkeiten schier unerschöpflich, bei welchen Dingen sind meinen Möglichkeiten keine Grenzen gesetzt?

17. In welchen Dingen bin ich ganz besonders empfindsam und feinfühlig?

18. Welchen Dingen begegne ich mit Passivität bis zur Opferhaltung?

19. Welche Dinge erweisen sich als unerschöpfliche Quelle der Lösung aller wie auch immer gearteten Probleme und Schwierigkeiten in meinem Leben?

Das Zeichen Steinbock
an der Spitze des 12. Hauses
Planetenbesetzung:
Sonne im Zeichen Steinbock

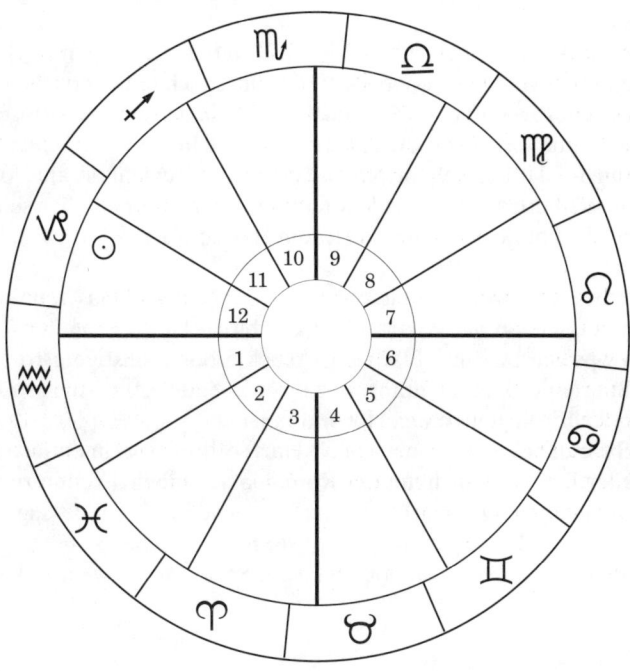

1. Ich verwirkliche mich (☉) in Not und Leid verursachenden Dingen und Situationen (12. H.), die mich als zuverlässigen, erfolgreichen (♑) Helfer und Erlöser (☉ im 12. H.) erscheinen lassen – auch dann, wenn dieser Sachverhalt nur scheinbar gegeben ist und gar nicht der Wirklichkeit entspricht (12. H.).

2. Ich bin (☉) ein Mensch, der gern durch treffsichere (♑) Intuition (12. H.) Hintergründe (12. H.) ans Tageslicht bringt (☉), um so nur schwer (er)faßbare Dinge feste Gestalt (☉) annehmen zu lassen.

3. Ich handle (☉) so, daß die Leute im Unklaren (12. H.) darüber gelassen werden, wer ich (☉) in Wirklichkeit (♑) bin. Meine kühle,

reservierte (♑) Fassade (12. H.) verschafft mir grenzenlosen (12. H.) Respekt (♑), hinter dessen Tarnung ich ein recht undurchsichtiges (12. H.) Leben führen (☉) kann.

4. Mein korrektes (♑) Verhalten (☉) macht mich zu einer «Minderheit» in einem Meer (12. H.) der Verlogenheit und des Betrugs (12. H.).

5. Als Filmregisseur (☉, 12. H.) bin ich von Berufs wegen (♑) Erzeuger (☉) von «Illusionen» (12. H.). Durch schier unendliches (12. H.) kreatives Wirken und Schaffen (☉) lasse ich Phantastisches (12. H.) zur (Schein)Wirklichkeit (♑) werden.

6. Dadurch, daß ich Autorität und Stabilität (♑) ausstrahle (☉), kann ich Vertrauen (12. H.) in anderen auslösen, daß alles seinen richtigen Lauf nehmen und sich zum Besten wenden wird (12. H.).

Wie aus dem obigen kompletten Satz von Zeichen/Haus-Kombinationen zu ersehen ist, ergibt schon die bloße Häusereinteilung des Horoskops – ganz ohne Planeten, Aspekte oder sonstige astrologische Bausteine oder Deutungsverfahren – eine beträchtliche Fülle fundierter Einsichten in den Horoskopeigner.

Wichtig dabei ist, daß man nach Herzenslust experimentiert, um sich selbst die Unendlichkeit der Kombinationsmöglichkeiten zu zeigen, zu beweisen. Das macht man am besten am Beispiel des eigenen Horoskops, weil man durch sich selbst am besten die astrologischen Prinzipien erkennen und auf den Rest der Schöpfung anwenden kann.

Kapitel XI

Ein Kombinationsbeispiel

Zur Veranschaulichung des Kombinationsprozesses wird nun ein Horoskop rein *formal* und *nicht inhaltlich* vom 1. bis zum 12. Haus gedeutet. Bei dieser formalen Deutung geht es in erster Linie um die sozusagen *handwerkliche* Vorgehensweise, um rein der Form nach und übungshalber die drei Horoskopelemente *Zeichen*, *Planet* und *Haus* miteinander zu kombinieren. Eine inhaltliche Deutung, also eine zusammenhängende, beschreibende Synthese, wird nicht angestrebt, wobei Aussagen der formalen Deutung durchaus Bestandteile einer Synthese bilden können. Der Leser wird dazu angeregt, anhand des eigenen Horoskops den Vorgang der Kombination zu üben. Hierbei darf auf keinen Fall vergessen werden, daß man für Zusammenhänge offen bleiben muß, die man bislang weder vermutet noch geahnt hat. Wenn davon ausgegangen werden kann, daß die Geburtsdaten, insbesondere die Geburts*zeit*, und somit die Planetenstellungen und Häusereinteilung, stimmen, so muß man frei *herumexperimentieren*, bis man gefühlsmäßig auf eine Spur kommt. Das wäre der Fall, wenn man beispielsweise das Zeichen Zwillinge an der Spitze des 4. Hauses hat, jedoch nichts «Zwillingshaftes» am Elternhaus, der Mutter, der eigenen Art zu empfinden, der eigenen Stellung im Elternhaus (alles Themen des 4. Hauses) finden kann. Bei Voraussetzung *richtiger Geburtsdaten* (sowie Verwendung des *Plazidus-Häusersystems*) muß so lange das Zwillingsprinzip mit der Thematik des 4. Hauses versuchsweise und völlig *zensurfrei* kombiniert werden, bis man einen Einstieg findet. Es dürfen dabei keine Zusammenhänge von vornherein als unmöglich oder unwahrscheinlich ausgeschlossen werden. Es versteht sich, daß im einzelnen Fall nicht *alle* Analogien zutreffen *können* und

309

deswegen so lange gesucht werden muß, bis eine zutreffende Einstiegsanalogie gefunden wird.

Ein Wort zu unbesetzten Häusern:

Bei unbesetzten Häusern, also Häusern, die keine Planeten enthalten, kann bei einer Kombinationsübung nur das Zeichen an der Häuserspitze gedeutet werden. Wegen fehlender Planetenbesetzung ist das Haus bzw. der von ihm konkret symbolisierte Lebensbereich keineswegs als weniger wichtig als ein besetztes Haus anzusehen.

Aus der unendlichen Fülle der Kombinationsmöglichkeiten kristallisieren sich die zutreffenden im direkten Gespräch mit dem Horoskopeigner (HE) heraus. Die sich daraus ergebenden Aussagen sind auf jeden Fall in sich richtig und stimmig, obwohl sie im vorliegenden Fall, also in bezug auf diesen bestimmten Horoskopeigner, im einzelnen nicht unbedingt zutreffen müssen. Um gezieltere, möglichst präzise auf den Horoskopeigner abgestimmte Aussagen machen zu können, müssen andere mindestens genauso wichtige Deutungshilfen miteinbezogen werden, zum Beispiel Aspektbeziehungen, Häuserstellungen der Herrscherplaneten, Zeichenverhältnisse, Themenbetonungen und -wiederholungen etc. Eine ausführliche Beschreibung der Deutungsmethodik unter Einbeziehung aller wichtigen Deutungsfaktoren wird an anderer Stelle erörtert.

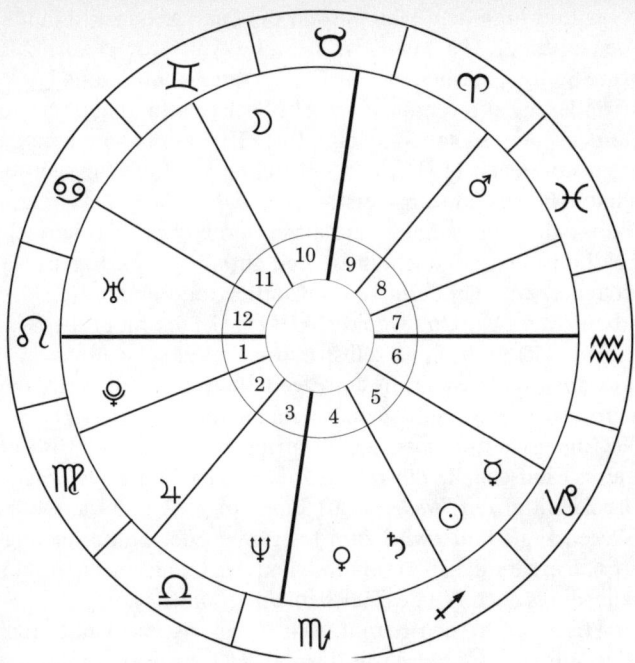

**1. Haus (Aszendent) im Zeichen Löwe, Pluto im
Zeichen Jungfrau, jedoch unter der Oberherrschaft des Löwen:**
Am 1. Haus (Aszendenten) erkennt man, mit was für einem Menschen man es zu tun hat. Man sieht das Gesicht, das Auftreten, die Haltung, die der HE dem konkreten Dasein entgegenbringt. Man wird mit dem konfrontiert, was der Mensch *hat*, was er *tut*, um durchs Leben zu kommen. Dies ist allerdings nicht mit Selbstverwirklichung (☉) zu verwechseln. Der Aszendent verhält sich zur Sonne wie das Hämmern zum Schreinern: Man sieht und hört zwar den Schreiner *hämmern* (Asc), der Hammer und das Hämmern sind aber beide nur Mittel zum eigentlichen *Zweck*, Werkzeuge (Asc) also zum *Bauen von Schränken* (☉). Die Sonne ist das, was man erreichen will; der Aszendent enthält alles, was man braucht, um dies zu tun.

Mit Aszendent Löwe haben wir es bei diesem HE mit einem Menschen zu tun, der sich vom Naturell her (1. H.) mit selbstbewußtem

Schwung und Elan dem Dasein stellt (♌) und sich in ihm durchsetzt und behauptet (1. H.). Seine Erscheinung/Auftreten (1. H.) läßt ausgeprägte Selbstsicherheit erkennen (♌), auch dann, wenn diese aufgrund anderer Faktoren nicht sofort zu sehen sein mag oder nur wenig Berechtigung zu haben scheint. Der HE nimmt spontan und ohne lange zu überlegen (1. H.) den «Mittelpunkt» (♌) für sich in Anspruch und hält es für selbstverständlich, daß andere seine Vorrangigkeit bereitwillig anerkennen und akzeptieren (♌). Aus herrschaftlicher Höhe ist er freundlich, lustig und gutmütig(♌), Eigenschaften, mit denen er alle Hindernisse konfrontiert und angeht (1. H.). Mit selbstbewußter (♌) Unbedenklichkeit (1. H.) nimmt er die Dinge in Angriff (1. H.), und da er selbst mutig und zuversichtlich (♌) ist, kann er auch andere mit diesen Eigenschaften «anstecken» und sie dazu ermutigen, sich mehr zuzutrauen, mehr zu wagen (♌).

Alle Eigenschaften des Löwe-Prinzips als Grundantriebskraft (1. H.) dieses Menschen in der realen Welt (1. H.) dienen als Träger und Ausdrucksmittel der Wesenskraft Pluto (♀). Anders ausgedrückt: Die Wesenskraft Pluto wird zum Instrument der Durchsetzung und äußert sich in sämtlichen löwehaften Durchsetzungsmechanismen des HE, allerdings nach Art des Zeichens *Jungfrau* (♍):

Der HE versteht sich darauf, sich durch eiserne Unbeirrbarkeit (♀) des Willens (♌) durchzusetzen (1. H.) , wobei er immer weiß, wie weit er gehen kann (♍), ohne sich selber und seinen Zielsetzungen Schaden zuzufügen (♍). Die lebendige, kraftvolle Ausstrahlung (♌) hat etwas unauffällig (♍) Erotisches (♀) an sich, was bewußt (♍) zur Manipulation (♀) im Sinne der eigenen Durchsetzung (1. H.) eingesetzt wird. Das Dasein wird dadurch bewältigt (1. H.), daß man aktiv gestaltend eingreift (♌) und dabei bereit ist, vorsichtig und mit wohl dosierter (♍) Hartnäckigkeit (♀) die Dinge zu erzwingen (♀). Hinter dem sonnigen kindlichen Gemüt (♌), das der Welt präsentiert wird (1. H.), steht ein dunkles, aber gut getarntes (♍) Machtbestreben (♀), das sich immer spontan (1. H.) auf das eigene Interesse (♍) richtet.

Bei aller Selbstherrlichkeit (♌), mit der der HE sich durchsetzt (1. H.), fühlt er sich spontan dem Wohl anderer verpflichtet (♀), was auch in seinem Berufsleben (♍) eine Rolle spielen könnte. Der lebensbejahende und -fördernde Habitus, die Handlungsstärke, die Lebenstüchtigkeit (alles Asc ♌) sind durch eine unauffällige (♍) Liebe und Verbindlichkeit (☿) gekennzeichnet, die spontan (1. H.) und großzügig (♌) in den Dienst (♍) des leiblichen Wohls (♀) anderer gestellt werden.

2. Haus im Zeichen Jungfrau, Jupiter im Zeichen Waage, jedoch unter der Oberherrschaft der Jungfrau:

Im 2. Haus gilt es, die Erscheinungsenergie des 1. Hauses zu stabilisieren, sich zu «sammeln», zu festigen, zu verwurzeln. Dadurch nimmt der HE Substanz an, er hat etwas, was ihn für sich selbst und für die «Herde», also die Gemeinschaft, wertvoll macht. Zu dem, was er hat, um sich sicher zu fühlen, sich Halt und Stabilität zu geben sowie um sich das Gefühl zu geben, daß er etwas «zu bieten hat» (alles 2. H.), gehören «Talente», Finanzen, materielle Lebensumstände, der eigene Raum etc.

Mit der Spitze des 2. Hauses in der Jungfrau bezieht der HE sein Selbstwertgefühl daraus, daß er einen klaren Blick (♍) hat für das, was wertvoll (2. H.) ist und was nicht, daß durch seine gute Beobachtungsgabe (♍) sowohl er als auch die Allgemeinheit immer den größten Nutzen (♍) der Dinge (2. H.) erzielen kann. Der materielle Lebensstil (2. H.) wirkt unauffällig bis bescheiden (♍), wobei so auf das Preis/Leistungs-Verhältnis geachtet wird (♍, 2. H.), daß man immer den maximalen (♃) Gegenwert (♍) für den materiellen/finanziellen Aufwand (2. H.) bekommt. Der HE legt vielleicht aus Gründen der Ethik oder Weltanschauung (♃) großen Wert (♃ im 2. H.) auf Fairneß (♎) in finanziellen Angelegenheiten (2. H.) und würde niemanden übervorteilen. Der Geschmack (2. H.) des HE tendiert in Richtung Schlichtheit (♍), bis auf die großen (♃) Summen (2. H.), die er als Kenner (♃) und Sammler (2. H.) für große (♃) Malerei (♎ im 2. H. = das Bild wird zum Besitz) ausgibt. Durch seinen Sachverstand (♃) für wertvolle Bilder (♃ im 2. H. in ♎) verdient (♍) er möglicherweise auch Geld (2. H.).

Sein «Talent» (2. H.), aus den materiellen Gegebenheiten (2. H.) immer das Beste zu machen (♍ = die ökonomische Verwertung), vermittelt dem HE ein Gefühl der Sicherheit, daß er immer genug haben (2. H.) wird. Trotz seines Hanges zu materieller und finanzieller Bescheidenheit (2. H. in ♍) zeigt er anderen gegenüber (♎) Großzügigkeit (♃) im Umgang mit seinem Besitz (2. H.), was für ihn eine Steigerung (♃) des Selbstwertgefühls (2. H.) bedeutet. Das ist besonders dann der Fall, wenn andere (Ω) solche Großzügigkeit von einem Menschen eher bescheidenen ($\mathfrak{M}$) Lebensstils (2. H.) zu schätzen (2. H.) wissen. Sein Lebensstil (2. H.) kann also widersprüchlich wirken: bei aller materiellen (2. H.) Knauserigkeit und Kleinlichkeit ($\mathfrak{M}$) doch ein eitler (Ω = Bedürfnis, beim Du gut anzukommen) Hang zur Üppigkeit und Fülle ($\mathfrak{4}$).

Da der HE seine Gesundheit ($\mathfrak{M}$) als wertvollen Besitz (2. H.) betrachtet, sammelt er (2. H.) Bücher ($\mathfrak{4}$), die dieses Thema sehr anschaulich (Ω = das Bild) behandeln.

3. Haus im Zeichen Waage, Neptun im Zeichen Skorpion, jedoch unter der Oberherrschaft der Waage:

Im 3. Haus zeigt der HE, wie er «funktioniert», d. h. er stellt sich durch seine körperliche Interaktion mit der Umwelt sowie seine Art, mit ihr Kontakt aufzunehmen, dar: durch Sprache, Beweglichkeit, Gang, Mimik, Gestik etc. So macht er sich rein körperlich von allem anderen in der Umwelt unterscheidbar und erkennbar.

Der HE stellt sich dar (3. H.) als liebenswürdig und rücksichtsvoll (Ω). Er hat eine angenehme Art (Ω) zu sprechen und wirkt im Kontakt (3. H.) mit seinen Mitmenschen charmant und zuvorkommend (Ω). Dabei kommt es oft vor, daß sein verbaler Charme (3. H., Ω) falsch und unecht wirkt (Ψ), weil man spürt, daß er damit andere beeinflussen, manipulieren ($\mathfrak{M}$) will. Oder aber er wird mißverstanden (Ψ), weil er Wörter falsch gebraucht (3. H., Ψ) oder weil er unbewußt (Ψ) geheimnisvolle Andeutungen macht (Ψ, $\mathfrak{M}$, 3. H.), mit denen andere nichts anfangen können. Das stiftet zwar Verwirrung (Ψ), wird aber nicht als anstößig oder unangenehm (Ω) aufgefaßt. Der Horoskopeigner kann die schlimmsten Dinge auf so feinfühlig indirekte Art ansprechen ($\mathfrak{M}$, Ψ, 3. H.), daß sich niemand dadurch brüskiert oder angegriffen fühlt (Ω). Er leistet sich «Freud'sche» ($\mathfrak{M}$ = tiefenpsychologisch) Versprecher (Ψ, 3. H.) erotischer Natur, die anderen allerdings nicht auffallen (Ψ), und wenn, dann werden sie nicht verstanden (Ψ). Er weiß, durch geheimnisvolle Andeutungen ($\mathfrak{M}$, Ψ)mit Worten zu beschwichtigen, zu besänftigen, zu vermitteln (3. H., Ω) . Die Sprache kann unendlich (Ψ) höflich und bildhaft (3. H. Ω) sein.

Die Bewegungen, die Gestik, die Mimik (3. H.) des HE wirken anmutig und charmant (Ω) und haben etwas undefinierbar Erotisches

(Ψ, $\mathfrak{M}$) an sich, was andere angenehm, (Ω) jedoch unbewußt (Ψ) anzieht ($\mathfrak{M}$).

Der HE interessiert sich (3. H.) besonders für bewegliche (3. H.) Bilder (Ω), die Irreales (Ψ) darstellen (3. H.), also kann er ein großer Kino(Ω, Ψ)gänger (3. H.) sein, vielleicht mit besonderer Vorliebe für Liebes-, Horror-, Katastrophen- und Porno(alles $\mathfrak{M}$)filme (Ω, Ψ).

4. Haus im Zeichen Skorpion, Venus
im Zeichen Skorpion, Saturn im Zeichen Schütze, jedoch
beide unter der Oberherrschaft des Skorpions:

Im 3. Haus in der physischen Welt unterscheidbar geworden, kann der HE jetzt anfangen, sich mit sich selber als erkennbarem Einzelwesen auseinanderzusetzen. In seinem vierten Haus ist alles zu finden, was seine persönliche Identität formt und ausmacht. In diesem Haus ist der HE zum erstenmal «bei sich».

Das Privatleben des HE ist eher als geheimnisvoll (4. H. $\mathfrak{M}$) zu bezeichnen, d. h. er gewährt nur ungern Einblick in sein Familienleben (4. H.). Das kann damit zusammenhängen, daß die Unzugänglichkeit seiner Privatsphäre ihm ein Gefühl (4. H.) der Sicherheit (4. H., $\mathfrak{M}$, $\mathfrak{h}\varphi$) gibt gegen bedrohliche Einflüsse der Gesellschaft ($\mathfrak{M}$, $\mathfrak{h}\varphi$). Eine Ausnahme zur Regel der Verheimlichung ($\mathfrak{M}$) des eigenen Innen- bzw. Privatlebens bilden andere Menschen ($\Omega\varphi$), die eine ähnlich geheimnisvolle ($\mathfrak{M}$) Art haben. Seine aufopferungsbereite Fürsorglichkeit (4. H. $\mathfrak{M}$) empfindet er sehr tief ($\mathfrak{M}$) als etwas, was ihn zum wertvollen Menschen macht ($\mathfrak{h}\varphi$), weil er sich mit den inneren Bedürfnissen (4. H.) anderer ($\Omega\varphi$) identifizieren (4. H.) kann.

Im Denken ($\Omega\varphi$) neigt der HE eher zu Theoretischem (4. H.) als zu Praktischem, wobei er instinktiven Zugang (4. H.) zu den grundlegenden Mustern ($\mathfrak{M}$) hat, die das Wesen (4. H.) der Dinge ($\Omega\varphi$ = alles, was Nicht-ich ist, also alle «anderen» Dinge der Schöpfung) ausmachen.

Das eigene Familienleben wie auch das in seinem Elternhaus (4. H.) kann von unbewußten (4. H.) Gewaltströmungen ($\mathfrak{M}$), von Haß, Manipulation oder unterschwelliger Erotik (z. B. zwischen Mutter/Sohn, Vater/Tochter) gekennzeichnet sein. Oder aber es kann eine Atmosphäre der aufopferungsbereiten Liebe und Verpflichtung an das leibliche sowie seelische Wohl (4. H. $\mathfrak{M}$) der anderen Familienmitglieder herrschen. Er steht innerlich (4. H.) unter der moralischen, maßregelnden (♄) Macht (♏) seiner Familie/Mutter (4. H.), von der er sich vielleicht aus ethischen oder religiösen (♐) Gründen nicht trennen (♄) kann.

Trotz des Potentials zur seelischen (4. H.) Intensität, zur tiefen Innigkeit (♏), die andere sofort spüren, empfindet sich (4. H.) der HE als innerlich kalt oder gar leer (4. H. ♄). Diese empfundene Kälte/Leere läßt ihn vom Wesen (4. H.) her nach außen hin tatsächlich so wirken. Gemessen an verinnerlichten Maßstäben (♄) dafür, wie ein Mensch vom Wesen her (4. H.) sein soll (♄), kommt sich der HE unzulänglich vor. Als Kompensation für diese Empfindungen seiner wesenhaften (4. H.) Unzulänglichkeit (♄) ist er als (Über) Kompensation recht überschwenglich empfindsam (♐) und gefühlsbetont in seinen Reaktionen (4. H.). Er mag auch überempfindlich und sehr leicht verletzbar (♄ im 4. H.) sein. Das bekommen allerdings nur diejenigen mit, die Zugang zu seiner intimsten Privatsphäre haben (4. H. ♏). Ein (Zweck)Optimismus (♐) läßt den HE über all die Schwierigkeiten (♄) mit seinem Innenleben, seiner Fähigkeit, frei und ungehindert sich und überhaupt zu empfinden, mit der eigenen Mutter und Frauen im allgemeinen, zuversichtlich und mit tiefem (♏) Verständnis (♐) für sich selbst (4. H.) hinwegsehen.

5. Haus im Zeichen Schütze, Sonne
im Zeichen Schütze, ♊/♍-Merkur im Zeichen Steinbock, jedoch beide unter der Oberherrschaft des Schützen:

Das ganze innere, persönliche Potential des 4. Hauses müßte brach liegen und unwirksam bleiben, wenn es nicht konkret zum Ausdruck gebracht würde. Gerade dieses passiert im 5. Haus: Da konkretisiert sich alles, was man in sich ist, im Verhalten, im Willensausdruck, in der Selbstverwirklichung, in der Fähigkeit, das eigene Leben kreativ zu gestalten.

Der HE wurde groß und freizügig (♐) erzogen (5. H.). Er wurde dazu ermutigt (5. H.), über sich selbst hinauszuwachsen (♐) und sein höchstes menschliches Potential (♐ = Vervollkommnung als Mensch) zu verwirklichen (5. H.). So sieht der HE seine persönliche Verwirklichung (☉) in der großzügigen Gestaltung (5. H.) des eigenen Lebens (☉, 5. H.), beispielsweise durch Bildung oder in weltanschaulicher Hinsicht (♐). Er will sich selbst (☉) zum «Kunstwerk» (5. H.) machen. Sein Leben (☉) ist durch Optimismus, Offenheit und

Verständnis für so ziemlich alles (♐) gekennzeichnet. Er ist der geborene «Star» (☉, 5. H.), der durch seine Bildungsbeflissenheit und Intelligenz (♐) den Mittelpunkt (5. H.) für sich in Anspruch nimmt. Dieser expansive Lebensdrang (☉ im ♐ im 5. H.) wird merklich dadurch gedämpft, daß der HE seinem eigenen Leben, Verhalten und Schaffen (5. H.) recht selbstkritisch gegenübersteht (♍☿), wobei er fremde statt eigener Maßstäbe (♑) anlegt. So beobachtet und analysiert (♍☿) er auf moralisch bewertende (♑) Art und Weise seine Lebensführung (5. H.), damit sie im Sinne seiner Weltanschauung (♐) «richtig» angepaßt (♍☿) ist.

Zu den Dingen, die ihm Spaß machen (5. H.), gehören vielleicht Mannschaftssport (♐), bei dem er sich im gemeinsamen «Funktionieren» mit anderen (♐) hervortun (☉) kann, beispielsweise durch seine flinke Beweglichkeit (♊☿). Er will (☉) sich auch künstlerisch (5. H.) betätigen (☉), was in der Form eines Gesangvereins (♐ = «unsere Stimmen», 5. H. = Kunst, ☉ = Selbstausdruck) geschehen könnte. Da die eigene Stimme (♊☿) tief (♑) sein dürfte, kann er sich als Baß-(♑)Sänger (☿ im 5. H. im ♑ = die tiefe künstlerische Stimme) hervortun (5. H.). Oder der HE zeichnet sich aus (5. H.) durch tief(♑)-sinnige (♐ = Sinn/Bedeutung) Wort(♊☿)spiele (5. H.) Das Verhalten (☉) zeugt von einem kindlichen (5. H.) Optimismus (♐).

Der HE könnte auch aktiv und führend (☉, 5. H.) am religiösen (♐) Leben (5. H.) teilnehmen, da Weltanschauliches (♐) eine umfassende (♐) Rolle in seinem Leben (☉ 5. H.) spielt. Er könnte auch Sohn (☉) religiöser Eltern (5. H. = Eltern), insbesondere eines Vaters (☉), sein, der beispielsweise in der Kirche (♐) eine hervorgehobene (5. H.) Stelle hat, die ihm die Möglichkeit gibt, religiöse (♐) Wahrheiten (♑) auszusprechen (♊☿), die maßgebend (♑) sind für das Leben (☉, 5. H.), z. B. als Geistlicher.

6. Haus im Zeichen Steinbock, keine Planetenbesetzung:

Im 6. Haus ist das Thema die Bändigung, Aussteuerung und Anpassung des sprudelnden ungebändigten Lebenstriebs des 5. Hauses zwecks Erhaltung des Lebens (der Lebensenergie). Auch die Sozialisierung – das Sich-einbinden gemäß der individuellen seelischen Eigenart, des eigenen Charakters in die menschliche Gemeinschaft – ist das Thema des 6. Hauses.

Mit der Spitze des 6. Hauses im Zeichen Steinbock trifft der HE in diesem Lebensbereich auf das, was als Hauptschwierigkeit oder -hindernis (♑) im Leben erlebt wird: Es fällt ihm schwer (♑), sich anzupassen, sich in gegebene Umstände einzubinden und nach seiner Eigenart zu leben (6. H.). So kommt er sich wesens- und artfremd vor (die Eigenart [6. H.] ist von anderem getrennt [♑]), als ob er «anders» wäre als andere und somit immer abseits steht (zum Vergleich: mit der Spitze des 2. Hauses im Steinbock kommt man sich minderwertig oder nicht so viel wert vor wie andere, weswegen man sich rein körperlich/räumlich [2. H.]als ausgeschlossen oder ausgestoßen vorkommt). So ist es mit der Anpassung (6. H.) immer mühselig (♑), entweder weil man sich redlich darum bemüht (♑), es aber nie so richtig zu schaffen scheint, obwohl man bereit ist, sich bis zur Chamäleonhaftigkeit (6. H. im ♑ = Sozialisierung ist überkompensiert) anzupassen, um dazuzugehören und nicht als «anders» aufzufallen. Oder aber man gibt sich gar nicht erst die Mühe dazuzugehören und wird zum ständig mürrischen Abseitssteher, der sich trotzig absondert (♑). Da Sinn und Zweck der Sozialisierung, der Einbindung, der Anpassung (6. H.) darin besteht, das eigene nun ichbewußte Leben zu erhalten, zu «überleben» (6. H.), bedeutet eine (vermeintliche) Unzulänglichkeit (♑) dieser Funktion, daß der HE zur Ängstlichkeit und Unsicherheit neigt. Das bedeutet, daß er vielleicht seinen eigenen Wahrnehmungen, seinen Beobachtungen, seinen Einschätzungen von Situationen (6. H.) nicht richtig trauen kann und so Angst haben muß, daß ihm Unerwartetes zustößt, was sein Leben vernichten könnte. Oder im anderen Extrem als Kompensation für die vermeintliche Schwäche ist man ständig wachsam, damit einem ja nichts Gefährliches entgeht, dem es auszuweichen gilt.

Auch der Beruf im Sinne des Broterwerbs (6. H.) ist betroffen. So hat der HE Schwierigkeiten, eine Arbeitsstelle zu bekommen bzw. zu behalten. Er wird vielleicht oft «gegangen» (♑ = trennen) worden sein , also wechselt oft die Stelle oder kommt nur schwer (♑) mit Kollegen (6. H.) aus. Die Arbeit (6. H.) in allen Aspekten wird überhaupt als Hürde oder Last (♑) empfunden.

Weil der HE wahrhaft (♑) «anders» ist als die anderen (6. H. im ♑), ist er im Leben sehr viel Kritik (6. H.) ausgesetzt worden, was dazu geführt hat, daß er gegen Kritik (6. H.) empfindlich ist (♑ = empfindlich gegen Aufzeigen der vermuteten Unzulänglichkeit), sie nur schwer verträgt oder einsteckt. Im Austeilen von Kritik ist er allerdings nicht der Schlechteste. Das liegt daran, daß der HE einen realistischen (♑) Blick (6. H.) für Umstände und Situationen (6. H.) hat und die Dinge sehr gut auf den wesentlichen (♑) Punkt bringen kann.

7. Haus im Zeichen Wassermann, keine Planetenbesetzung:

Nachdem im 6. Haus der Mensch gelernt hat, seinen Lebenstrieb anzupassen und sich gemäß seiner Eigenart in die Gesamtumstände im Sinne der Sozialisierung einzubinden, ist er nun erst bereit und fähig, im 7. Haus dem Du, dem Nicht-ich überhaupt zu begegnen und mit ihm auszukommen, sich von ihm «ergänzen», also «ganz» machen zu lassen. Dies geschieht ausschließlich über die im 7. Haus neu eingeleitete Fähigkeit, die Welt über die eigenen innerlich produzierten Bilder von ihr zu erleben.

Der HE in diesem Beispiel fühlt sich durch Wassermannhaftes ergänzt (7. H.). Wenn er in die Welt hinausschaut, sieht er in erster Linie alles, was beispielsweise originell/ungewöhnlich ist. Auf das lebendige Du bezogen sieht er Menschen, die unangepaßt wirken, die durch einen rebellischen Zug auffallen (♒), Menschen, die, jeder nach seiner Art, nicht «mitschwimmen» oder «mitheulen», Menschen, die sich nicht gern wie auch immer gearteten Gesetzen oder Traditionen unterordnen. Es sind vielleicht auch Menschen, die einen ausgeprägten Humor (♒) haben oder von denen man sich vorstellen kann (7. H. = die Entstehung von Vorstellungsinhalten), daß man sie gerne als Freunde (♒) haben möchte, unter anderem, weil man sie als «seelenverwandt» (♒) erkennt.

Das 7. Haus ist aber auch die Art und Weise, wie man selber auf das Du zugeht. Mit Wassermann an der Häuserspitze wendet sich der HE gleich mit offener Freundlichkeit (♒) an das Du, was auch seinen Hauptmodus des Umgangs mit anderen (7. H.) darstellt. In der Begegnung (7. H.) kann es wichtig sein, daß man auf der Ebene des abstrakten Denkens (♒) miteinander verkehrt, oder aber daß man einfach viel lustigen «Blödsinn» (♒ = Komik/Humor) miteinander macht. Im Haus des Friedens und des Ausgleichs (7. H.) werden Differenzen und Streit dadurch beigelegt, daß man einen «kühlen Kopf» bewahrt und nach Möglichkeit Emotionen ausschaltet (♒), damit man in aller Freundlichkeit (♒) wieder zueinanderfinden (7. H.) kann.

319

Der HE ist vom Denken (= die Fähigkeit, eigene innere Bilder zu produzieren = 7. H.) her originell bis originär (♒︎), d. h., die eigenen Gedanken sind entweder originelle Abweichungen von bereits von anderen Gedachtem, oder es sind Gedanken, die überhaupt noch niemand gedacht hat. Der HE ist also für einen guten, originellen, lustigen Einfall immer gut.

Als die Brille, durch die man die Welt sieht und über sie seine Meinungen bildet, deutet das 7. Haus im Wassermann auf eine elitäre (♒︎) Weltsicht (7. H.) hin, d. h., er schaut sich die Dinge vielleicht aus erhabener Höhe (♒︎) an und meint (7. H.), die Dinge der Welt (7. H.) würden ihn gar nicht berühren (♒︎). Auf jeden Fall sind seine Sicht der Welt (7. H.) sowie der Prozeß der Meinungsbildung (7. H.) ungewöhnlich bis revolutionär (♒︎), und es ist grundsätzlich damit zu rechnen, daß er die Dinge aus einem Blickwinkel betrachtet, der im positiven wie negativen von konventionellen Ansichten (7. H.) abweicht (♒︎).

8. Haus im Zeichen Fische, Mars im Zeichen Widder, jedoch unter der Oberherrschaft des Fisches:

Die im 7. Haus stattgefundene Begegnung macht den Horoskopeigner mit dem Bestand von Dus bzw. Nicht-ich bekannt, aus dem er im 8. Haus die Auswahl von Menschen, Ideen und Dingen trifft, zu denen er sich stark hingezogen fühlt und mit denen er sich nun fest verbinden, denen er sich verpflichten will. Man könnte sagen, im 7. Haus begegnet man den Menschen, die z. B. als Ehepartner in Frage kommen, im 8. Haus wird geheiratet.

Mit den Fischen an der Spitze des 8. Hauses empfindet der HE alles als anziehend bis erotisch (8. H.), was Subtiles und Indirektes (♓︎) an sich hat, also z. B. eine nur angedeutete (♓︎) Erotik (8. H.) im Gegensatz zur offenen, deutlichen Annäherung. Er fühlt sich auch dem verbunden, von dem angezogen (8. H.), was als schwach und hilfsbedürftig (♓︎) erscheint, so daß er als Mann auf «hilflose» (♓︎) Frauen steht oder auf solche, die vortäuschen (♓︎), es zu sein zwecks Manipulation (8. H.) des Partners. Kommt es zu einer festen Bindung (8. H.), z. B. einer Ehe, so ist diese Ehe von unbegrenzter (♓︎) Hingabe (8. H.) gekennzeichnet, zumindest von seiten des HE. Er liefert sich seinem Partner widerstandslos bis zur völligen Selbstaufgabe aus (♓︎), ist unbeirrbar (8. H.) hilfsbereit (♓︎) zum Wohle des Partners/

der Sache (8. H.). Die Verbindung (8. H.) kann aber vielleicht auch nur zum Schein (♓) bestehen, um der Welt etwas vorzutäuschen (♓).

Als das, was man in bezug auf sich selbst geheimhalten und keinesfalls ans Tageslicht gelangen lassen möchte, könnte das 8. Haus in den Fischen auf etwas hindeuten, was der HE als geheime Schwäche betrachtet, so z. B. eine Sucht oder Alkoholproblem (♓). Oder er will einfach nicht, daß andere wissen, wie überaus sensibel und verwundbar (♓) er ist.

Mit Mars im 8. Haus im Widder wird das Bedürfnis nach Selbstdurchsetzung bzw. -behauptung (♂) in diesem Bereich ausgelebt. So kann der HE mit seinem Partner im Rahmen der festen Beziehung (8. H.) körperlich Kräfte messen (♂ im ♈), vielleicht in der Form des Sich-raufens (♂) in intimen Situationen (8. H.), allerdings als etwas anderes wie z. B. ungehemmte (♓) erotische (8. H.) Erregung (♂) getarnt (♓). Oder er muß sich körperlich anstrengen (♂ im ♈), weil der feste Partner (8. H.) krank (♓) ist und körperlich getragen werden muß (♂ im ♈). Die reale Aggression (♂ im ♈) wird nur als Phantasie (♓) in der Vorstellung (8. H.) gelebt. Zum leidvollen (♓) Erfahrungsschatz des HE (8. H. = die Gesamtheit der festgefügten Bilder, also Begegnungen mit den Dingen der Welt, die man in sich hat) gehört viel körperliche (♈) Aggression (♂) gegen seine Person (♈), die nicht auf den ersten Blick als solche zu erkennen war (♓).

9. Haus im Zeichen Widder, keine Planetenbesetzung:

Nach der Verschmelzung mit dem Du und den Dingen schlechthin im 8. Haus gilt es im 9. Haus, die dadurch gewonnenen Erfahrungen nun als reale Grundlage für das eigene Verständnis des Du und der Dinge im Zusammenleben mit ihnen umzusetzen. Durch die Verschmelzung und die Einswerdung mit den Dingen hat der HE jetzt intimstes Wissen und Kenntnis um sie, so daß er sie versteht und ihnen gegenüber tolerant geworden ist. Durch seine Erfahrungen wurde er für weitere Erfahrungen offen und begibt sich auf die «Reise» nach neuen Dingen, die er seinem Schatz an Begriffenem hinzufügen kann.

Der Beitrag des HE zum täglichen Funktionieren der Beziehung, zum gemeinsamen Funktionieren mit den Menschen und Dingen der Welt (9. H.) besteht darin, Impulse zu setzen, dafür zu sorgen, daß die Dinge in Bewegung bleiben und man immer wieder neue Wege findet (alles ♈), um als gleichwertige Partner miteinander umzugehen (9.

H.). Der HE hat eine ursprüngliche, angeborene (♈) Intelligenz (9. H = aus Erfahrung verstehen lernen und eigene Zusammenhänge herstellen) und ist schnell (♈) von Begriff (9. H.). Oder aber es wird lediglich in primitiven (♈) Zusammenhängen (9. H.) gedacht, die selten über das hinausgehen, was das eigene konkrete Dasein (♈) betrifft. Der tägliche Umgang mit dem Du/Partner (9. H.) ist ungekünstelt und natürlich (♈), die Dinge werden offen angesprochen und angegangen (♈), wobei man eine spontane (♈) Toleranz (9. H.) für den Standpunkt des anderen zeigt.

In weltanschaulichen, religiösen oder philosophischen Dingen (9. H.) neigt der HE zu Systemen, die einen Bezug zum realen Dasein (♈) haben. Je direkter und konkreter (♈) die Erklärungen (9. H.) dafür sind, warum das alles so ist, wie es ist, und was das alles bedeutet, desto besser. Der Sinn des Lebens (9. H.) könnte darin gesehen werden, dem Neuen (♈) gegenüber offen und aufgeschlossen (9. H.) zu bleiben, um dadurch über den eigenen jetzigen Entwicklungsstand hinauszuwachsen (9. H.), um letztendlich als Mensch unter Menschen (9. H.) seinen persönlichen Höchststand zu erreichen (9. H.). Der Bildungsstand bzw. Art der (Aus)Bildung (9. H.) mag vielleicht nicht über das Rudimentäre (♈) hinausgegangen sein, oder aber der HE ist neue, pionierhafte (♈) Bildungswege gegangen. Der Bildungsweg (9. H.) ist insofern abenteuerlich (♈) gewesen, als sich der HE an neue (♈) Wissensgebiete (9. H.) herangewagt (♈) oder sich neuer (♈) Ausbildungsmethoden (9. H.) bedient hat.

10. Haus im Zeichen Stier, Mond im Zeichen Zwillinge, jedoch unter der Oberherrschaft des Stiers:

Im neunten Haus hat man sich als Mensch unter Menschen im Realen «vervollkommnet». Im 10. Haus wendet sich der HE nun den Anteilen an sich zu, die über das Real-stoffliche hinausgehen. Es sind die Anteile, die ihn im Nichtstofflichen verankern, während er sich im Stofflichen erlebt. Alle Lebensbereiche bis einschließlich des 9. Hauses waren die Vorbereitung darauf, noch als real existierender Mensch das in und an sich zu erleben, was nicht mehr Zeit und Raum unterliegt (der ganze 4. Quadrant) und sowohl den Ausgangs- als auch den Kulminationspunkt seines Menschseins darstellt. Dieses zu erkennen und bewußt zu erfahren dürfte der Grund sein, warum Verstehen, Begreifen, Einsichtsfähigkeit, Erkennen von Zusammenhängen, also alle Schütze-Analogien die rein stoffliche Seite des Menschseins abschließen und den HE darauf vorbereiten, eine andere Dimension seines Selbst zu erfahren.

Als das, was der HE schon immer potentiell «wirklich» war und worauf hin er sich wieder entwickeln muß, bedeutet das 10. Haus im Zeichen Stier, daß er in seinem Leben darauf hin*arbeiten* muß/soll (10. H.), über seine Person hinaus Maßstab (10. H.) für Stierhaftes zu sein. So kann es für diesen HE Lebensziel (10. H.) sein, allgemeingültige Meßlatte dafür zu sein, was es bedeutet, «wirklich» (10. H.) verwurzelt oder sicher zu sein (♉). Das ist man nämlich nicht «wirklich» aufgrund des materiellen Besitzes in welcher Form auch immer, sondern erst dann, wenn man sich in sich selber sicher fühlt und weiß. Da erkennt der HE sich selbst als unerschöpflichen Besitz und Wert, der im Äußeren immer das anzieht, was man zu seiner Verankerung und Sicherung in der stofflichen Welt braucht. Das sind Erkenntnisse, die sich der HE *erarbeiten* muß (10. H.), vielleicht dadurch, daß er immer wieder von seinem Geld oder sonstigem Besitz (♉) getrennt (10. H.) wurde oder nur mit großer Mühe und Anstrengung (10. H.) zu welchem kommen oder welches behalten konnte. Bis er sich eines Tages durch die vielen materiellen Widrigkeiten (10. H im ♉) Klarheit (10. H.) darüber verschafft, daß das, was er in sich selbst an Talenten und Begabungen (♉) hat, die feste Grundlage (♉) bildet, auf der er sich dauerhaft und immer wieder (10. H.) wird versorgen (♉) können. Für die Erlangung der *wirklichen* (10. H.) Sicherheit (♉) aus dem eigenen nichtstofflichen und unerschöpflichen Urgrund (10. H.) wird der HE Vorbild, Autorität und Maßstab für alle (10. H.). Das wird, wie immer im Falle des 10. Hauses, als besonders schwierig erlebt, weil ab diesem Hause die Dinge nicht mehr der subjektiven Logik oder Kontrolle des Menschen unterliegen. In dem Maße, wie man sich in den Angelegenheiten dieses Hauses – und überhaupt des ganzen 4. Quadranten – von der subjektiven Sichtweise trennt (10. H.) und mit den diesen zugrundeliegenden außersubjektiven Gesetzmäßigkeiten einverstanden erklärt, um so leichter wird die Erlangung der eigenen höchsten Wirklichkeit (10. H.).

Mit Stier an der Spitze des 10. Hauses sind die dem HE entsprechenden Analogien dieses Prinzips das, was er bewußt oder unbewußt sein Leben lang anstrebt. So entwickelt er den besonderen Ehrgeiz (10. H.), große Leistungen (10. H.) im Sinne des Zeichens zu erbringen. Weil also der HE sich beispielsweise Reichtum, Besitz, Prestige in der «Herde» er*arbeiten* will/soll, bilden diese Stier-Analogien die Grundlage und wichtigsten Aspekte seines Berufes im Sinne von Berufung – das, worin seine höchste Bestimmung besteht. Der HE in diesem Beispiel könnte einen Beruf ergreifen, der mit der materiellen Versorgung (σ) der Allgemeinheit (10. H als das, was über die persönlichen individuellen Belange des einzelnen hinausgeht) zu tun hat. Oder Schwerpunkt des Berufes könnte die Vermittlung eines wahren (10. H.) Selbstwertgefühls (σ) sein, vielleicht Kindern oder anderen «Zöglingen» (Asc Ω, Sonne im 5. H.).

Planeten im 10. Haus symbolisieren Wesensanteile, die im Dienste der Erlangung der höchsten Bestimmung stehen. Wie mit den Angelegenheiten dieses Hauses generell, tut man sich auch mit diesen Wesensanteilen «schwer», da ihr Ausdruck mit «Arbeit» oder «Leistung» in Verbindung gebracht wird. Mit dem Mond im 10. Haus erlebt der HE Fürsorge und Zuwendung ($\mathbb{C}$) als Dinge, die gegen Leistung (10. H.) gewährt werden, die man sich erarbeiten muß. Zum Beispiel im Elternhaus ($\mathbb{C}$) mußte man die Zuwendung der Mutter ($\mathbb{C}$) durch Bravsein (10. H = Mustergültigkeit) verdienen, vielleicht durch den verantwortungsvollen Umgang (10. H.) mit seinen «Sachen» (σ) (ordentliche Kleidung, ordentliches Zimmer, Sparsamkeit mit Taschengeld). Er braucht also Anerkennung (10. H.) in Sachen Selbstwertigkeit (σ), um sich geborgen zu fühlen ($\mathbb{C}$). Es besteht dabei das Bedürfnis, die seelische Verfassung ($\mathbb{C}$) in aller Klarheit und Deutlichkeit (10. H.) nach außen hin zu zeigen ($\mathbb{II}$) – in der Gestik, der Mimik, der Sprache ($\mathbb{II}$). Vielleicht sind die Launen, die Reaktionen der Mutter ($\mathbb{C}$), die als zurückhaltende Respektsperson empfunden wird ($\mathbb{C}$ im 10. H.), ihr anzusehen ($\mathbb{II}$), insbesondere im Zusammenhang damit, inwieweit der HE der Erfordernis entspricht (10. H.), sich das Leben materiell so einzurichten und nach außen hin darzustellen, wie Mutter/die Familie es verlangt ($\mathbb{C}$ im 10. H. vom σ beherrscht im Zeichen $\mathbb{II}$). Oder aus einem übertriebenen Bedürfnis nach seelischer Zuwendung ($\mathbb{C}$ im 10. H. = Empfindungen geben/empfangen ist das Höchste) heraus muß permanent (10. H.) darüber gesprochen werden, müssen Empfindungen verbalisiert werden ($\mathbb{II}$).

11. Haus im Zeichen Zwillinge, keine Planetenbesetzung:

Im 9. Haus wurde der HE durch Verstehen- und Begreifenkönnen befähigt, im 10. Haus sein höchstes Potential jenseits der Subjektivität zu entdecken, zu erkennen. Im elften Haus wird dieses Potential in eine feste Form gebracht, gefestigt und «gebrauchsfähig» gemacht, was den HE endlich das sein und leben läßt, was er in seiner höchsten und reinsten (d. h. ohne eigene oder fremde subjektive «Verunreinigungen») Form (11. H.) ist.

Mit dem 11. Haus in den Zwillingen ist die Fähigkeit des HE, die ihm gemäßen Zwillingsanalogien auf originelle/originäre Art Form zu geben. So hat er beispielsweise eine originelle oder lustige Art (11. H.), mit der Sprache (♊) umzugehen. Er hat einen ausgeprägten Sinn für Wort(♊)komik (11. H.) und empfindet sich als «seelenverwandt» (11. H.) mit Menschen, die ähnliche Eigenschaften aufweisen. Er kann sprachlich (♊) recht unkonventionell sein (11. H.), indem er z. B. sich weigert (11. H.) , sich an den traditionellen Wortgebrauch zu halten und eigene Wort(♊)schöpfungen (11. H.) verwendet. Unter seinen Freunden (11. H.) finden sich vielleicht Menschen, die ungewöhnliche (11. H.) Handfertigkeiten (♊) besitzen, z. B. Cartoon(11. H.)zeichner (♊), oder aber der HE selbst kann originell zeichnen.

Am HE fällt auf (11. H.), daß er eine ungewöhnliche, ihm eigene (11. H.) Sachlichkeit und Emotionslosigkeit (♊) an den Tag legt, die das allgemeine Maß des inneren Unbeteiligtseins (♊) sprengt. Seine Art, sich aus der Masse herauszuheben (11. H.) ist, sich innerlich nicht berühren zu lassen, vielleicht fast trotzig (11. H.) immer dann einen kühlen Kopf zu bewahren und sachlich zu bleiben (♊), wenn die Umwelt vor Gerührtsein fast zerfließt. So kann man durch «Cool»-Sein (♊) gegen den Strom schwimmen/nicht mit den Wölfen heulen (11. H.).

Der HE hat vielleicht das Bedürfnis, sich rahmensprengend (11. H.) darzustellen (♊), indem er die üblichen Formen des verbalen Umgangs mit anderen (♊) rebellisch mißachtet (11. H.) und den Papst nicht mit «Eure Exzellenz», sondern mit «Herr Woityla» anredet. Dabei könnte auf den konventionellen Händedruck zugunsten einer eigenen (11. H.) Form der Begrüßungsberührung (♊) verzichtet werden. Sollte der HE sich allerdings in einer Situation befinden, in der sich alle mehr oder weniger aufmüpfig (11. H.) von den Kontaktkonventionen (♊) distanzieren, dann greift er selber eigenwillig und demonstrativ (11. H. in ♊) auf eben diese Konventionen zurück.

Durch seine Unterscheidungsfähigkeit (♊) fällt der HE auch aus dem Rahmen (11. H.). Dadurch, daß er in seiner Fähigkeit, die Dinge klar, deutlich und ohne Emotion zu unterscheiden und so auseinanderzuhalten, sich den Regeln der konventionellen Logik nicht mehr unterwirft (11. H.), erkennt er auch dort noch Unterscheidungsmerkmale (♊), wo die konventionelle Logik keine solchen mehr vermuten lassen würde. Paradoxerweise (11. H.) wird diese Unterscheidungsfähigkeit (♊) eingesetzt, um hinter der sich nach außen hin darstellenden Verschiedenheit der Dinge (♊) die grundlegende Einheit der Dinge (11. H.) festzustellen. So z. B., daß auf der tiefsten physikalischen Ebene der Quantenphysik das im täglichen Leben wahrgenommene Getrenntsein physischer Erscheinungsformen sich letztendlich als energetisch-physikalisches Kontinuum (11. H.) erweist.

12. Haus im Zeichen Krebs, Uranus im Zeichen Löwe, jedoch unter der Oberherrschaft des Krebses:

Nach der Entdeckung der Art und Weise, wie sich das alle Erscheinungen physischer wie nichtphysischer Art Erwirkende (♑-Prinzip) individuell in einem selbst zum Ausdruck bringt (10. H.), und nach der bewußten und konkreten Umsetzung dieses «wirklichen» Potentials im stofflichen Leben (11. H.) geht es dem HE nun im zwölften Haus darum, sich im Sinne der Erfahrungen der letzten beiden Häuser in Beziehung zur (Um)Welt zu setzen.

Da sich der HE jetzt in einem vollkommen außersubjektiven Ganzen eingebettet weiß bzw. dieses ahnt, kann er sich vertrauensvoll (12. H.) an den Lauf der Dinge hingeben (12. H.). Im vorliegenden Beispiel tut der HE dies, indem er sich seinem Instinkt, seinen Empfindungen (♋) widerstands- und fraglos anvertraut (12. H.), darauf hoffend, daß sie ihn richtig führen werden (12. H.). Er neigt dazu, in sich selbst (♋) zu kehren, wenn die Dinge am dunkelsten und am hoffnungslosesten erscheinen (12. H.), um dort die Erlösung (12. H.) von seinem Leid (12. H.) zu suchen. Dabei kommt ihm gerade in schwierigen Zeiten (12. H.) seine Fähigkeit, schöpferisch zu sein und ungewöhnliche Wege zu gehen (♒), zugute. Je düsterer die Situation (12. H.), desto kreativer (♌) die Einfälle (♒), die er in sich findet (♋), um sich aus der Misere (12. H.) zu helfen (12. H.), um sich aus ihr zu befreien (♅). So bieten dem HE widrige Umstände und seelisches (♋) Leid (12. H.) die Möglichkeit, sein schöpferisches (♅) Potential (12. H.) erfolgreich umzusetzen (♌).

Allerdings kann sich der HE einfach in uferlosem (12. H.) Selbst(♋)mitleid (12. H.) verlieren, wobei er eine irrationale (♋ im 12. H.) Haltung des selbstherrlichen (♌) Trotzes und Ablehnung (♅) aller üblichen Kanäle der Hilfe aus seinem Leid, seinen Schwierigkeiten einnimmt. Vielleicht ist er dabei bestrebt, sich durch theatralische Zurschaustellung (♌) seiner mißlichen Lage (12. H.) als ungewöhnlichen Menschen (♅) in Szene zu setzen (♌). Das macht er, indem er aus eigener innerer Kraft (♋) sich aus dem Leid (12. H.) souverän (♌) herausheben (♅) kann, so daß es ihn nicht berühren («verunreinigen») (♅) kann. Gerade wenn es beispielsweise im Privatleben (♋) hart auf hart geht (12. H.), steht er selbstbewußt (♌) über den Dingen (♅), aus der Gewißheit (12. H.) heraus, daß er die Lösung immer in sich (♋) finden wird.

Im eigenen tiefsten Urgrund (♋) kommt sich der HE vielleicht minderwertig (12. H.) vor, was er durch gespielte (♌) Arroganz (♅) zu vertuschen (12. H.) versucht, was ihm aber nicht gelingt (12. H.).

Die Art des HE, anderen in schwierigen Zeiten zu helfen (12. H.), ist, fürsorglich zu sein und Geborgenheit zu geben (♋), so daß man sich bei ihm – auch durch die Grenzenlosigkeit (12. H.) seines Einfühlungsvermögens (♋) – wie bei einer Mutter (♋) aufgehoben fühlt. Dabei läßt sein kindlicher (♌) Humor (♅) alle Widrigkeiten (12. H.) in Vergessenheit geraten (12. H. im ♋).

Nachwort

Ich hoffe, Sie als Leser dazu angeregt zu haben, die Astrologie in einem etwas anderen Licht zu sehen – als eigenständige und in sich schlüssige Disziplin, die uns Einblick nicht nur in den Lauf zeiträumlicher Dinge gewährt. Allerdings würde man der Astrologie unrecht tun, wollte man sie lediglich als Deutungsinstrument für das Reale verwenden. Denn aus meiner Sicht ist sie vor allem ein Instrument der Selbsterkenntnis, die letztlich uns reale Dinge zu ihren tiefsten Ursprüngen im Überzeiträumlichen zurückverfolgen läßt. Mit diesem Instrument sind wir in der Lage, hinter das *Offensichtliche* nach dem *Wirklichen* zu schauen.

Je weiter und tiefer die Sichtweise, desto mehr gibt es zu sehen.

Seminar-Hinweis

Zu den in diesem Buch beschriebenen astrologischen Themenkreisen werden im norddeutschen Raum Intensiv-Seminare (Wochenend-Seminare, im Sommer auch Wochenseminare) veranstaltet. Schwerpunkt der Seminare liegt auf der Entschlüsselung und dem Begreifen des Menschen im allgemeinen, seines Wesens und seines Charakters. Zu diesem Zweck werden daher als Übungsmaterial für das Begreifen und Üben der astrologischen Prinzipien ausschließlich die Horoskope der Seminarteilnehmer herangezogen. In einer erfahrungsgemäß sehr freundschaftlich verbundenen bis familiären Atmosphäre lernt man, sich, seine Mitmenschen und die Welt besser zu verstehen.

Interessenten können unter Einsendung *eines adressierten Freiumschlags* an die untenstehende Adresse ausführliche Informationen zu Seminar-Inhalten und -Terminen anfordern:

Quest e.V.
«Astro»
Königstieg 3
38118 Braunschweig

Elektronische Post *(e-mail):*
Wer an den Elektronischen-Post-Dienst von *CompuServe* bzw. *BTX* angeschlossen ist bzw. dazu Zugang hat, kann uns über folgende e-mail-Adresse direkt erreichen:

CompuServe: 100412, 3310

transformation

«Und wenn der große Phönix frei fliegt, sieh genau hin, was er behutrsam zwischen seinen Krallen trägt.» *No-Eyes*

Mary Summer Rain
Der Phönix erwacht *Weisheit und Visionen*
(rororo transformation 8558)

Spirit Song *Der Weg einer Medizinfrau*
(rororo transformation 8537)

Weltenwanderer *Der Pfad der heiligen Kraft*
(rororo transformation 8722)

Chögyam Trungpa
Das Buch vom meditativen Leben
(rororo transformation 8723)
Die Shambhala-Lehren vom Pfad des Kriegers zur Selbstverwirklichung im täglichen Leben.

Peter Orban/Ingrid Zinnel
Drehbuch des Lebens *Eine Einführung in die esoterische Astrologie*
(rororo transformation 8594)

Stephen Arroyo
Astrologie, Psychologie und die vier Elemente
(rororo transformation 8579)
Einer der führenden Astrologen Amerikas skizziert die Bedeutung der vier Elemente als archaische Kräfte für die Seele und weist auf die bislang ungenutzten Möglichkeiten hin, astrologisches Wissen in der Psychotherapie einzusetzen.

Lynn Andrews
Die Medizinfrau *Der Einweihungsweg einer weißen Schamanin*
(rororo transformation 8094)

Mary Summer Rain
Der Phönix erwacht

Weisheiten und Visionen

Paul Hawken
Der Zauber von Findhorn *Ein Bericht*
(rororo transformation 7953)
Ein Erlebnisbericht aus der berühmten New Age-Community.

Janwillem van de Wetering
Ein Blick ins Nichts *Erfahrungen in einer amerikanischen Zen-Gemeinde*
(rororo transformation 7936)

Margaret Frings Keyes
Transformiere deinen Schatten *Die Psychologie des Enneagramms*
(rororo transformation 9165)
Ein praktisches Buch, das die tiefe Weisheit des Enneagramms für jeden zugänglich macht.

Das gesamte Programm der Taschenbuchreihe «transformation» finden Sie in der Rowohlt Revue. Jedes Vierteljahr neu. Kostenlos in Ihrer Buchhandlung.

rororo sachbuch

Kosmologie und Astrophysik

Peter W. Atkins
Schöpfung ohne Schöpfer *Was war vor dem Urknall?*
(rororo sachbuch 8391)

Reinhard Breuer (Hg.)
Immer Ärger mit dem Urknall
Das kosmologische Standardmodell in der Krise
(rororo science 9323)

Rudolf Diehl
Sonne, Mond und Sterne
*Unser Sonnensystem -
Ein Überblick*
(rororo sachbuch 9305)

Hans Elsässer
Weltall im Wandel
Die neue Astronomie
(rororo sachbuch 8361)
Die Astronomie, zu deren führenden Vertretern Professor Hans Elsässer zählt, entwirft heute ein neues Bild vom Weltall. Durch das stark erweiterte Arsenal ihrer Beobachtungsmethoden hat sich die älteste Wissenschaft von der Natur in jüngster Zeit geradezu explosiv entwickelt. Werden und Vergehen im Kosmos ist eines ihrer zentralen Forschungsthemen. Hans Elsässers reich bebilderte Darstellung bilanziert umfassend und prägnant diese «neue Astronomie».

Tor Nørretranders
Der Anfang der Unendlichkeit
Essay über den Himmel
(rororo science 9528)

James Trefil
Fünf Gründe, warum es die Welt nicht geben kann
Die Astrophysik der Dunklen Materie
(rororo science 9313)
«Trefils Buch ist eine faszinierende Chronik der geistreichen Versuche, mit den Problemen der heutigen Modelle des Universums zu Rande zu kommen - ohne technische Details, Formeln, komplizierte Diagramme und in einfacher, klarer Sprache.»
Wiener Zeitung

Ein Gesamtverzeichnis aller lieferbaren Bücher und Taschenbücher der Rowohlt Verlage und des Wunderlich Verlags finden Sie in der *Rowohlt Revue*. Jedes Viereljahr neu. Kostenlos in Ihrer Buchhandlung.

Anne-Marie und Reinhard Tausch

Seit ihrer Krebserkrankung setzte sich **Dr. Anne–Marie Tausch** gemeinsam mit ihrem Mann sehr intensiv mit der Erfahrung und der Bedeutung des Sterbens auseinander. Sie starb 1983 an ihrem Krebsleiden. **Professor Dr. Reinhard Tausch** arbeitet am Psychologischen Institut der Universität Hamburg.

Anne-Marie Tausch
Gespräche gegen die Angst
Krankheit – ein Weg zum Leben
(rororo sachbuch 8375)
«Eines der erfreulichsten Beispiele hilfreicher Krebsbücher ist ‹Gespräche gegen die Angst›. Eine bewegende Lektüre für alle, die beruflich oder als Angehörige und Freunde mit Krebskranken zu tun haben.»
FAZ

Reinhard Tausch /
Anne-Marie Tausch
Wege zu uns und anderen
Menschen suchen sich selbst zu verstehen und anderen offener zu begegnen
(rororo sachbuch 8403)
Ein Buch, das Mut macht, die Verantwortung für sich selbst zu übernehmen, offene und angstfreie Kommunikation zu leben.

Anne-Marie Tausch /
Reinhard Tausch
Sanftes Sterben *Was der Tod für das Leben bedeutet*
(rororo sachbuch 8843 und als gebundene Ausgabe)
«Es spricht vieles dafür, das von diesem Buch Veränderung ausgeht. Aus zwei Gründen: Es bricht mit sanfter Radikalität ein Tabu, das Tabu des Todes. Und es informiert einfühlsam über alles, was beim Sterben, dem eigenen oder dem von Freunden und Verwandten, passiert. Jede Frage erhält eine Antwort.»
Süddeutsche Zeitung

Anne-Marie Tausch /
Reinhard Tausch
Sanftes Sterben
2 Toncassetten
(Literatur für Kopf Hörer 66021)

Reinhard Tausch
Hilfen bei Streß und Belastung
(rororo sachbuch 9511)

rororo sachbuch

Frederic F. Flach
Depression als Lebenschance
*Seelische Krisen und wie man
sie nutzt*
(rororo sachbuch 7168)

Jennifer James
Trübe Tage *Wege aus dem
weiblichen Stimmungstief*
(rororo sachbuch 8840)
Dieses leicht zugängliche,
praktische Buch wendet sich
an alle Frauen, die sporadisch
in leichte Depressionen ver-
fallen und immer wieder von
Melancholie und Mutlosigkeit
eingeholt werden und be-
schreibt mit Humor und
Selbstironie wie "frau"dagegen angehen kann.

Was wir alles schlucken *Zu-
satzstoffe in Lebensmitteln*
Herausgegeben von der
KATALYSE Institut für an-
gewandte Umweltforschung
(rororo sachbuch 8465)

Gunter Schmidt
Das große Der Die Das *Über das
Sexuelle*
(rororo sachbuch 8459)

Dagobert Tausch
Taschenlexikon der Medizin *Über
17.000 Namen, Begriffe und
Methoden aus allen Be-
reichen der Medizin -
präzise und
allgemeinverständlich
erklärt*
(rororo sachbuch 6285)

H. Hemminger / V. Becker
Wenn Therapien Schaden
*Kritische Analyse einer
psychotherapeutischen
Fallgeschichte*
(rororo sachbuch 9137)

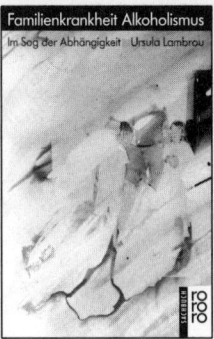

Ursula Lambrou
Familienkrankheit Alkoholismus
Im Sog der Abhängigkeit
(rororo sachbuch 8771)
Alkoholismus ist eine
Familienkrankheit: Erst langsam wird die volle Bedeutung
dieses Satzes auch hierzulande
einer breiteren Öffentlichkeit
bewußt. Die Autorin, Päda-
gogin mit psychologischer
Ausbildung in den USA, hat
das erste deutsche Buch zu
diesem wichtigen Thema geschrieben.

Inge Nordhoff / "pro familia"
Wenn Mädchen die Pille wollen ...
*Alles über Liebe, Sexualität,
Verhütung*
(rororo sachbuch 7930)

Sämtliche Bücher und
Taschenbücher zum Thema
finden Sie in der *Rowohlt
Revue.* Jedes Vierteljahr neu.
Kostenlos in Ihrer Buchhand-
lung.

Streß mit dem Chef, Probleme in der Familie oder Angst vor der Zukunft - Probleme, die allein schwer zu meistern sind. Jetzt erscheint bei rororo das Psycho-Power-Programm zur Stärkung des Selbstbewußtseins, bekannt als **Neurolinguistisches Programmieren (NLP)**, das in den siebziger Jahren von den Amerikanern Richard Bander und John Grinder entwickelt wurde. Knapp, praxisnah und verständlich geschrieben, bieten die Bücher konkrete Hilfe für Alltag und Beruf.

Gut drauf sein, wenn's schiefgeht
rororo 9604

Cool bleiben
rororo 9603

Andere Wege wagen
rororo 9605

Freunde finden
rororo 9668
(Oktober 1994)

Prüfungsstreß ade
rororo 9669
(Oktober 1994)

Die Autorin, **Dr. Barbara Schott**, ist seit 1984 Professorin für BWL und Marketing an der Fachhochschule Nürnberg. Ihre Ausbildung in NLP erhielt sie bei Reese, Grinder und Bandler in den USA und erwarb die "Certification in NLP" durch die "Society of Neuro-Linguistic-Programming". Seit langem leitet sie Seminare und berät im Bereich von Management und Marketing, seit 1990 unterhält sie ihr eigenes Institut "NLP-Praxis" in Nürnberg.